Silke Hilpert · Anne Robert
Anja Schümann · Franz Specht
Barbara Gottstein-Schramm
Susanne Kalender · Isabel Krämer-Kienle

Deutsch als Fremdsprache

Schritte 6

Kursbuch + Arbeitsbuch

Hueber Verlag

Beratung:
Seniz Sütçü, Berlin

Fotogeschichte:
Fotograf: Alexander Keller, München
Darsteller: Rishi Sharma, Claudia Engl und andere
Organisation: Iciar Caso, Weßling

Phonetik:
Werner Bönzli, Reichertshausen

Prüfungstraining:
Rotraut Koll

8. 7. 6. | Die letzten Ziffern
2021 20 19 18 17 | bezeichnen Zahl und Jahr des Druckes.
Alle Drucke dieser Auflage können, da unverändert, nebeneinander benutzt werden.
1. Auflage

Zeichnungen: Jörg Saupe, Düsseldorf
Layout: Marlene Kern, München
Druck: Passavia Druckservice GmbH & Co. KG, Passau
Printed in Germany
ISBN 978-3-19-001809-3
ISBN 978-3-19-201809-1 (mit CD)

Art. 530_24665_001_02

AUFBAU

Symbole / Piktogramme

Kursbuch		Arbeitsbuch	
Hörtext auf CD	CD 1 05	Hörtext auf CD	CD3 12
Grammatik	sprechen **über** + **ihn** / **sie**: …, **über den** / **die** … gesprochen hast?	Vertiefungsübung	Ergänzen Sie.
Hinweis	bekannt der / die Bekannte ein (guter) Bekannter / eine (gute) Bekannte	Erweiterungsübung	**Ergänzen Sie.**
Aktivität im Kurs			
Redemittel	**Verständnis zeigen** *Mir geht es (manchmal) genauso.* *Das Gefühl / Problem kenne ich gut.* *Auch bei mir / bei uns …* *Ich wüsste auch gern …*		

Inhalt Kursbuch

Vorwort

Liebe Leserinnen und Leser,

Schritte ist ein Lehrwerk für die Grundstufe. Es führt Lernende ohne Vorkenntnisse in jeweils zwei Bänden zu den Sprachniveaus A1, A2 und B1, wie sie im *Gemeinsamen Europäischen Referenzrahmen* definiert sind. Gleichzeitig bereitet es gezielt auf die Prüfungen *Start Deutsch 1* (Stufe A1), *Start Deutsch 2* (Stufe A2) und *Zertifikat Deutsch* (Stufe B1) vor.

Für wen ist das Lehrwerk *Schritte* geeignet?

Schritte eignet sich besonders für Lernende, die in einem deutschsprachigen Land leben oder leben möchten.
Um die Integration in den deutschen Alltag zu erleichtern, haben wir Situationen gewählt, die auf die Bedürfnisse dieser Zielgruppe ausgerichtet sind. Die wichtigen Bereiche des Familienlebens und der Arbeitswelt nehmen breiten Raum ein. Implizit vermittelt das Lehrwerk landeskundliches Grundwissen über relevante Bereiche wie zum Beispiel Wohnungs- und Stellensuche, Schulsystem und Gesundheitswesen.

Wie sind die Lektionen aufgebaut?

Das Kursbuch

Jede der sieben Lektionen eines Bandes besteht aus einer Einstiegsdoppelseite, fünf Lernschritten A bis E sowie einer Übersichtsseite am Lektionsende. Die Lernschritte A bis E sind jeweils auf einer Seite oder Doppelseite abgeschlossen, was einen klaren und transparenten Aufbau schafft.

- **Einstieg:** Jede Lektion beginnt mit einer Folge einer Foto-Hörgeschichte. Die Episoden bilden den thematischen und sprachlichen Rahmen der Lektion. Der Handlungsbogen dient als roter Faden für die Lektion und erleichtert die Orientierung im Lernprogramm.

- **Lernschritt A-C:** Hier werden die neuen Wörter und Strukturen der Foto-Hörgeschichte aufgegriffen, in weiteren typischen Situationen variiert und erweitert. In der Kopfzeile jeder Seite sehen Sie, um welchen Lernstoff es auf der Seite geht. Die Einstiegsaufgabe der Lernschritte führt neuen Stoff ein, indem sie mit einem „Zitat" an die gerade gehörte Episode anknüpft. Übungssequenzen, Hör- und Lesetexte sowie zusätzliche Alltagsdialoge festigen den neuen Lernstoff. Grammatik-Einblendungen machen die neu zu erlernenden Sprachstrukturen bewusst. Den Abschluss der Lerneinheit bildet eine freie, oft spielerische Anwendungsübung oder ein interkultureller Sprechanlass.

- **Lernschritt D und E:** Die vier Fertigkeiten werden hier unabhängig von der Foto-Hörgeschichte trainiert. Auf dem Niveau B1 werden zunehmend komplexere Texte gelesen und gehört. Die Fertigkeit Schreiben wird im Arbeitsbuch im Rahmen einer Schreibwerkstatt systematisch aufgebaut.

- **Übersicht:** Am Ende der Lektion finden Sie die wichtigen Strukturen, Wendungen und Ausdrücke systematisch aufgeführt.

Das Arbeitsbuch

Das integrierte Arbeitsbuch ermöglicht dem Lehrenden durch ein spezielles Leitsystem, innerhalb eines Kurses binnendifferenziert mit schnelleren und langsameren Lernenden gezielt zu arbeiten. Das systematische Schreibtraining und der sich an jede Lektion anschließende Lernwortschatz geben den Teilnehmenden Lernsicherheit.
Im Arbeitsbuch finden sich auch die Aufgaben zum Aussprachetraining. Projekte ermöglichen eine enge Verknüpfung von Lernen innerhalb und außerhalb des Klassenraumes.
Ein Lerntagebuch leitet die Teilnehmenden von Anfang an dazu an, sich den eigenen Lernprozess bewusst zu machen und sich sinnvolle Strategien anzueignen. Aufgaben, die eine gezielte Vorbereitung auf die Prüfung *Zertifikat Deutsch* ermöglichen, runden das Arbeitsbuch ab.

Eine Wiederholungssequenz über den in je zwei Bänden erworbenen Lernstoff und ein Modelltest mit Tipps zur Prüfungsvorbereitung finden sich am Ende jeder Niveaustufe (in *Schritte 2*, *Schritte 4* und *Schritte 6*).

Viel Spaß beim Lehren und Lernen mit *Schritte*
wünschen Ihnen

Autoren und Verlag

Die erste Stunde im Kurs

Stellen Sie sich vor. Wie heißen Sie?

Betrachten Sie das Plakat und antworten Sie.

Was ist das für ein Homeservice?
Was kann man dort bestellen?
Wer arbeitet dort?
Was sind die Leute von Beruf? Was machen sie?

Lesen Sie die Sprechblase. Wer erzählt das?

Meine Arbeit ist ziemlich anstrengend, aber ich mache sie gern. Ich treffe viele Leute, die sich meistens freuen, wenn ich komme. Aber ich erlebe manchmal auch komische Situationen oder richtige Abenteuer: Als mir ein Betrunkener vor das Auto gesprungen ist, hat mir mein Schutzengel geholfen und ich habe den armen Mann nicht überfahren. Oder die beiden Star-Wars-Fans, die sich so laut gestritten haben, obwohl sie doch sonst ganz nett waren. Dann meine Lieblingskundin, Frau Bollmann ... Ich hatte ja solche Rückenschmerzen vom Autofahren, aber sie kannte eine tolle Übung, und weg waren sie! Und ich musste nicht operiert werden.
Da war dann noch Herr Böhmke, ich würde ihn gern noch einmal treffen und mich mit ihm unterhalten. Ob er wohl immer noch so erkältet ist? Er hat mir damals gezeigt, wie man in die Marsstraße kommt. Wer wohnte da eigentlich? Ach ja, Herr Bohnemann! Uh, das war ein unangenehmer Mensch, ich habe wirklich keine Lust, ihn wiederzusehen. Ich bin ja nur froh, dass ich seinen „kleinen" Job nicht angenommen habe.
Frau Walther, meine Friseurin, meint, ohne zu übertreiben, ich würde unheimlich viel arbeiten. Bei ihr habe ich diesen unsympathischen Typ getroffen, Kugler oder so, der sich so wichtig gemacht hat – mit seiner Arbeit. Na ja, ich tue ja auch wirklich alles, damit unsere Kunden zufrieden sind. Nur manchmal, in meinen Träumen, da sieht mein Leben ganz anders aus. Und wenn ich dann aufwache, dann wünsche ich mir: Hätte ich doch Natascha wirklich kennen gelernt! Hätte der Wecker doch nicht geklingelt!

Wie werden die Personen im Text genannt? Unterstreichen Sie im Text.

Können Sie sich an eins der Abenteuer erinnern? Erzählen Sie.

Was möchten Sie über sich selbst erzählen?
Beruf • Arbeitsplatz • Familie • Wohnung • Ausbildung • Hobbys • Träume • ...

Bilden Sie kleine Gruppen und sprechen Sie über sich.
Stellen Sie dann Ihre Gesprächspartnerinnen und -partner den anderen Gruppen vor.

8 Unter Freunden

1

2

5

FOLGE 8: *EIN BEKANNTER*

6

1 **Sehen Sie die Fotos an und beantworten Sie die Fragen.**

- **a** Foto 1: Kennen Sie das Spiel? Wie heißt es?
- **b** Fotos 1–5: Wo spielt die Szene? Und wann? Was meinen Sie?
- **c** Fotos 6 und 7: Kommt Ihnen die neue Person bekannt vor? Wer ist das?
- **d** Betrachten Sie Nasseer auf den Fotos: Was ist mit ihm los? Was meinen Sie?

2 **„Revanche!" Wo passt dieser Ausruf? Ergänzen Sie und ordnen Sie zu.**

1 Juhuu, gewonnen!! ....

2 Verloren, o.k. Jetzt aber ....!

A

B

Text	1	2
Bild		

CD 1 2-9 **3** **Sehen Sie die Fotos an und hören Sie.**

3

4

7

8

4 **Was passt?**

N=Nasseer ● M=Maja ● G=Giovanni

N ist es nach der Arbeit langweilig.
.... räumt noch die Küche auf.
.... möchte noch ausgehen.
.... möchte wissen, mit wem sie ausgeht.
.... gefällt der neue Bekannte Eberhard recht gut.
.... möchte Maja auch gern gefallen.
.... macht sich lustig über Nasseer.
.... ist erleichtert, als Eberhard kommt.
.... stellt Eberhard die Kollegen vor.
.... ärgert sich, weil Eberhard meint, dass er das Spiel verliert.
.... ärgert nun Nasseer, weil Eberhard Recht hatte.
.... hat das Spiel verloren und will eine Revanche.

5 **Vergleichen Sie nun mit Ihren Vermutungen aus 1d und beantworten Sie die Fragen.**

a Was für eine Beziehung haben Nasseer und Maja?
b Warum ärgert sich Nasseer über Eberhard? Können Sie sein Verhalten verstehen?

8 A Du sollst jetzt **Schach** spielen!

CD 1 10-13 **A1** **Hören Sie und ordnen Sie zu.**

1 Man muss auch verlieren können.
2 Du sollst jetzt Schach spielen!
3 Hey, du bist dran!
4 Das ist gegen die Regel!

Bild	A	B	C	D
Satz				

A2 **Mensch, langweile dich nicht. Spiele!**
Beantworten Sie die Fragen.

a Kennen Sie eines dieser Spiele?
b Was für Spiele spielen Sie gern?
c Wann haben Sie zuletzt ein Spiel gespielt? Mit wem?

A3 **Tabu – das Partyspiel mit Freunden**

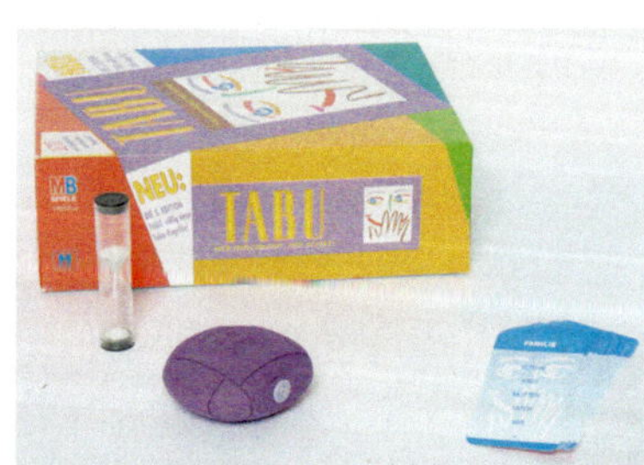

CD 1 14 a Was ist richtig? Hören Sie und kreuzen Sie an.
1 In diesem Spiel spielen ☐ zwei Mannschaften ☐ zwei Personen gegeneinander.
2 Bei diesem Spiel muss man Wörter erklären und darf dabei ☐ nur bestimmte Wörter benutzen ☐ bestimmte Wörter nicht benutzen.
3 Die ☐ eigene ☐ andere Mannschaft muss das Wort erraten.

1 14 **b** Die Spielregeln: Ordnen Sie zu. Hören Sie noch einmal und vergleichen Sie.

Also, ihr macht erst mal zwei Mannschaften,	bis die Sanduhr abgelaufen ist.
Ein Spieler muss sich zur gegnerischen Mannschaft setzen	die sich gegenübersitzen.
Wenn deine Mannschaft den Begriff errät,	bekommt ihr einen Punkt.
Ihr bekommt nämlich einen Punkt abgezogen,	ohne die Wörter „Eltern", „Mutter", „Kind", „Vater" und „wir" zu verwenden.
Du kannst so lange erklären,	und einen Begriff erklären.
Ich soll den Begriff „Familie" erklären,	falls du „Familie" sagst.
Und die gegnerische Mannschaft passt auf,	dass du keines der Wörter verwendest.
Es ist auch nicht erlaubt,	Geräusche zu machen oder Töne von sich zu geben.

…, **falls** du „Familie" sagst = … **wenn** du „Familie" sagst

A4 Tabu-Karten

a Welcher Begriff passt? Ergänzen Sie.

Großvater • Enkel • hart • ledig • leicht • Euro

1

……………………

heiraten
nicht
allein
Single
Familie

2

……………………

weich
Stein
nicht
fest
nehmen

3

……………………

Großmutter
Kind
Eltern
Opa
Oma

4

……………………

Geld
Währung
EU
Bank
bezahlen

b Machen Sie jetzt eine oder zwei Tabu-Karten. Wählen Sie jeweils einen Begriff. Überlegen Sie, wie Sie diesen Begriff erklären würden. Notieren Sie alle Wörter, die für die Erklärung wichtig sind. Wählen Sie aus diesen Wörtern vier oder fünf aus – das sind Ihre Tabu-Wörter.

Schutzengel • Gesundheit • Schauspieler • Muttersprache • schriftlich • Beruf • selbstständig • gemütlich • kaufen • Fußgängerzone • mieten • Umzug • Rücksicht • …

Schutzengel

Flügel
Religion

A5 Spielen Sie nun „Tabu".

a Bilden Sie zwei Mannschaften. Legen Sie Ihre Tabu-Karten auf einen Stapel.

b Spielen Sie jetzt. Es gelten die Regeln aus A3. Legen Sie eine Zeit fest. Gewonnen hat die Mannschaft, die die meisten Wörter erraten hat.

CD 1 15

B1 **Du oder Sie? Hören Sie noch einmal: Warum siezt Nasseer Eberhard, obwohl dieser ihn duzt?**

B2 **Das Du anbieten**

CD 1 16-17

a Wo sind die Leute? Hören Sie und kreuzen Sie an.

	im Büro	auf dem Spielplatz	im Kindergarten	in der Cafeteria
1	☐	☐	☐	☐
2	☐	☐	☐	☐

CD 1 16-17

b Wie bieten die Leute das Du an? Wie nehmen sie das Du an? Hören Sie noch einmal und kreuzen Sie an.

das Du anbieten

1	2	
☐	☐	Ich fände es nett, wenn wir uns duzen. Ich bin …
☐	☐	Übrigens, von mir aus können wir uns gern duzen. Ich heiße …
☐	☐	Wir sagen hier alle Du zueinander. Wenn es Ihnen recht ist, dann können wir uns gern duzen.
☐	☐	Ach, wollen wir uns nicht lieber duzen?

das Du annehmen

1	2	
☐	☐	Ja, gern! Ich heiße …
☐	☐	Das ist nett, …
☐	☐	Schön! Hallo … Ich bin …
☐	☐	Alles klar! Ich heiße …

B3 **Duzen oder siezen?**

a Ordnen Sie die Gespräche in B2 den Abschnitten zu.

Gespräch	1	2
Abschnitt		

Duzen oder siezen?

Gibt es da verbindliche Regeln? Das ist eine schwierige Frage. Wir haben versucht, für Sie eine kurze Antwort zu finden.

1 Im Arbeitsleben wird im Allgemeinen gesiezt. Das gilt vor allem im Umgang mit Kunden sowie auf Ämtern und Behörden. Allerdings gibt es zunehmend Branchen, in denen das Du üblich ist, wie z.B. in der Computerbranche, in der Werbung, in der Gastronomie oder auf dem Bau. Dem kann man sich schlecht widersetzen. Wird in einem Betrieb normalerweise gesiezt, dann bietet die Person das Du an, die eine höhere Position hat oder schon länger im Betrieb ist.

2 Im Privatleben wird im Vergleich zu früher mehr geduzt, also nicht nur in der Familie und unter Freunden. Das Du schafft Gemeinschaft, egal, ob es die gleichaltrigen Kinder sind, die Nachbarn, derselbe Arbeitsweg oder der Hund. Es gilt dabei nach wie vor die altbekannte Regel, nach der die Älteren den Jüngeren das Du anbieten.

3 Generell kann man sicherlich sagen: Wer zu schnell duzt, gilt als unhöflich; wer zu lange siezt, wirkt steif.

b Wer kann das Du anbieten? Wie lauten die beiden Regeln? Lesen Sie noch einmal und ergänzen Sie.

Im Arbeitsleben: Die Person, die ……………………………… .

Im Privatleben: Die Person, ……………………………… .

B4 **Wie ist das bei Ihnen? Beantworten Sie die Fragen.**

a Werden Sie eher geduzt oder eher gesiezt? In welchen Situationen? Sprechen Sie.

in der Arbeit • von Nachbarn • im Geschäft • in meiner Lieblingskneipe • im Verein …

b Gibt es in Ihrer Sprache unterschiedliche Anredeformen? Welche? Wie werden sie verwendet? Berichten Sie.

Also, in meiner Muttersprache gibt es zwei Formen für „Sie". Die eine …

18 **C1** **Wie sagt Maja? Ergänzen Sie. Hören Sie und vergleichen Sie.**

a Ist das der Bekannte, ..*über*.. ..*den*.. du neulich gesprochen hast?
(*Du hast neulich* ***über*** ***ihn*** *gesprochen.*)

b Nein, nicht Max. Ich meine den Bekannten, ... du mir erzählt hast.
(*Du hast mir* ***von*** ***ihm*** *erzählt.*)

c Das sind die Kollegen, ... ich dir erzählt habe.
(*Ich habe dir* ***von*** ***ihnen*** *erzählt.*)

sprechen über + ihn/sie: ..., über den/die ... gesprochen hast?
erzählen von + ihm/ihr: ..., von dem/der ... erzählt hast.
erzählen von + ihnen: ..., von denen ... erzählt habe.

C2 **Wer ist ...? Geben Sie die Antworten. Ergänzen Sie und sprechen Sie.**

bekannt
der / die Bekannte
ein (guter) Bekannter /
eine (gute) Bekannte

1 Tom? Das ist so ein verrückter Bekannter, ...
2 Leo? Das ist mein treuester und romantischster Freund, ...
3 Michaela? Das ist eine gute Bekannte, ...
4 Maria? Das ist eine meiner besten Freundinnen, ...

C3 **Lied**

über alles sprechen
über alles lachen

19 **a** Hören Sie. Worum geht es in diesem Lied?
19 **b** Was genau machen die Freundinnen zusammen? Hören Sie noch einmal und sammeln Sie im Kurs.
c Fragen Sie und antworten Sie.
Freund • Freundin • Kollege • Kollegin • Bekannter • Bekannte

▲ Hast du einen Kollegen, mit dem du über alles sprechen kannst?
● Oh ja, Stefan. Mit ihm kann ich über alle Probleme sprechen.

einen Bekannten
einem Bekannten
einen Kollegen
einem Kollegen

C4 **Was machen Sie mit wem?**

a Notieren Sie die Namen von Freunden, Bekannten oder Kollegen auf einen Zettel. Schreiben Sie auf einen anderen Zettel, was Sie mit diesen Leuten unternehmen.
b Arbeiten Sie zu zweit. Tauschen Sie nun den Zettel mit den Namen und sprechen Sie.

Jurek — Kollege, Sport machen
Marta — sich regelmäßig in der Kneipe treffen
...

Jana, wer ist Jurek?
Jurek ist ein Kollege in der Arbeit, mit dem ich Sport mache.
Sport?! Du, kann ich da mal mitkommen?
...

Und Marta?
Marta ist eine sehr gute Freundin, die ich regelmäßig in der Kneipe treffe.
In welche Kneipe geht ihr denn?
...

D1 Lesen Sie die Kontaktanzeigen von Simone und Peter. Was erfahren Sie über die beiden? Ergänzen Sie die Tabelle.

1

Simone, 33, Lehrerin

... was mein Partner über mich wissen sollte: Ich suche nicht das Vertraute, sondern das Vertrauen zu dir. Meine Offenheit ist eine Herausforderung, mein Humor ist eine gute Medizin, denn ich kann über mich selbst am besten lachen. Wenn ich nichts zu tun habe, mache ich Folgendes: Ausspannen und Genießen – mit einem guten Buch, bei guter Musik, bei spontanen Treffen, bei Unternehmungen mit Freunden oder mit der Familie; oder auch bei sportlichen Aktivitäten, Kino-, Museums- oder Theaterbesuchen, Reisen ... Am wichtigsten ist mir, dass man immer versucht, den Partner zu verstehen.

2

Peter, 38, Bautechniker

... ein Tag ist für mich perfekt, wenn ich netten und interessanten Menschen begegne, mit Freunden gute Gespräche führen und lachen kann, wenn ich in der warmen Abendsonne auf einer italienischen Piazza die Stimmung intensiv genieße, das Meer sehe, höre und fühle, spontane Unternehmungen und Reisen mache, egal, wann und wohin. Es gibt so viel Schönes zu entdecken! Drei Dinge, die für mich wichtig sind: Vertrauen, Optimismus und Toleranz.

	Beruf	Alter	Aussehen	Interessen / Hobbys	Was ist besonders wichtig?
Simone					
Peter					

D2 Partnersuche online!

CD 1 20

a Wer ist ein Paar? Hören Sie den Anfang einer Radiosendung und ordnen Sie zu.

Simone
Peter Matthias
Katharina

CD 1 21

b Hören Sie das Gespräch mit Simone und ihrem neuen Partner und kreuzen Sie an: richtig oder falsch?

		richtig	falsch
1	Simone hat das erste Mal in ihrem Leben online im Internet einen Partner gesucht.	☐	☐
2	Sie hatte sich nach ersten E-Mail-Kontakten mit drei Männern getroffen.	☐	☐
3	Die haben ihr aber nicht gefallen, weil sie nicht höflich genug waren.	☐	☐
4	Matthias hat ihr schon auf dem Foto besonders gut gefallen.	☐	☐
5	In Wirklichkeit sah Matthias ganz anders aus, als sie erwartet hatte.	☐	☐
6	Bei ihrem ersten Treffen wussten sie gar nicht, worüber sie sprechen sollten.	☐	☐
7	Als es dunkel war, haben sie einen kurzen Spaziergang gemacht.	☐	☐
8	Die nächste Einladung zu einer Verabredung kam dann auch erst nach Wochen.	☐	☐
9	Danach haben sie sich dann SMS und E-Mails geschrieben und telefoniert.	☐	☐
10	Nun wohnen sie zusammen und sind sehr glücklich.	☐	☐

CD 1 22

c Hören Sie nun das Gespräch mit Peter und seiner neuen Partnerin. Was ist oder war anders? Machen Sie Notizen zu den Stichworten.

Kinder?
zum ersten Mal eine Anzeige?
Kontakt vor dem ersten Treffen:
erstes Treffen:
Zukunft:

21-22 D3 **Wer sagt das? Hören Sie noch einmal und ergänzen Sie die Namen.**

Katharina ● Simone ● Matthias ● Peter

a ....: Er war mir überhaupt nicht fremd. Und was ich besonders nett fand: Er hatte sich extra einen Dreitagebart stehen lassen.

b ....: Na ja, was sie schrieb, das klang so unkompliziert und so witzig. Ja, ich denke, es war vor allem ihr Humor, der mir gefiel.

c ....: Als wir uns dann zum ersten Mal trafen und ich ihn in echt sah: so groß und schlank und sportlich …

d ....: Am Ende hat er mich nach Hause begleitet und sich dann ganz brav von mir verabschiedet. Das fand ich unheimlich süß.

e ....: Ja, trotzdem war sie mir von der ersten Sekunde an total vertraut. Ich war nur überrascht, wie schlank und jugendlich sie war. Ich hatte sie mir ein bisschen dicker und älter vorgestellt.

f ....: Ich fand sie sofort hübsch, sie war ganz genau mein Typ: eher ein bisschen kräftig und nicht so groß.

g ....: Ich bin da vielleicht ein bisschen altmodisch, aber die waren alle so wahnsinnig cool, und mich kann man mit höflichem Auftreten mehr beeindrucken als mit Coolness.

D4 **Machen Sie ein Partnerinterview.**

A Entscheiden Sie sich für eine Person, die Sie gern beschreiben möchten. Das kann eine Person sein, die Sie regelmäßig treffen oder mit der Sie zusammen Sport machen oder die Sie schon lange kennen oder vielleicht auch eine berühmte Persönlichkeit.
Ihre Partnerin / Ihr Partner stellt Ihnen Fragen dazu.

B Überlegen Sie sich, was Sie gern über die Person erfahren möchten, für die Ihre Partnerin / Ihr Partner sich entschieden hat. Wählen Sie fünf Fragen aus und machen Sie ein Interview. Versuchen Sie zum Schluss des Interviews, die beschriebene Person in zwei Sätzen zusammenzufassen.

Wann und wo haben Sie sie / ihn zum ersten Mal getroffen?
Wie war Ihr erster Eindruck?
Was mögen Sie an Ihr / ihm? – Was mögen Sie nicht an ihr / ihm?
Was haben Sie gemeinsam? – Worin unterscheiden Sie sich?
Warum sind Sie Freunde geworden?
Wie sieht sie / er aus?
Welche Kleidung trägt sie / er?
Was ist sie / er für eine Person?
Was ist sie / er von Beruf?
Wie ist ihre / seine Familie?
Was für Hobbys und Interessen hat sie / er?

Wann und wo hast du die Person zum ersten Mal getroffen?

Also, meine Person ist ein Mann. Getroffen habe ich ihn zum ersten Mal in …

E1 Wieder Single!

a Was ist den beiden passiert? Wie fühlen sie sich? Sprechen Sie.
b Welche Tipps würden Sie ihnen geben? Sammeln Sie.

E2 Tipps für „danach"

a Lesen Sie den Text. Gibt es Tipps, die Sie auch in E1 gegeben haben? Unterstreichen Sie sie.

Wie geht's weiter?

Ihre Partnerin oder Ihr Partner hat die Beziehung mit Ihnen einfach beendet? Sie sind wütend, enttäuscht und traurig zugleich und wissen nicht, was Sie nun tun sollen? Wir möchten Ihnen gern ein paar Tipps geben, wie das Leben „danach" weitergeht.

In der ersten Woche:

Ganz wichtig: Bewegen Sie sich viel. Machen Sie Spaziergänge oder gehen Sie joggen. Gehen Sie anschließend in die Sauna oder nehmen Sie zu Hause ein warmes Bad zur Entspannung. Verwöhnen Sie sich! Kochen Sie sich etwas Gutes und laden Sie gute Freunde ein. Allein sein ist in diesen ersten Momenten noch etwas schwierig. Sie möchten Ihren Kummer mitteilen, und wirklich gute Freunde halten das auch aus. Lenken Sie sich ab, verabreden Sie sich mit Freunden fürs Kino oder ins Theater. Oder gehen Sie einfach etwas trinken, aber seien Sie vorsichtig bei der Auswahl der Kneipe: Wählen Sie eine Kneipe aus, in der sie nicht Ihre Ex-Partnerin oder Ihren Ex-Partner treffen.

In der zweiten Woche:

Sie sehen nun all die Dinge, die Sie an Ihre Beziehung erinnern. Nun heißt es kühlen Kopf bewahren. Packen Sie alle diese Sachen in einen Karton und stellen Sie sie auf den Speicher. Geben Sie Geschenke, die Sie bekommen haben, auf keinen Fall zurück! Denn Sie werden nach einiger Zeit feststellen, dass das alles überhaupt nicht zu Ihnen gepasst hat. Und: Vielleicht können Sie das Zeug noch bei eBay verkaufen.

Packen Sie auch alle Fotos und Briefe weg. Bitte nicht wegwerfen! Schauen Sie sie erst viel später wieder an, zerreißen Sie sie dann oder benutzen Sie sie als Dart-Scheibe. Je leichter Ihnen das fällt, desto besser haben Sie Ihre Beziehung überwunden.

Schreiben Sie nun einen Brief. Sagen Sie Ihrer Ex-Partnerin oder Ihrem Ex-Partner, was Sie ihr oder ihm schon immer einmal sagen wollten. Und zwar ganz ausführlich und sehr, sehr deutlich! Aber schicken Sie den Brief bitte nicht ab. Je mehr Sie sich von der Seele schreiben können, desto mehr verschwindet die Wut aus Ihrem Bauch. Und Sie werden feststellen können, dass es vielleicht doch ganz gut ist, dass es so gekommen ist, wie es ist!

Je leichter Ihnen das *fällt*, **desto** besser haben Sie Ihre Beziehung überwunden.
Es fällt Ihnen immer leichter. → Sie haben die Beziehung immer besser überwunden.

Je mehr Sie sich von der Seele schreiben *können*, **desto** mehr verschwindet die Wut.
Sie schreiben immer mehr. → Die Wut verschwindet immer mehr.

b Lesen Sie noch einmal, unterstreichen Sie alle Tipps und vergeben Sie Noten:
1 = sehr gut, 2 = gut, 3 = geht so, 4 = unmöglich

Tipp	Note
sich viel bewegen	
in die Sauna gehen	

E3 Vergleichen Sie im Kurs.

Was, du findest die Idee gut, was Gutes zu kochen? In der Situation hätte ich gar keinen Hunger!

Doch, da muss man nämlich gute Sachen essen. Sonst nimmt man zu viel ab.

1 Relativpronomen und Relativsatz mit Präposition

sprechen **über** + Akkusativ erzählen **von** + Dativ	Ist das **der Kollege**,	**über den** **von dem**	du gesprochen hast? du erzählt hast?
	Ist das **die Bekannte**,	**über die** **von der**	
	Sind das **die Kollegen**,	**über die** **von denen**	

2 Deklination: Adjektiv als Nomen

bekannt	Nominativ	Akkusativ	Dativ
maskulin	der (gute) Bekannt**e** ein (guter) Bekannt**er**	den / einen (guten) Bekannt**en**	dem / einem (guten) Bekannt**en**
feminin	die / eine (gute) Bekannt**e**	die / eine (gute) Bekannt**e**	der / einer (guten) Bekannt**en**
Plural	die (guten) Bekannt**en** (gute) Bekannt**e**	die (guten) Bekannt**en** (gute) Bekannt**e**	den (guten) Bekannt**en** (guten) Bekannt**en**

auch so: jugendlich: der/die Jugendliche; erwachsen: der/die Erwachsene; deutsch: der/die Deutsche

3 *n*-Deklination

	Nominativ	Akkusativ	Dativ
maskulin	der / ein Kollege	den / einen Kolleg**en**	dem / einem Kolleg**en**
Plural	die / – Kolleg**en**	die / – Kolleg**en**	den / – Kolleg**en**

auch so: der Mensch, der Nachbar, der Praktikant, der Herr, der Junge, der Pole, der Grieche usw.

4 Konjunktion: *falls*

	Konjunktion	Ende
Deine Mannschaft bekommt einen Punkt abgezogen,	**falls** du „Familie“ (= wenn)	**sagst**.

5 Zweiteilige Konjunktion: *je … desto*

Je leichter Ihnen das **fällt**, **desto** besser haben Sie Ihre Beziehung überwunden.

Wichtige Wendungen und Ausdrücke

im Spiel

Du bist dran. • Du musst eine Karte ziehen/aufdecken. • Du darfst dreimal würfeln. • Du musst eine Runde aussetzen. • Das ist gegen die Regel. • Man muss auch verlieren können. • Gewonnen hat, wer … • Zwei Mannschaften / Spieler spielen gegeneinander. • Juhuu, gewonnen • Verloren, o.k. Jetzt aber Revanche!

eine Person näher beschreiben

Charaktereigenschaften: humorvoll, rücksichtsvoll, tolerant, zärtlich, kritisch, energisch, romantisch, neugierig, eifersüchtig, geduldig, ruhig, selbstständig, treu, höflich, altmodisch • Aussehen: groß, schlank, sportlich, kräftig, jugendlich • Jurek ist ein Kollege aus der Arbeit, mit dem ich Sport mache • Marta ist eine sehr gute Freundin, die ich regelmäßig treffe. • Getroffen habe ich sie/ihn zum ersten Mal …

das Du anbieten

Ich fände es schön / nett, wenn wir uns duzen. • Ich bin … • Übrigens, von mir aus können wir uns gern duzen. Ich heiße … • Wir sagen hier alle Du zueinander. Wenn es Ihnen recht ist, dann können wir uns gern duzen. • Ach, wollen wir uns nicht lieber duzen?

das Du annehmen

Ja, gern! Ich heiße … • Das ist nett, … • Schön! Hallo … Ich bin … • Alles klar! Ich heiße …

9 Technik im Alltag

FOLGE 9: *COMPUTER SIND DOOF*

1 **Was ist ein Druckertreiber? Kreuzen Sie an.**

- ☐ eine Software, die dafür sorgt, dass Computer und Drucker zusammen funktionieren
- ☐ ein spezielles Kabel, mit dem man den Computer und den Drucker verbindet

2 **Ordnen Sie zu.**

eine CD	einlegen
im Internet	installieren
die Software	surfen
	downloaden

3 **Sehen Sie die Fotos 1–4 an. Was passiert im Homeservice? Was meinen Sie?**

Vielleicht streiten sich Maja und Nasseer darüber, wer an den Computer darf.

Ich vermute, dass …

3

4

7

8

23-30 **4** **Sehen Sie die Fotos an und hören Sie.**

23-30 **5** **Schlechte Stimmung im Homeservice. Hören Sie noch einmal und beantworten Sie die Fragen.**

- a Foto 1: Was funktioniert nicht?
- b Foto 2: Worüber ärgert sich Nasseer?
- c Fotos 3 und 4: Was möchte Maja machen? Klappt es?
- d Fotos 5 und 6: Was macht Nasseer?
- e Foto 6: Worüber ärgert sich Maja?
- f Fotos 7 und 8: Wird das technische Problem gelöst?
  Wie reagieren die beiden Kunden, Herr Baum und Frau Keller?
  Was machen Maja und Nasseer am Ende?

6 **Technische Probleme. Kennen Sie das? Sie wollten etwas machen – doch dann funktionierte plötzlich das Gerät nicht mehr. Sprechen Sie.**

Ja, klar, als ich letzte Woche … wollte, da hat plötzlich …

A Rechnungen mit der Hand schreiben, **als ob** wir im Mittelalter **wären**!

A1 Wer sagt das? Ordnen Sie zu.

A

B

C

Bild	A	B	C
Text			

1 Typisch Herr Baum. Er tut so, als ob er gleich verhungern würde.
2 Hier ist Chaos, und er tut so, als ob wir nichts zu tun hätten.
3 Rechnungen mit der Hand schreiben, als ob wir im Mittelalter wären.

..., **als ob** wir im Mittelalter **wären**!

A2 Was ist das Problem? Lesen Sie und kreuzen Sie an.

- ☐ Der Drucker soll etwas ausdrucken, aber er reagiert nicht.
- ☐ Der Drucker druckt, aber es steht nichts auf dem Papier.
- ☐ Der Drucker druckt, aber er hat kein Papier.
- ☐ Der Drucker sollte in Schwarz drucken, aber er druckt immer in Farbe.

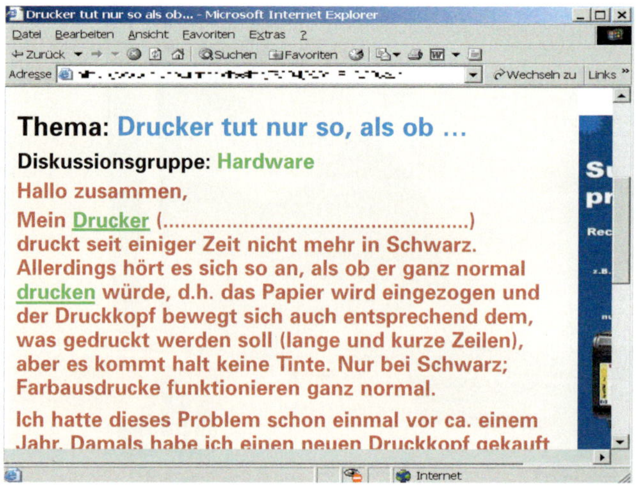

Drucker tut nur so als ob... - Microsoft Internet Explorer

Datei Bearbeiten Ansicht Favoriten Extras ?

Thema: Drucker tut nur so, als ob ...

Diskussionsgruppe: Hardware

Hallo zusammen,

Mein Drucker (...)
druckt seit einiger Zeit nicht mehr in Schwarz.
Allerdings hört es sich so an, als ob er ganz normal drucken würde, d.h. das Papier wird eingezogen und der Druckkopf bewegt sich auch entsprechend dem, was gedruckt werden soll (lange und kurze Zeilen), aber es kommt halt keine Tinte. Nur bei Schwarz; Farbausdrucke funktionieren ganz normal.

Ich hatte dieses Problem schon einmal vor ca. einem Jahr. Damals habe ich einen neuen Druckkopf gekauft

A3 Mein ... tut nur so, als ob ..., aber in Wirklichkeit ... – Sprechen Sie.

1

2

3

4

5

1	es scheint:	Handy – meine SMS verschicken	nur speichern
2	es hört sich so an:	Anrufbeantworter – Nachrichten aufnehmen	nichts aufnehmen
3	es sieht so aus:	Computer – Dateien speichern	die Dateien löschen
4	es hört sich so an:	Faxgerät – Faxe empfangen	nur schwarze Linien drucken
5	es sieht so aus:	Videorekorder – Filme aufnehmen	gar nichts drauf sein

Es scheint, als ob mein Handy meine SMS verschicken würde, aber in Wirklichkeit speichert es sie nur.

A4 Familie mit Anschluss

a Lesen Sie die ersten zwei Abschnitte. Wer erzählt die Geschichte?

Geschichte 10 Reif für den Wertstoffhof

„Ich schmeiß nur eben schnell die Kiste an", sagt der Mann und drückt mit seinem Finger auf meinen Power-Knopf. Viel zu fest natürlich; fast bleibt der Knopf im Gehäuse stecken. Wie immer eben. Dann klickt er sich durch ein paar Dateien. „Wo ist meine Datei von gestern? Wer hat sie gelöscht?!", brüllt er plötzlich. „Beruhige dich. Niemand." Das ist die Stimme der Frau. „Dann liegt es an dieser Kiste! Es wird Zeit, dass wir uns einen neuen Computer besorgen."

Also, das mit der „Kiste" ist ja eigentlich eine Frechheit – aber daran habe ich mich schon fast gewöhnt in den drei Jahren, die ich bisher in diesem Haus verbracht habe. Jedoch dieses dauernde Theater mit den Dateien: Daran kann ich mich nun wirklich absolut nicht gewöhnen.

Jeden Nachmittag das Gleiche: Die Frau schläft, der Mann ist weg, und das kleine Mädchen kommt leise ins Zimmer, schaltet mich ein und drückt dann mit seinen schmutzigen kleinen Fingern auf meinen Tasten herum. Das Einzige, was dieses kleine Monster lesen kann, ist „o.k." „Hurra – okay" ruft sie und klickt. Auch wenn mein Bildschirm zur Sicherheit noch mal fragt: **Wollen Sie die Datei wirklich löschen?** – nichts da: ein Hurra, ein Klick mit der Maus, und die Datei ist weg. – Was soll ich machen? Ich kann nichts dagegen tun – die Datei wird gelöscht, für immer und ewig.

Und die Frau? Die Frau will immer E-Mails versenden. Also schreibt sie ganze Romane an ihre Freundinnen, fügt jede Menge Fotos von dem kleinen Monster ein und klickt dann auf Senden. Klar, dass das nicht funktionieren kann, bei diesen Datenmengen in einer einzigen E-Mail! Ich muss ihr sagen: **Fehler – Die Datei konnte nicht gesendet werden**. Und was tut sie dann? Sie fährt mit der Hand kurz über mein Gehäuse und sagt: „Du wirst langsam alt, mein Lieber". Alt! Wie das klingt! Als ob's an meinem Alter liegen würde! Ist doch klar, dass ich da nervös werde und mein Bildschirm flimmert und flackert, oder?

Aber am schlimmsten, am allerschlimmsten ist der ganz alte Mann. Der hat von Computertechnik wirklich keine Ahnung! Dauernd lädt er vom Internet irgendwelche Programme runter oder installiert Programme von irgendwelchen CD-ROMs. Irgendwann entsteht dann auf meiner Festplatte so ein Chaos, dass ich überhaupt nicht mehr rechnen kann und nur noch irgendwie mit letzter Kraft **Fataler Fehler** auf meinen Bildschirm schreiben kann. Davon kriegt der alte Mann aber einen solchen Schreck, dass er einfach ganz schnell den Stecker aus der Steckdose zieht. Und das ist dann für mich ein Schock! Aber hallo!

-wie
gend-wann
-welche

All das geschieht Tag für Tag, immer wieder. Das kann man doch wirklich nicht aushalten, oder? Meine Tage sind gezählt, das ist ganz sicher, und schon bald werde ich mich auf meinen letzten Weg machen müssen: zum Wertstoffhof. Recycling heißt meine Endstation – und irgendwann halten Sie dann mein Gehäuse in der Hand – als Einkaufstüte oder als Kleiderbügel …

b Lesen Sie nun den ganzen Text. Was machen die vier Personen? Unterstreichen Sie im Text in jeweils einer Farbe. Ergänzen Sie dann die Tabelle.

der Mann	das Mädchen	die Frau	der alte Mann

A5 Arbeiten Sie in Gruppen. Wählen Sie eine Geschichte aus und schreiben Sie sie zu Ende.

1

Ich gehöre einer Großfamilie: Eltern, Oma und sieben Kinder! Können Sie sich vorstellen, wie das für mich ist? Nein? Dann erzähle ich es Ihnen. Jeden Morgen …

2

Ich gehöre einem Fahrlehrer in …

Während ich unterwegs bin, kann ich mich nicht um Majas Computer kümmern.

B1 Wie könnte man noch sagen? Kreuzen Sie an.

Während ich unterwegs bin, kann ich mich nicht um Majas Computer kümmern.

So, *nachdem* ich das Essen eingepackt und die Rechnungen ausgedruckt habe, trinke ich jetzt einen Kaffee.

a
- ☐ Vorhin war ich unterwegs, und jetzt kann ich mich auch nicht um Majas Computer kümmern.
- ☐ Jetzt bin ich unterwegs, und da kann ich mich nicht um Majas Computer kümmern.

b
- ☐ Ich packe jetzt Essen ein, drucke Rechnungen aus und trinke dabei einen Kaffee.
- ☐ Ich habe das Essen eingepackt und die Rechnungen ausgedruckt. Jetzt trinke ich einen Kaffee.

Während ich unterwegs bin, kann ich mich nicht um Majas Computer kümmern.

Nachdem ich das Essen eingepackt und die Rechnungen ausgedruckt habe, trinke ich jetzt einen Kaffee.

B2 Viel Arbeit im Büro

	Beate	Anna
1	 Angebote kopieren	 Kaffee kochen
2	 E-Mails beantworten	 im Internet surfen
3	 etwas Wichtiges mit dem Chef besprechen	 mit Freunden telefonieren
4	 einen Kunden vom Flughafen abholen	 Zeitung lesen
5	 Rechnungen schreiben	 sich mit Kollegen unterhalten
6	 für den Chef eine Reise organisieren	 Blumen gießen

a Beate ist böse auf Anna. Was sagt sie? Sprechen Sie laut.

1 *Während ich die Angebote kopiert habe*, hast du Kaffee gekocht.
2 ……………………………………, hast du im Internet gesurft.
... ……………………………………, hast du …

b Beates Arbeitstag. Was sagt sie? Sprechen Sie.

Nachdem ich die Angebote kopiert hatte, musste ich auch noch E-Mails beantworten.

B3 Planspiel: Mitglied im Vorbereitungskomitee

Arbeiten Sie in Gruppen. Wählen Sie einen der beiden Vorschläge aus. Sammeln Sie weitere Aufgaben. Planen und verteilen Sie die Aufgaben.

1 Ausflug mit Picknick und Übernachtung

Internetrecherche: Wohin?
Transportmittel und Fahrkarten besorgen
Kosten ausrechnen und Geld einsammeln
Info-Mail schreiben und versenden
Weitere Aufgaben: ...

2 Kinobesuch

Was für ein Film? In welchem Kino?
Programmrecherche im Internet
Wann? Mit den anderen Kursteilnehmern besprechen
Kosten? Geld einsammeln?
Programm danach?

Während du einkaufen gehst, kann ich ja …

Ich glaube, vorher müssen wir aber noch …

Lass mich das doch machen, ich …

C1 Bedienungsanleitungen

31-34 **a** Hören Sie und ordnen Sie zu.

A

B

C

D

Bild	A	B	C	D
Gespräch				

31-34 **b** Ordnen Sie die Gespräche den folgenden Situationen zu.
Hören Sie dann noch einmal und vergleichen Sie.

1 ☐ Jemand liest die Gebrauchsanweisung. Alles funktioniert wie beschrieben.
2 ☐ Jemand liest die Gebrauchsanweisung, versteht sie nicht und beschließt, das Problem allein zu lösen.
3 ☐ Jemand macht genau, was da steht. Trotzdem kommt immer wieder eine Fehlermeldung.
4 ☐ Jemand macht alles wie beschrieben. Es ist aber schwierig und dauert ziemlich lange.

C2 Bedienungsanleitung: Ergänzen Sie die Verben.

drücken • drücken • klicken • legen • starten • ~~unterbrechen~~ • wählen

a .... Sie auf die Taste „Start/Pause", um das Programm zu *unterbrechen*. Das Lämpchen blinkt. .... Sie ein neues Programm (mit Temperatur) und – sofern Sie dies wünschen – eine andere Schleuderzahl. .... Sie dann erneut die Taste „Start/Pause", um das Programm wieder zu ....

b .... Sie die CD-ROM ein und installieren Sie die Druckersoftware.

c .... Sie im Menü „Ich möchte..." auf `Fotos drucken` .

C3 Im Waschsalon

a Sie treffen Ihre Partnerin / Ihren Partner im Waschsalon. Sie wissen beide nicht, wie die Waschmaschine funktioniert, und die Gebrauchsanweisung ist durcheinander geraten. Finden Sie zusammen eine Reihenfolge.

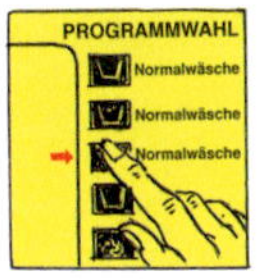

Programm wählen ☐

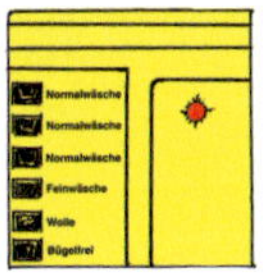
Lämpchen leuchtet ☐

Wäsche einfüllen ☐

Geld einwerfen *1*

Waschmittel einfüllen ☐

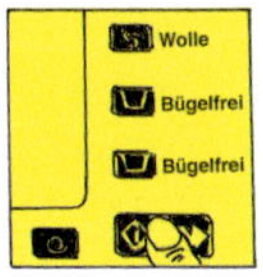

Startknopf drücken ☐

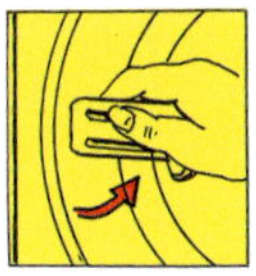
Türe schließen ☐

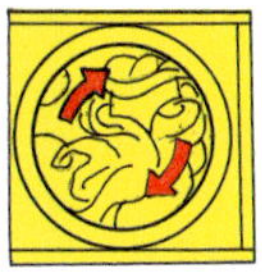
Waschvorgang läuft ☐

b Erklären Sie nun Ihrer Partnerin / Ihrem Partner, was sie/er tun muss.

um Hilfe bitten
Entschuldigung, ich bin zum ersten Mal hier.
Könnten Sie mir vielleicht sagen, wie das hier funktioniert?

etwas erklären
Kein Problem, gern.
Sehen Sie, zuerst müssen Sie hier ...
Dann leuchtet ...
Danach ...
Und dann ...
Zuletzt müssen Sie ...

Forum: Was wird aus uns in dieser Computerwelt?

D1 **Internet-Forum: Lesen Sie kurz die Texte A–D. Welcher Link führt zu welchem Text? Ordnen Sie zu.**

- ☐ Habenichts durchs Internet 2378
- ☐ internetsüchtig 5412
- ☐ die ideale Begleitung 8532
- ☐ der sprechende Hund 1230

A

Hilfe!!! Mein Mann sitzt die halbe Nacht am Computer und unterhält sich in irgendwelchen Chat-Rooms mit wildfremden Menschen. Die Kleinen sehen ihn kaum noch: Wenn er von der Arbeit nach Hause kommt, isst er nur schnell was und verschwindet dann gleich im Keller, wo er seinen PC eingerichtet hat – zu uns kommt er nur noch hoch, wenn ihm der Computer abgestürzt ist.

Einsame Computerwitwe

Liebe einsame Frau,
ich kann dich gut verstehen. Ich bin

B

Liebe Autofahrer, ich habe die ideale Beifahrerin gefunden! Ich liebe sie!! Sie versteht mich! Sie sagt mir nie, dass ich zu schnell fahre. Wenn ich mich über die Trottel auf der Autobahn ärgere, bleibt sie ganz cool. Wenn ich müde bin, unterhält sie sich mit mir. Sie kann perfekt Karten lesen, sagt es rechtzeitig, wenn ich die Fahrspur wechseln soll, und irrt sich nie in der Fahrtrichtung. Und wenn ich nachdenken will, kann sie sogar schweigen! Ihr Name ist Uschi. Sie ist mein neuer Bordcomputer.

Euer glücklicher Hans

Armer Hans,

C

Liebe Mütter,

ich bin vollkommen ratlos. Meine Tochter hat angefangen, sozusagen ihr ganzes Leben – also wirklich alles, was sie hat – übers Internet zu versteigern. Zum Startpreis von nur 1 Euro verscherbelt sie ihre Möbel, ihre Haushaltsgeräte, ihre Bücher und CDs und sogar ihre privaten Erinnerungen wie Fotos und Briefe. Und die Leute kaufen wirklich alles – sogar abgelaufene Lebensmittel. Ist das normal?

Ratlose Mutter

Liebe ratlose Mutter,

D

Was soll ich tun??? Meine Frau hat übers Internet einen Sprachcomputer für unseren Hund gekauft!! Seit zwei Tagen spaziert er mit einem Mini-Sender am Halsband herum. Der sendet jedes Geräusch, das er macht, an den Sprachcomputer. (Jedes!!!) Und der Computer übersetzt das „Hundisch" ins Deutsche. Tagaus, tagein höre ich nur noch: „Ich bin einsam." – „Spiel mit mir!" – „Das mag ich nicht." – „Ich habe Hunger." Und meine Frau reagiert nur noch auf ihn. Um mich kümmert sie sich überhaupt nicht mehr.

Jan

Lieber Jan,
warum versuchst du es nicht mal mit

D2 **Wählen Sie einen Text aus. Lesen Sie ihn noch einmal und beschreiben Sie die Situation der Person in einem Satz.**

D3 Wie würden Sie spontan auf Ihren Text (D2) reagieren?

Einfach unmöglich, so etwas zu tun!

Tolle Idee! Ich …

Damit hätte ich auch ein Problem.

Na und? Was geht mich das an? Soll er (sie) doch tun, was er (sie) will.

Oje, die Arme (der Arme)!

…

D4 Im Forum: Ihr Kommentar – 1. Runde. Antworten Sie auf den Text.

Liebe …,
dein Problem …

Verständnis zeigen
Mir geht es (manchmal) genauso.
Das Gefühl / Problem kenne ich gut.
Auch bei mir / bei uns …
Ich wüsste auch gern …

einen Rat geben
Ehrlich gesagt, das würde ich …
Lass dir das nicht gefallen!
Versuch doch …
Das kann doch nicht gut sein! Ich würde …

erstaunt / kritisch reagieren
Wie kann man so einen Unsinn ins Internet schreiben!
Denkst du / Denken Sie, das interessiert jemanden?
Das ist doch nicht normal!

Ehrlich gesagt hat man den Eindruck, dass / als ob …
Keine Ahnung, wieso Sie / dich das aufregt / interessiert / was angeht.
Das kann doch nicht wahr sein!
Das gibt es doch gar nicht!

D5 Im Forum: Ihr Kommentar – 2. Runde. Sie bekommen den Kommentar Ihrer rechten Nachbarin / Ihres rechten Nachbarn.

Lesen Sie noch einmal den Text im Forum und den Kommentar Ihrer Nachbarin / Ihres Nachbarn. Schreiben Sie dann eine Antwort auf das, was Ihre Nachbarin / Ihr Nachbar geschrieben hat.

Liebe/r …
grundsätzlich würde ich dir ja zustimmen, aber …

Ich sehe das auch so wie du / wie …
So kann man das doch nicht sehen.
Grundsätzlich würde ich dir ja zustimmen, aber …
Wie kann man auf so einen Unsinn überhaupt antworten!

D6 Lebendiges Forum

a Bilden Sie vier Gruppen, eine für jeden Forum-Text. Stellen Sie gemeinsam alle Kommentare und Antworten zusammen. Lesen Sie sie vor und stimmen Sie dann ab: Welcher Beitrag ist am besten?

b Im Kurs: Schildern Sie kurz den Inhalt Ihres Forum-Textes und lesen Sie den besten Beitrag aus Ihrer Gruppe vor. Sagen Sie auch, warum Ihnen dieser Beitrag am besten gefallen hat.

CD 1 35

E1 Hören Sie den Anfang einer Radiosendung. Wie lautet der Titel der Sendung? Kreuzen Sie an.

☐ Die Welt der neuen Technik
☐ Die neue Welt der Technik
☐ Neues aus der Welt der Technik
☐ Neue Technik, neue Welt

CD 1 36-39

E2 Hören Sie die ganze Sendung. Was ist richtig? Kreuzen Sie an.

Meldung 1
☐ Obwohl Brieftauben schneller sind als E-Mails, dürfen sie ihren Job nicht behalten.
☐ Weil die Kommunikation im Internet billiger ist, verloren Brieftauben ihren Job.

Meldung 2
☐ Wegen eines Hochwassers sind zahlreiche Kommunikationsmittel gestört, nur das Internet funktioniert noch zuverlässig.
☐ Nur noch die Telefonverbindungen funktionieren, alle anderen Kommunikationsmittel sind gestört.

Meldung 3
☐ Ein Kapitän hat aus Versehen das weltweit längste Unterwasserkabel für Internetverbindungen beschädigt.
☐ Ein Kapitän hat aus Versehen das weltweit längste Unterwasserkabel für Internetverbindungen für immer zerstört.

Meldung 4
☐ Täglich werden mehr als 100 Milliarden Seiten Text verschickt.
☐ Täglich werden so viele Daten verschickt, wie auf 100 Milliarden Seiten Text passen würden.

E3 Mitteilungen

a Was passt? Ordnen Sie zu.

Grund	1	2	3
Text			

1 zu einer Hochzeit einladen **2** eine Beziehung beenden **3** sich verabreden wollen

A

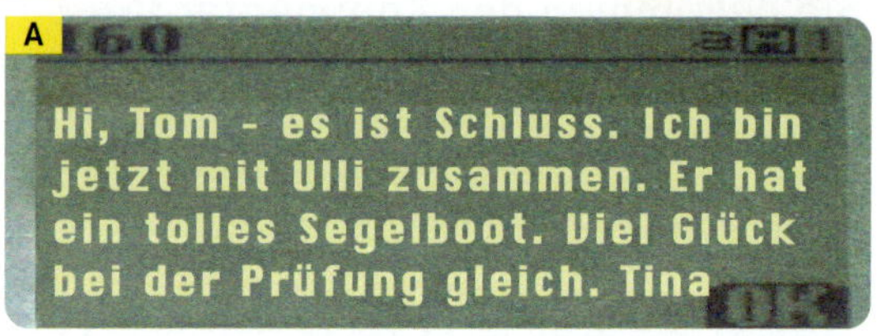
Hi, Tom - es ist Schluss. Ich bin jetzt mit Ulli zusammen. Er hat ein tolles Segelboot. Viel Glück bei der Prüfung gleich. Tina

B

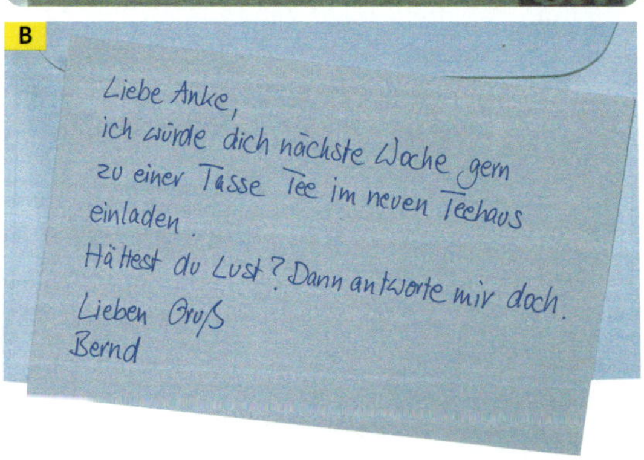
Liebe Anke,
ich würde dich nächste Woche gern zu einer Tasse Tee im neuen Teehaus einladen.
Hättest du Lust? Dann antworte mir doch.
Lieben Gruß
Bernd

C

Betreff: Mail

Liebe Sonja, lieber Herbert,

Udo und ich heiraten. Die Trauung findet am 7. August um 10 Uhr auf dem Standesamt in Dinslaken statt. Die kirchliche Trauung ist dann am Nachmittag um 16.30 Uhr in der Friedenskirche, Rotbachstraße 164. Anschließend laden wir euch zu einem Umtrunk mit unseren Freunden und Verwandten im benachbarten Gemeindesaal ein.
Am Abend treffen wir uns im Hotel Zum Schwarzen Ferkel, Voerder Straße 79: Abendessen mit anschließendem Tanz.
Wir würden uns sehr freuen, wenn ihr kommen könntet.

Lieben Gruß
Bine und Udo

b Hätten Sie die Nachricht von Tina auch per SMS geschickt? Und wie ist es mit den anderen beiden Nachrichten?

Grammatik

1 Konjunktion: ***als ob***

	Konjunktion	Ende: Konjunktiv II
Es scheint,	**als ob** mein Computer Daten	**speichern würde**.
Rechnungen mit der Hand schreiben,	**als ob** wir im Mittelalter	**wären**.

2 Konjunktion: ***während***

	Konjunktion	Ende
Beate kopiert die Angebote,	**während** Anna Kaffee	kocht.

3 Konjunktion: ***nachdem***

	Konjunktion	Ende
Beate **beantwortet** die E-Mails,	**nachdem** sie die Angebote	**kopiert hat**.

4 ***Irgend-***

Irgendwann entsteht dann auf meiner Festplatte so ein Chaos, dass ich überhaupt nicht mehr rechnen kann und nur noch **irgendwie** mit letzter Kraft *Fataler Fehler* auf meinen Bildschirm schreiben kann.
auch so: irgendwelch-, irgendwo, irgendwer ...

Wichtige Wendungen und Ausdrücke

um Hilfe bitten

Entschuldigung, ich bin zum ersten Mal hier. • Könnten Sie mir vielleicht sagen, wie das hier funktioniert?

etwas erklären

Kein Problem, gern. • Sehen Sie, zuerst müssen Sie hier ... • Dann leuchtet ... • Danach ... • Und dann ... • Zuletzt müssen Sie ...

Verständnis zeigen

Mir geht es (manchmal) genauso. • Das Gefühl / das Problem kenne ich gut. • Auch bei mir / bei uns ... • Ich wüsste auch gern ...

einen Rat geben

Ehrlich gesagt, das würde ich ... •
Lass dir das nicht gefallen! •
Versuch doch ... •
Das kann doch nicht gut sein!
Ich würde ...

erstaunt / kritisch reagieren

Wie kann man so einen Unsinn schreiben! • Denkst du / Denken Sie, das interessiert jemanden? • Das ist doch nicht normal! • Ehrlich gesagt, hat man den Eindruck, dass/als ob ... • Keine Ahnung, wieso dich / Sie das so aufregt. • ... wieso dich das interessiert / etwas angeht. • Das kann doch nicht wahr sein! • Das gibt es doch gar nicht!

etwas kommentieren

Ich sehe das auch so wie du. • So kann man das doch nicht sehen. • Grundsätzlich würde ich dir ja zustimmen, aber ... • Wie kann man auf so einen Unsinn überhaupt antworten!

etwas planen

Während du ..., kann ich ... • Vorher müssen wir aber noch ... • Lass mich/ihn/sie das machen, ich/er/sie ...

spontan reagieren

Einfach unmöglich, so etwas zu tun.
Na und, was geht mich das an? Soll er/sie doch tun, was er/sie will.
Tolle Idee, ...
Oje, die Arme / der Arme ...
Damit hätte ich auch ein Problem.

10 Rund ums Produkt

FOLGE 10: *MURPHYS GESETZ*

1 **Was ist das? Wissen Sie vielleicht, wie das funktioniert? Sprechen Sie.**

Ich weiß nicht, was das ist. | Es sieht so aus, als ob …

Wenn man …, dann … | Keine Ahnung! Vielleicht …

2 **Was bedeutet: „etwas geht schief"? Kreuzen Sie an.**

☐ Eine Person geht nicht gerade. ☐ Etwas klappt nicht.

3 **Sehen Sie die Fotos 1–5 an. Was passiert? Was meinen Sie?**

CD 1 40-50 **4** **Sehen Sie die Fotos an und hören Sie.**

5 **Was ist Maja passiert? Wie reagiert sie? Ergänzen Sie die Stichworte.**

Essen
Blechfrosch mit Aufziehschlüssel
Anruf im Spielwarengeschäft
Anruf des Kunden

6 **Kennen Sie diese Redewendungen für die kleinen Pannen und Missgeschicke im Alltag? Gibt es so ähnliche auch in Ihrer Sprache? Sprechen Sie.**

Ein Unglück kommt selten allein. • Aller guten Dinge sind drei. • Heute ist Freitag, der 13. • So ein Pech aber auch. • Das ist nicht mein Tag!

7 **Welche Pannen oder Missgeschicke sind Ihnen schon passiert? Sprechen Sie.**

Alles, was schief gehen kann, geht irgendwann schief.

A1 „Murphys Gesetze": Lesen Sie den Infotext und die „Gesetze". Ordnen Sie zu.

A 

B 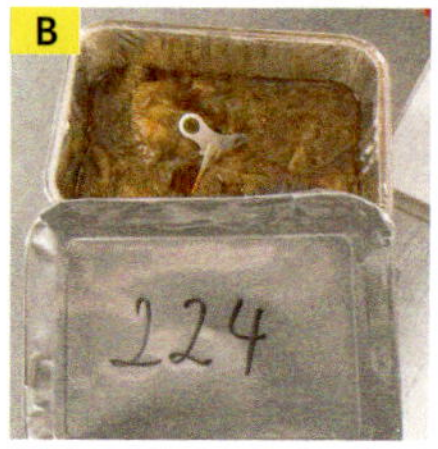

C 

Murphys Gesetze: (engl. Murphy's Laws) umschreiben die kleinen Pannen und Missgeschicke in unserem Alltag. „Entdeckt" hat sie der amerikanische Ingenieur Edward E. Murphy.

1 **Alles, was schief gehen kann, geht irgendwann schief.**
2 **Die andere Schlange kommt stets schneller voran.**
3 **Das, was du suchst, findest du immer dort, wo du zuletzt nachschaust.**

Foto	A	B	C
Gesetz			

Alles, was schief gehen kann, …
auch so: … **nichts / etwas / das**, was …
… **dort, wo** du … nachschaust.
auch so: **da / überall / die Stadt / der Ort**, wo …

A2 Pannen und Missgeschicke

CD 1 51-55

a Hören Sie die Gespräche und ordnen Sie zu.

A 

B 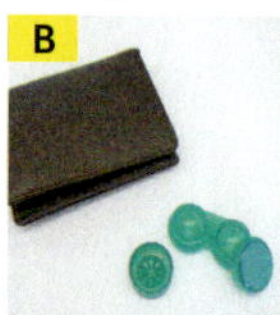

C 

D 

E 

Gespräch	1	2	3	4	5
Foto					

CD 1 51-55

b Ergänzen Sie wie im Beispiel. Hören Sie noch einmal und vergleichen Sie.

überall ● alles ● dort ● nichts ● etwas ● das Dorf ● etwas ● ~~da~~ | … wo ● … was

1 Ich find' meine Schlüssel nicht … Lach nicht! Sag mir lieber, wo ich suchen soll! – Na, am besten da……………, wo…… du sie immer hinlegst.

2 Ich hab' noch Milch mitgenommen. Sag mal, gibt's sonst noch ……………… , ……… wir brauchen? An der anderen Kasse wären wir jetzt schon dran. Dass wir uns ausgerechnet ……………… anstellen, ……… es am langsamsten geht.

3 Ist das ……………… , ……………… dir dazu einfällt? – Tut mir leid, Birgit, aber heut' ist echt nicht mein Tag. Es gibt ……………… , ……… ich richtig mache.

4 Siehst du die Kirche dort und die kleinen Häuser? Das ist ……………… , ……………… wir die Brotzeit gekauft haben.

5 Also da ist ……………… , ……… ich nicht verstehe! … Zuerst find' ich den Zucker nicht, … dann die Sahne … und jetzt ist auch noch meine Brille weg! – Tja-ha, es ist ……………… , ……… ich hinkomme, das gleiche Problem: Wir werden alle nicht jünger.

A3 Lesen Sie „Murphys Gesetze" (auch die in A1). Haben Sie schon etwas erlebt, was genau zu einem dieser Gesetze passt?

Alles, was du in Ordnung zu bringen versuchst, wird länger dauern und dich mehr kosten, als du dachtest.
Maschinen, die versagt haben, funktionieren einwandfrei, sobald der Kundendienst da ist.

Also, das Gesetz mit den Maschinen, die wieder funktionieren, wenn der Kundendienst kommt, das habe ich auch schon erlebt. Vor kurzem war meine Waschmaschine kaputt …

Mir geht das auch immer so im Supermarkt. Dort, wo ich mich anstelle, da …

Also, mir gefällt am besten das Gesetz: … Das passiert mir ständig.

B1 Die Welt des Blechspielzeugs

a Ordnen Sie zu.

- ☐ der hüpfende Frosch
- ☐ die klingelnde Feuerwehr
- ☐ das fahrende Flugzeug
- ☐ die tanzenden Mäuse

A 
B 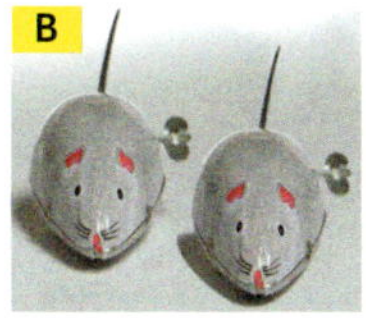
C 
D 

b Lesen Sie das Beispiel. Fragen Sie dann nach den Gegenständen aus a und antworten Sie.

ein hüpfender Frosch • eine klingelnde Feuerwehr • ein fahrendes Flugzeug • tanzende Mäuse

Was ist ein hüpfender Frosch?

Das ist ein Frosch, der hüpft.

ein Frosch hüpft – ein hüpfender Frosch
die Mäuse tanzen – die tanzenden Mäuse

B2 Verrückte Welt der Produkte

a Was können diese speziellen Produkte, was ähnliche Produkte nicht können? Was meinen Sie? Sprechen Sie.

A 
B 
C 

b Lesen Sie und ordnen Sie zu. Ergänzen Sie dann in der richtigen Form.

Bild	A	B	C
Text			

1 Unglaublich, was der alles kann: unser kleiner .... (sprechen) Teddybär! Sie gehen aus, und er sitzt bei Ihren Kindern am Bett. In seinem beweglichen Kopf befindet sich eine kleine Kamera. Sie sendet Bilder von Ihren Kindern auf Ihr Handy. In seinem Ohr ist ein kleines Mikrofon, in seinem Mund ein Lautsprecher. So können Sie mit Ihren Kindern sprechen.

2 Probleme mit der Rechtschreibung oder mit der Mathematik? Schluss damit! Nun gibt es ihn: den .... (rechnen) und immer „richtig" .... (schreiben) Computer in Form eines kleinen Stiftes! Rechtschreibung und Mathematik sind somit kein Problem mehr. Probier's aus!

3 Langeweile beim Zähneputzen? Das ist nun vorbei. Ganz neu auf dem Markt: die .... (singen) Zahnbürste, die den 60er-Jahre-Hit „Rote Lippen soll man küssen" durch den Kieferknochen ins Innere des Ohrs transportiert. Summen Sie einfach mit!

c Lesen Sie noch einmal und kreuzen Sie an: richtig oder falsch?

		richtig	falsch
1	Der Teddybär spricht auf das Handy der Eltern.	☐	☐
2	In diesem Stift ist ein Computer, der rechnen und schreiben kann.	☐	☐
3	Die Zahnbürste kann viele verschiedene Lieder singen.	☐	☐

B3 Markt der ungewöhnlichen Produkte

a Wie würden Sie diese Produkte nennen? Sprechen Sie.

kochend • sprechend • singend • fliegend • wachsend • schrumpfend …

1 
2 
3 

b Wählen Sie eins der Produkte aus oder erfinden Sie ein neues Produkt. Machen Sie Notizen.

Kochender Kühlschrank:
Kennt alle Rezepte der Welt
bestellt selbstständig alles, was er braucht, im Online-Supermarkt
das Essen gelingt immer

c Arbeiten Sie in Gruppen. Stellen Sie Ihre Produkte vor.

Ich hab' aber keinen Schlüssel gefunden, **weder** am Frosch **noch** in der Verpackung.

CD 1 56

C1 Ordnen Sie zu. Hören Sie und vergleichen Sie.

a Ich hab' aber keinen Schlüssel gefunden, weder am Frosch
b Nein, sowohl die Lieferzeit
c Was mache ich nur? Ich kann weder heute Vormittag
d Heute ist nicht mein Tag. Ich hab' sowohl die Deckel vertauscht

noch heute Nachmittag persönlich vorbeikommen.
als auch den Schlüssel ins Lammcurry fallen lassen.
noch in der Verpackung. Das ist wirklich sehr ärgerlich.
als auch der Geschmack sind völlig in Ordnung.

… **weder** am Frosch … **noch** in der Verpackung … **sowohl** die Lieferzeit … **als auch** der Geschmack

C2 Kundenwünsche

CD 1 57-60

a Hören Sie und ordnen Sie zu.

A

B

C

D

Bild	A	B	C	D
Gespräch	3			

CD 1 57-60

b Ergänzen Sie: *weder … noch … , sowohl … als auch …*
Hören Sie dann noch einmal und vergleichen Sie.

1 Ja also, Sie haben mir dieses Kleid zugeschickt und … ich muss schon sagen, ich bin wirklich sehr verärgert! … Beim Auspacken musste ich leider feststellen, dass das Kleid .... die richtige Farbe .... die richtige Größe hat. … Das ist nun schon die zweite falsche Lieferung!

2 Die Rechnung haben Sie ja noch, oder? – Nein, das ist ja das Dumme: Wir haben .... die Verpackung .... die Rechnung weggeworfen.

3 Sie haben heute in der Zeitung eine Sonderaktion „Rund ums Campen" ausgeschrieben … .... das Iglu-Zelt .... dieser Camping-Kocher würden mich interessieren. Ich kann .... das eine .... das andere finden.

4 Hören Sie mal, ich komme gerade aus dem Urlaub zurück. … Es war abgemacht, dass Sie .... das Bad renovieren .... die Wände neu tapezieren.

C3 Ordnen Sie oben auf Seite 33 zu.

Das hätte ich nicht erwartet / gedacht. ● Dazu möchte ich aber noch anmerken, dass … ● Ich musste nun leider feststellen, dass … ● Ich kann verstehen, dass Sie enttäuscht / verärgert sind. ● Das geht doch nicht. ● Selbstverständlich … ● Ich bin wirklich sehr verärgert / enttäuscht. ● Da sehe ich leider gar keine Möglichkeit, außer … ● Solche Methoden lehne ich ab. ● Sie hatten fest versprochen, dass … ● Es war abgemacht, dass … ● Ich muss mich nun leider bei Ihnen beschweren. ● Ich bin mir nicht ganz sicher, was es ist, aber … ● Das wundert / überrascht mich. ● Das Hauptproblem war, … ● Das kann man doch nicht machen. ● Also, ich muss sagen, das hat mich schon etwas enttäuscht. ● Ach, wirklich? … Das ist wirklich sehr ärgerlich. ● Ich werde mich sofort persönlich darum kümmern.

Kundin/Kunde	Verkäuferin / Verkäufer Handwerkerin / Handwerker

C4 Rollenspiel: Sich beschweren

a Wählen Sie eine Situation aus, überlegen Sie sich „Beschwerdegründe" und beschreiben Sie sie genauer.

1 Sie möchten eine Kaffeemaschine umtauschen, weil sie nicht so funktioniert wie in der Werbung beschrieben. Sie haben allerdings weder die Rechnung noch die Verpackung. Sie wissen aber noch, welche Verkäuferin Ihnen die Kaffeemaschine verkauft hat. Sie wissen auch, dass Sie die Kaffeemaschine ohne Rechnung und Verpackung nicht umtauschen können.

2 Sie haben in der Wohnung Bad und Küche renovieren lassen. Die Handwerker hatten Ihnen zuvor ein Angebot gemacht. Bad und Küche sind nun renoviert, aber vieles ist anders verlaufen, als im Angebot beschrieben: z. B. Anzahl der Stunden, Materialpreise usw.

3 Sie haben an einem Chinesischkurs teilgenommen. In der Werbung wurde versprochen, dass Sie in vier Wochen mit Hilfe ganz neuer und ungewöhnlicher Methoden fließend Chinesisch sprechen lernen sollten, z. B. Lehrbuch unters Kopfkissen legen, Vokabeln im Liegen lernen usw. Es hat aber nicht geklappt.

4 Sie haben für Ihr Schlafzimmer einen neuen Schrank bestellt. Sie bekommen die Einzelteile geliefert und müssen beim Auspacken gleich einige Mängel feststellen, z. B. fehlende Schrauben und Regalböden usw. Nach dem Zusammenbau gemäß der Anleitung funktioniert auch vieles nicht.

b Spielen Sie.

A Kundin / Kunde

Gruß. – Sie stellen Ihr Problem ganz kurz vor und beschweren sich. Sie sind verärgert / überrascht.

Sie führen Ihr Problem weiter aus und betonen, was Ihnen versprochen wurde / erklären genau, was nicht funktioniert hat.

Sie weisen diese Vorschläge zurück und schlagen etwas anderes vor.

Sie zeigen sich einverstanden mit dem Vorschlag und bedanken sich *oder* Sie lehnen den Vorschlag ab und sind richtig verärgert. – Gruß

B Verkäuferin/Verkäufer Handwerkerin/Handwerker usw.

Gruß. – Sie zeigen Ihr Erstaunen oder Ihr Verständnis für das Problem.

Sie zeigen immer wieder Verständnis. Sie schlagen der Kundin / dem Kunden etwas vor.

Sie gehen auf den Vorschlag der Kundin / des Kunden ein *oder* Sie bedauern, dass Sie in diesem Fall nichts tun können.

Sie bedanken sich ebenfalls *oder* Sie sagen noch einmal, dass Sie in diesem Fall leider nichts tun können.
– Gruß

10 D Die sprechende Zahnbürste – eine Glosse

D1 Großes Thema: Luis und das Zähneputzen.

Lesen Sie den Anfang der Glosse. Wer erzählt? Wer sind Luis und Paola? Was ist das Problem? Wie wird es gelöst?

Tag für Tag die gleichen Kämpfe mit Luis: Ob er dieses Mal das Zähneputzen auslassen darf. Ob es nicht reicht, dass er sich gestern die Zähne besonders sorgfältig geputzt hat. ... Was ist nur am Zähneputzen so schlimm ...? Paola hat dann neulich eine sprechende Zahnbürste gekauft, sehr schön, mit neongelber Bürste und einer kleinen sommersprossigen Figur am Griff. Wenn Luis sich damit die Zähne zu putzen begann, sagte die Zahnbürste mit roboterhafter Stimme: »Weitermachen!« Sie redete, bis drei Minuten vorbei waren. Das funktionierte gut. Seltsamerweise halten sich Kinder an Befehle von Maschinen eher als an die ihrer Eltern.
Aber nun ist die Zahnbürste weg. Das kam so.

D2 Arbeiten Sie zu zweit: Wie geht die Geschichte weiter? Sehen Sie sich die Bilder an und bringen Sie sie in eine Reihenfolge. Vergleichen Sie im Kurs.

A

B

C

D

E

F

G

H

D3 Lesen Sie weiter. Ordnen Sie nun die Bilder in D2 den Abschnitten zu. Korrigieren Sie, wenn nötig, Ihre Reihenfolge.

1 ☐ Eines Nachts wachte ich auf, weil ich eine leise Stimme hörte. Ich dachte, Luis wäre wach geworden, stand auf, sah nach ihm, aber er schlief. ... »Hat Paola den Fernseher vergessen?«, dachte ich und machte mich auf den Weg zum Wohnzimmer. Dabei kam ich am Bad vorbei.
Aus dem Bad hörte ich ein leises, metallisches »Weitermachen!« Ich dachte: die Zahnbürste! Ist ein Dieb im Bad, hat sie aus Versehen berührt und ...? Entschlossen öffnete ich die Tür und machte Licht. Die Zahnbürste war vom Waschbecken gefallen, lag auf dem Fußboden und sagte: »Weitermachen!«

2 ☐ Ich schüttelte sie, aber sie sprach weiter. Ich versuchte sie auszuknipsen, aber es gab keinen Schalter. Ich bedeckte sie mit drei Handtüchern, schloss die Tür und ging wieder ins Bett. Das »Weitermachen!« hörte nicht auf. Das Metallstimmchen war durch kein Handtuch aufzuhalten. »Weitermachen!«, hörte ich. »Weitermachen!«

3 ☐ Ich ging wieder ins Bad. Versuchte, die Batterie aus dem Gerät zu nehmen. Sie befand sich hinter einer Klappe, die mit einer winzigen Schraube verschlossen war. Ich suchte einen Schraubenzieher, aber alle Schraubenzieher, die ich fand, waren zu groß für diese winzige Schraube. Ich wurde nervös … und holte ein Messer, um die Schraube zu lösen.

4 ☐ Aber ich rutschte mit dem Messer ab und schnitt mich. Blutete. Leise fluchend holte ich ein Pflaster. »Weitermachen!«, hörte ich. »Weitermachen!« … Ich war jetzt hysterisch. Was, zum Teufel, sollte ich tun? Ich konnte mir nicht den Rest der Nacht mit der Zahnbürste um die Ohren schlagen.

5 ☐ Ich ging ins Wohnzimmer, öffnete das Fenster und warf die Zahnbürste hinaus. Wir wohnen im zweiten Stock. Die Zahnbürste fiel in eine tiefe Kanalbaugrube vor unserem Haus.

6 ☐ »Weitermachen!«, hörte ich leise aus der Tiefe. »Weitermachen!« Es war drei Uhr nachts.

7 ☐ Ein Betrunkener wankte den Bürgersteig entlang. Am Rand der Baugrube blieb er stehen und lauschte. »Es ist nichts!«, rief ich. »Nur eine Zahnbürste!« Er blickte zu mir hinauf. »Da lllliegt wer drinnn«, lallte er, »muss runtagefallln sssseinnnn…« »Weitermachen!«, hörte ich leise. »Weitermachen!« »Es ist nur eine defekte Zahnbürste!«, rief ich. »Gehen Sie weiter!« Ich dachte, wie es wäre, wenn er jetzt um Hilfe schreien und die ganze Straße wecken würde. Wenn man in der Baugrube nach einem Verschütteten zu suchen begänne. Und nur eine Zahnbürste fände, eine kleine sprechende Zahnbürste mit neongelber Bürste …

8 ☐ »Ssssahnbürsssste?«, lallte der Mann. Er schwieg und starrte in die Grube. Dann wandte er sich mir zu: »Ich höre Ssssahnbürsssten schprechn, Ssssahnbürsten schprechn ausss der Tiefe sssu mir.« Er schüttelte den Kopf und wischte sich mit der Hand übers Gesicht. »Scheisss-Sssauferei«, hörte ich noch.

D4 Lesen Sie den Text noch einmal und beantworten Sie die Fragen.

a Warum wurde die Zahnbürste gekauft?
b Was ist mit der Zahnbürste im Badezimmer passiert?
c Wie hat der Vater zuerst reagiert?
d Warum hat er dann ein Messer geholt?
e Warum hat er die Zahnbürste aus dem Fenster geschmissen?
f Wie geht die Geschichte dann weiter?

D5 Der Tag danach …

Arbeiten Sie zu zweit. Wählen Sie eine Situation aus und spielen Sie die Dialoge. Sie können bei der Wahrheit" bleiben, Sie müssen aber nicht unbedingt. Sie können sich auch eine ganz andere Geschichte ausdenken.

1 Luis sucht am nächsten Tag seine Zahnbürste. Er fragt seinen Vater, wo sie ist.

2 Paola sieht das Pflaster und will wissen, was passiert ist.

3 Am nächsten Tag steht der wieder nüchterne „Betrunkene" vor der Tür und will wissen, was passiert ist.

Papa, weißt du, wo meine Zahnbürste ist?

Hmm, …

E1 Frauen und Männer in der Werbung: Wie wirken die Personen auf Sie? Sprechen Sie.

A

B

C

D

jung • frech • schön • fröhlich • ehrlich • witzig • glücklich • attraktiv • elegant • sportlich • stark • mutig • sanft • liebevoll • abenteuerlich • klug • intelligent • langweilig • erfolgreich • reich • gesund • faul • kreativ • fleißig • gutmütig • zufrieden • bescheiden • …

E2 Radiosendung

CD 1 61

a Was ist das Thema? Hören Sie den Anfang und kreuzen Sie an.

☐ Es geht um das Leben des Autors Ludger Meier.
☐ Es geht um das Buch von Ludger Meier zum Thema Werbung.

CD 1 62

b Hören Sie und kreuzen Sie an: Wird das im Text gesagt? Ja oder Nein?

		ja	nein
1	Werbung hat keinen großen Einfluss auf unseren Alltag.	☐	☐
2	Herr Meier ist kritisch gegenüber Werbung.	☐	☐
3	Werbung tut so, als ob sie die Wahrheit sagen würde.	☐	☐
4	Die Macht der Werbung wird immer größer.	☐	☐
5	Herr Meier kritisiert die Werbung im Allgemeinen.	☐	☐
6	Es gibt keinen festen Typen für „den" Mann oder „die" Frau in der Werbung.	☐	☐
7	Werbung schafft ein ganz neues Bild vom Menschen.	☐	☐
8	Werbung sagt, wie die Wirklichkeit aussieht.	☐	☐

CD 1 62

c Hören Sie noch einmal und beantworten Sie die Fragen. Machen Sie Notizen.

1 Wie werden die Menschen in der Regel in der Werbung dargestellt?
2 Wie ist das Bild „des" Mannes?
3 Wie ist das Bild „der" Frau?

E3 Partnerinterview: Wie wirkt Werbung auf Sie?

Lesen Sie die Fragen. Machen Sie sich Notizen zu den eigenen Antworten. Sprechen Sie dann mit Ihrer Partnerin / Ihrem Partner.

1. Bushaltestellen

1. Wo fällt Ihnen Werbung am häufigsten auf (in Zeitschriften, im Fernsehen, im Radio, im Kino, auf Werbeplakaten, …)?
2. Schauen Sie sich gern Werbung an? Warum?
3. Ärgern Sie sich manchmal über die Darstellung der Frau / des Mannes in der Werbung? Warum?
4. Probieren Sie neue Produkte aus, die Sie in der Werbung gesehen haben?
5. Kaufen Sie bestimmte Produkte nicht, weil Sie sich über die Werbung geärgert haben?

Wo fällt dir Werbung am häufigsten auf?

An der Bushaltestelle, morgens, wenn ich zur Arbeit fahre. Da hängen immer riesige Werbeplakate.

Grammatik

1 Relativpronomen und Relativsatz mit *wo* und *was*.

Ist das	**alles, was**	dir dazu einfällt?
Es gibt	**nichts, was**	ich richtig mache.
Also, das ist	**etwas, was**	ich nicht verstehe.
Ist es	**das, was**	du suchst?
Dass wir uns ausgerechnet	**dort** anstellen, **wo**	es am langsamsten geht.
Such doch am besten	**da, wo**	du sie immer hinlegst.
Es ist	**überall, wo**	ich hinkomme, das Gleiche.
Das ist	**das Dorf, wo**	wir die Brotzeit gekauft haben.

2 Partizip Präsens als Adjektiv

	Partizip Präsens	
hüpfen	hüpfen**d**	der hüpfen**de** / ein hüpfen**der** Frosch (Das ist ein Frosch, der hüpft.)
klingeln	klingeln**d**	die klingeln**de** / eine klingeln**de** Feuerwehr (Das ist eine Feuerwehr, die klingelt.)
fahren	fahren**d**	das fahren**de** / ein fahren**des** Flugzeug (Das ist ein Flugzeug, das fährt.)
tanzen	tanzen**d**	die tanzen**den** / tanzen**de** Mäuse (Das sind Mäuse, die tanzen.)

3 Zweiteilige Konjunktion: *weder ... noch*

Ich habe	**weder** am Frosch	**noch** in der Verpackung einen Schlüssel gefunden.
	(Der Schlüssel war *nicht* am Frosch)	(Der Schlüssel war *auch nicht* in der Verpackung.)

4 Zweiteilige Konjunktion: *sowohl ... als auch*

Ich war	**sowohl** mit der Lieferzeit	**als auch** mit dem Geschmack	zufrieden.
	(Er war mit der Lieferzeit zufrieden.)	(Er war *auch* mit dem Geschmack zufrieden.)	

Wichtige Wendungen und Ausdrücke

enttäuscht / überrascht sein

Das hätte ich nicht erwartet / gedacht. • Ich bin wirklich sehr verärgert / enttäuscht. • Das wundert / überrascht mich. • Also, ich muss sagen, das hat mich schon etwas enttäuscht.

sich beschweren

Das geht doch nicht. • Solche Methoden lehne ich ab. • Was sind denn das für Methoden? • Ich muss mich nun leider bei Ihnen beschweren. • Das kann man doch nicht machen.

etwas genauer beschreiben

Ich musste nun leider feststellen, dass ... • Dazu möchte ich aber noch anmerken, dass ... • Es war abgemacht, dass ... • Ich bin mir nicht ganz sicher, was es ist, aber ... • Das Hauptproblem war, ... • Sie hatten fest versprochen, dass ...

mit Verständnis auf den Kunden reagieren

Ich kann verstehen, dass Sie verärgert / enttäuscht sind. • Selbstverständlich ... • Das ist wirklich sehr ärgerlich. • Da sehe ich leider keine Möglichkeit, außer ... • Ich werde mich persönlich darum kümmern.

11 Mit Menschen

FOLGE 11: *RÜCKSICHT NEHMEN*

1 **Sehen Sie die Fotos 1–3 an. Was ist das Problem? Was meinen Sie?**

2 **Welche Erklärung passt? Kreuzen Sie an.**

a Sie parken *vorschriftswidrig* in zweiter Reihe!
- ☐ Zum Parken in der zweiten Reihe brauchen Sie eine schriftliche Genehmigung.
- ☐ Es ist verboten, in der zweiten Reihe zu parken.

b Man muss doch *Rücksicht nehmen*.
- ☐ Man muss nach hinten sehen.
- ☐ Man muss auch an die anderen Menschen denken.

CD 1 63-70 **3** **Sehen Sie die Fotos an und hören Sie.**

4 **Erzählen Sie die Geschichte. Diese Wörter helfen Ihnen.**

suchen • parken • blockieren • kalt werden • finden • wegfahren • hupen • wütend/sauer sein auf … • Rücksicht nehmen auf … • in der zweiten Reihe • der Parkplatz • der Wagen • das Essen

63-70

5 **Welcher Gesichtsausdruck passt? Hören Sie noch einmal und ordnen Sie zu.**

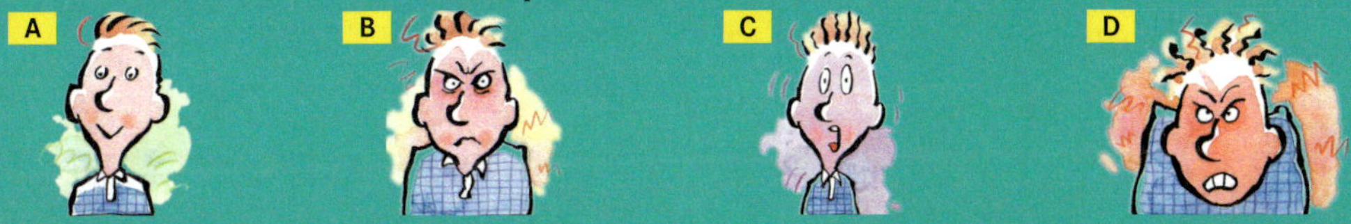

- ☐ Das ist ja unglaublich.
- ☐ Jaaa, Sie haben Recht, aber …
- ☐ Ach, seien Sie doch bitte so nett!
- ☐ Okay, okay … ich fahr ja schon.
- ☐ Das gibt's doch wohl nicht, oder?
- ☐ Was soll denn das?
- ☐ Das werde ich mir merken!

6 **Wie finden Sie das Verhalten der beiden Männer? Sprechen Sie.**

Ich finde, eigentlich hat der Mann Recht. Wenn jeder einfach in der zweiten Reihe parken würde!

Ja, aber zuerst ist er wütend auf Nasseer, und dann …

A Sie **werden** jetzt **wegfahren.**

CD 1 71

A1 Hören Sie noch einmal und ergänzen Sie.

Sie **werden** jetzt **wegfahren**.

a
▲ Und ich soll hier warten? … O nein!
● Ach bitte! Das dauert doch nur ein paar Sekunden.
▲ Nein! Sie .... jetzt ....! Jetzt sofort!

b
● Aber es geht ja ganz schnell und dann fahre ich gleich weg.
▲ Na schön! … Wie sie wollen! … Dann .... ich jetzt die Polizei .... !

A2 Wer sagt das?

a Wer sagt das? Ordnen Sie zu.

Bild	A	B	C	D	E
Satz					

A

B

C

D

E

1 Mitte Juli fahren Ralf und ich mit dem Auto nach Dänemark zum Campen. Cool, oder?
2 Also, das wird noch Folgen haben. Sie werden schon noch sehen, was Sie davon haben!
3 Auch im benachbarten Ausland wird es in den Schigebieten lange Staus geben.
4 Mach dir keine Sorgen, Mama. Ich werde keinen einzigen Tropfen Alkohol trinken.
5 Dazu werden wir noch aktiver als bisher das Gespräch mit den Bürgern suchen.

CD 1 72-76

b Hören Sie und vergleichen Sie.

Mitte Juli fahren …
Drückt aus, was man in der Zukunft macht.

Ich **werde … trinken.**
Wir **werden … sehen.**
Drückt Vorsätze, Vorhersagen, Versprechen und Warnungen für die Zukunft aus.

CD 1 72-76

A3 Hören Sie noch einmal und kreuzen Sie an: richtig oder falsch?

	richtig	falsch
1 Der Student verspricht, dass er ein neues Auto kaufen wird.	☐	☐
2 Der Mann droht dem Falschparker.	☐	☐
3 Der Radiosprecher warnt vor Staus auf den Straßen.	☐	☐
4 Der Sohn fährt mit dem Taxi nach Hause.	☐	☐
5 Der Polizeisprecher spricht darüber, was sich die Polizei mit der „Aktion Verkehrssicherheit“ vorgenommen hat.	☐	☐

A4 Was meinen Sie? Was sagen die Leute?

A

Versprechen

B

Vorhersage

C

Vorsatz

D

Warnung

Ich werde nie wieder zu schnell fahren.

Sie werden …, und dann …

Ich werde …

B1 Ärger im Straßenverkehr.

a Wer sagt das? Kreuzen Sie an.

☐	Sie parken vorschriftswidrig in zweiter Reihe!	☐	☒
☐	Ach bitte! Das dauert doch nur ein paar Sekunden. Bitte!	☐	☐
☐	Was? Und ich soll hier warten? O nein!	☐	☐
☐	Nein! Sie werden jetzt wegfahren! Jetzt sofort!	☐	☐
☐	Ach, seien Sie doch bitte so nett! Das Essen wird kalt.	☐	☐
1	Kann ich nicht schnell das Essen da reinbringen?	☐	☐
☐	Aber es geht ja ganz schnell und dann fahre ich gleich weg.	☐	☐

77 **b** Ordnen Sie das Gespräch. Hören Sie und vergleichen Sie.

78
B2 Hören Sie und kreuzen Sie an: richtig oder falsch?

		richtig	falsch
a	Die Polizei macht eine Geschwindigkeitskontrolle. Der Mann ist zu schnell gefahren.	☐	☐
b	Er war in Hektik und wollte vom Handy aus nur schnell die Bank anrufen.	☐	☐
c	Der Mann muss ein Bußgeld zahlen, bekommt aber keinen Punkt in Flensburg.	☐	☐
d	Der Polizist akzeptiert seine Entschuldigung und lässt ihn fahren.	☐	☐
e	Der Polizist droht mit einer Anzeige, wenn der Mann das Bußgeld und den Punkt nicht akzeptiert.	☐	☐

B3 Rollenspiel: Im Straßenverkehr

außerhalb einer Ortschaft = nicht in einer Ortschaft
innerhalb einer Ortschaft = in einer Ortschaft

a Wählen Sie eine Situation aus.

1 Sie fahren, ohne angeschnallt zu sein. Bußgeld: 30,– Euro

2 Sie sind mit dem Fahrrad bei Rot über die Ampel gefahren. Bußgeld: 50,– Euro, 1 Punkt in Flensburg

3 Sie sind auf der Landstraße außerhalb einer Ortschaft 35 km/h zu schnell gefahren. Bußgeld: 75,– Euro, 3 Punkte in Flensburg

b Spielen Sie.

A Polizistin / Polizist

Sie sagen, was der/die andere falsch gemacht hat.

Sie akzeptieren die Entschuldigung nicht. Der/Die Autofahrer/in soll eine Strafe zahlen.

B Autofahrerin / Autofahrer

Sie entschuldigen sich und erklären die Situation.

Sie wollen das nicht und versuchen, den Polizisten / die Polizistin davon zu überzeugen.

sich entschuldigen
Tut mir leid, das ist mir wirklich unangenehm …
Sie haben ja vollkommen Recht.
Ich wollte nur schnell …
Es war doch keine Absicht.
Es wird bestimmt nie wieder vorkommen.

jemanden überreden
Ach kommen Sie, so schlimm war das doch gar nicht.
Ach, seien Sie doch bitte so nett.
Können Sie nicht mal ein Auge zudrücken?

eine Entschuldigung nicht akzeptieren
Aber das geht doch nicht.
Das ist nicht in Ordnung.
Das kommt überhaupt nicht in Frage.

C1 Gutes Benehmen?

a Lesen Sie nur die Überschrift des Artikels. Wie ist ein Gentleman? Sammeln Sie.
b Lesen Sie den Textanfang. Stimmen Ihre Vermutungen? Vergleichen Sie.

Der Gentleman ist wieder „in“

»Jede Frau träumt von einem Gentleman“, sagt Veronika Hauser – und sie muss es wissen, denn sie bietet Seminare für gutes Benehmen an und ist Autorin des Ratgebers »Das 1x1 des guten Benehmens«. „Nett, höflich und zuvorkommend muss er sein“, sagt sie. Und aktuelle Studien geben ihr Recht. Das Männermagazin »Matador« hat gerade erst herausgefunden: 76 Prozent der Frauen schätzen gutes Benehmen. Da viele Männer gar nicht wissen, wie wichtig Frauen gute Manieren bei ihnen finden, haben wir die wichtigsten Benimm-Regeln für Männer zusammengestellt.

A ....

Im Büro oder im Kaufhaus: Der klassische Kavalier hält die Tür auf und lässt der Dame den Vortritt. Sitzt die Frau im Auto, steigt er schnell aus und öffnet ihre Autotür.

B ....

Nach dem Dessert bezahlt der Herr die Rechnung. Die unangenehme Wartezeit, bis die Rechnung und dann das Wechselgeld kommen, fällt weg, wenn er direkt beim Kellner zahlt. So beeindruckt er sie, ohne mit seinem Geld anzugeben.

C ....

In Gegenwart einer Dame ist es am besten, wenn er das Handy abstellt. Erwartet er wirklich einen wichtigen Anruf, ist es ratsam, den Vibrationsalarm einzustellen. Viele Frauen finden es unhöflich, wenn das Handy offen auf dem Tisch liegt. Also ab damit in die Jackentasche!

D ....

Ein Herr mit guten Manieren hilft der Dame beim An- und Ausziehen ihres Mantels oder ihrer Jacke. Dabei ist wichtig, dass ein langer Mantel nicht den Boden berührt, da er sonst schmutzig wird.

E ....

Sie gibt das Tempo an: beim Spaziergang im Park oder beim Einkaufsbummel durch die Stadt – wo auch immer: Der Mann passt sich immer dem Schritttempo der Frau an.

F ....

Ist es draußen kalt, bietet der Herr der Dame seinen Mantel oder seine Jacke an, damit sie nicht frieren muss. Bei Regen schützt er sie vor Nässe.

G ....

Andere warten zu lassen ist sehr unhöflich. Pünktlich erscheint der Mann zum vereinbarten Treffpunkt. Egal, ob beim Date, im Büro oder beim Besuch der Schwiegereltern.

H ....

Auf dem Gang im Büro, auf einem Fest oder im Aufzug: Es gibt immer wieder Momente, in denen der Mann mit Frauen in Smalltalk-Situationen kommt. Bei diesen kurzen Gesprächen ist es ratsam, schwierige Themen wie Tod, Politik, Firmenklatsch oder Krankheiten zu vermeiden.

C2 Lesen Sie den ganzen Text und ordnen Sie die Überschriften zu.

1 „Die Rechnung, bitte!“
2 Hände weg vom Handy
3 Immer zur rechten Zeit
4 Vorsicht vor Tabu-Themen
5 Warm ums Herz
6 Schritt halten
7 „Darf ich Ihnen helfen?“
8 „Nach Ihnen!“

Abschnitt	A	B	C	D	E	F	G	H
Überschrift								

C3 Wie finden Sie diese Benimm-Regeln?

Bilden Sie Männer- und Frauengruppen.
Diskutieren Sie in der Gruppe und kreuzen Sie an. Vergleichen Sie dann die Ergebnisse im Kurs.

	A	B	C	D	E	F	G
sehr wichtig							
wichtig							
ist mir egal							
völliger Quatsch							

C4 Kennen Sie noch andere Beispiele für „gute Manieren"? Für Frauen und Männer? Hier oder in Ihrer Heimat?

Ich finde es wichtig, dass man freundlich grüßt, wenn man in einen Raum kommt.

C5 Talkshow: „Gutes Benehmen – ist das noch aktuell?"

a Bilden Sie vier Gruppen. Wählen Sie eine „Rollenkarte" und sammeln Sie in der Gruppe Argumente für Ihren Standpunkt.

„Gutes Benehmen ist die Basis einer funktionierenden Gesellschaft."

Veronika Hauser
38, Seminarleiterin und Buchautorin

„Für mich ist es eine Ehre, eine Dame mit dem nötigen Respekt zu behandeln."

Prof. Dr. Waldemar Kirchner
73, Pensionär

„Die Zeiten haben sich geändert. Im 21. Jahrhundert sollte jeder gleich behandelt werden."

Achim Bollermann, 44, Sozialpädagoge

„Ich bin eine emanzipierte Frau und brauche keinen Mann, der mir die Tür aufhält."

Gudrun Metzger-Bihl, 41, Heilpraktikerin

b Bestimmen Sie dann eine Sprecherin / einen Sprecher, der in der Rolle Ihres Talkgastes an der Talkshow teilnimmt. Die anderen sind „Zuhörer" und unterstützen ihren Talkgast mit eigenen Äußerungen.

c Spielen Sie gemeinsam die Talkshow. Eine Person übernimmt die Rolle der Moderatorin / des Moderators

D1 **Lesen Sie den ersten Abschnitt (Zeilen 1–7) und beantworten Sie die Fragen.**

a Was meinen Sie: Woher kommt der Autor?
b Wo lebt er und wie lange lebt er schon dort?

D2 **Lesen Sie jetzt den ganzen Text. Wie verhalten sich die arabischen Gäste, wie die deutschen? Unterstreichen Sie im Text in jeweils einer Farbe.**

Andere Sitten

In Damaskus fühlt sich jeder Gastgeber beleidigt, wenn seine Gäste etwas zu essen mitbringen. Und kein Araber käme auf die Idee, selber zu kochen oder zu backen, wenn er bei jemandem eingeladen ist. Die Deutschen sind anders. Wenn man sie einlädt, bringen sie stets etwas mit: Eingekochtes vielleicht oder Eingelegtes, manchmal auch selbstgebackenen Kuchen und in der Regel Nudelsalat. Warum Nudelsalat, mit Erbsen und Würstchen und Mayonnaise? Auch nach zweiundzwanzig Jahren in Deutschland finde ich ihn noch schrecklich.

In Damaskus hungert ein Gast am Tag der Einladung, weil er weiß, daß ihm eine Prüfung bevorsteht. Er kann nicht bloß einfach behaupten, daß er das Essen gut findet, er muß es beweisen, das heißt eine Unmenge davon verdrücken. Das grenzt oft an Körperverletzung, denn keine Ausrede hilft. Gegen die Argumente schüchterner, satter oder auch magenkranker Gäste halten Araber immer entwaffnende, in Reime gefaßte Erpressungen bereit.

Deutsche einzuladen ist angenehm. Sie kommen pünktlich, essen wenig und fragen neugierig nach dem Rezept. Ein guter arabischer Koch kann aber gar nicht die Entstehung eines Gerichts, das er gezaubert hat, knapp und verständlich beschreiben. Er fängt bei seiner Großmutter an und endet bei lauter Gewürzen, die kein Mensch kennt, da sie nur in seinem Dorf wachsen und ihr Name für keinen Botaniker ins Deutsche zu übersetzen ist. Die Kochzeit folgt Gewohnheiten aus dem Mittelalter, als man noch keine Armbanduhr hatte und die Stunden genüßlich vergeudete. Ein unscheinbarer Brei braucht nicht selten zwei Tage Vorbereitung, und das unbeeindruckt von aller modernen Hektik.

Deutsche Gäste kommen nicht nur pünktlich, sie sind auch präzise in ihren Angaben. Wenn sie sagen, sie kommen zu fünft, dann kommen sie zu fünft. Und sollten sie wirklich einmal einen sechsten Gast mitbringen wollen, telefonieren sie vorher stundenlang mit dem Gastgeber, entschuldigen sich dafür und loben dabei die zusätzliche Person als einen Engel der guten Laune und des gediegenen Geschmacks.

So großartig Araber als Gastgeber sind, als Gäste sind sie dagegen furchtbar. Sie sagen, sie kommen zu dritt um zwölf Uhr zum Mittagessen. Um sieben Uhr abends treffen sie ein. Und vor Begeisterung über die Einladung bringen sie Nachbarn, Cousins, Tanten und Schwiegersöhne mit. Aber das bleibt ihr Geheimnis, bis sie vor der Tür stehen. Sie wollen dem Gastgeber doch eine besondere Überraschung bereiten. Einmal zählten wir in Damaskus eine Prozession von 29 Menschen vor unserer Tür, als meine Mutter ihre Schwester eingeladen hatte, um mit ihr nach dem Essen in Ruhe zu reden.

Ein leichtfertiges arabisches Sprichwort sagt: Wer vierzig Tage mit Leuten zusammenlebt, wird einer von ihnen. Seit über zweiundzwanzig Jahren lebe ich inzwischen mit den Deutschen zusammen, und ich erkenne Veränderungen an mir. Aber die Mitbringsel der Gäste? Wein kann ich inzwischen annehmen, aber Nudelsalat – niemals.

..., **da** sie nur in seinem Dorf wachsen =
..., *weil* sie nur in seinem Dorf wachsen

D3 Wie verhalten sich die Gäste? Vergleichen Sie.

D4 Wie verhält man sich in Ihrem Land, wenn man zum Essen eingeladen ist? Und wie verhält man sich als Gastgeber? Sprechen Sie.

- Anzahl der Gäste
- Mitbringsel
- Vorbereitung

D5 Eine deutsche Freundin / ein deutscher Freund geht für ein Jahr in Ihr Heimatland, um dort zu arbeiten.

Nennen Sie ein paar Dinge, die Sie ihr/ihm gern mitgeben würden, und sagen Sie auch, warum.

Was mitgeben?	Begründung
1.	
2.	
…	

Eine Packung Schwarzbrot würde ich ihr mitgeben – weil man bei uns so etwas nicht kaufen kann.

Wiederholung

da, weil
denn
deshalb, darum, daher, deswegen, aus diesem Grund

D6 Gute Tipps

a Arbeiten Sie in Gruppen: Wählen Sie eine Situation aus. Was sollte die Person in der Situation unbedingt wissen? Schreiben Sie die aus Ihrer Sicht wichtigsten Informationen auf ein Plakat.

Pünktlichkeit • Einladungen • Wetter • Essen • Grüßen • Öffnungszeiten • öffentliche Verkehrsmittel • Nachbarn • …

1 Jemand in Ihrer Heimat hat in Deutschland eine Au-pair-Stelle / ein Stipendium bekommen und kommt zum ersten Mal nach Deutschland. Schreiben Sie ein Plakat mit Tipps, die hilfreich sein können.

2 Sie möchten Ihrer deutschen Kollegin / Ihrem deutschen Kollegen helfen, damit sie/er bei dem ersten Aufenthalt in Ihrem Heimatland keine Probleme bekommt. Schreiben Sie ein Plakat mit Tipps, die hilfreich sein können.

b Stellen Sie Ihre Tipps im Kurs vor.

Er muss wissen, dass …
Ich würde ihm erklären, dass …
Ich denke, sie darf es nicht falsch verstehen/ missverstehen, wenn …

E1 Lesen Sie die Zitate. Welches gefällt Ihnen? Warum? Was ist damit gemeint? Sprechen Sie.

Mir gefällt das Plakat. Das sagt genau, wie es ist: Jeder Mensch hat eine Heimat, und sonst …

Und ich glaube, der Satz meint, dass man nur dann ein Fremder ist, wenn man …

Fremd ist der Fremde nur in der Fremde.

Karl Valentin, 1882–1948, deutscher Kabarettist und Komiker

Mir gefällt die Postkarte. Der Satz klingt schön.

Füge dich den Sitten, wo immer du bist.

Sprichwort aus Japan

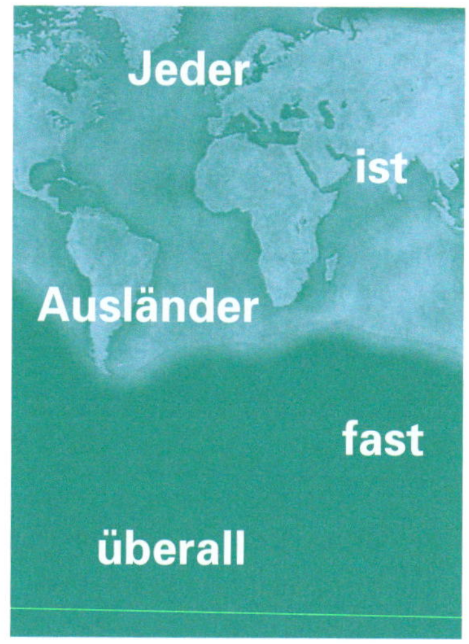

E2 Straßeninterviews

CD 1 79 **a** Hören Sie das erste Interview. Was ist das Thema? Kreuzen Sie an.
☐ Probleme im Urlaub ☐ das Gefühl von Fremdheit/Fremdsein ☐ Ausländer in Deutschland

CD 1 80-84 **b** Hören Sie die Interviews und ergänzen Sie.

sprechen ganz anders • regelmäßig Kontakt … aufnehmen • von der eigenen Kultur entfernt • die Menschen … sich verhalten • die Sprache nicht spricht

1  Im Ausland ist es wichtig, irgendwie Kontakt zu den Menschen zu suchen, auch, wenn man …………………… .

2  Das Gefühl von Fremdsein hängt damit zusammen, wie …………………… in einem Land ……………………, wie sie miteinander umgehen. Es hat weniger mit der Umgebung zu tun.

3  Man kommt in ein Land und denkt, dass man die Sprache kann. Aber die Menschen …………………… .

4  Das Gefühl von Fremdsein hängt mit der Umgebung zusammen, damit, wie weit das Land vom eigenen Land oder …………………… ist.

5  Wenn man lange in einem Land lebt, sollte man unbedingt die Sprache lernen und …………………… zu den Menschen …………………… .

E3 Tina in …

CD 1 85 **a** Hören Sie den Anfang und beantworten Sie die Fragen.
Wohin ist Tina gefahren? Auf welchem Kontinent liegt das Land?
Woher kommt Tina?

CD 1 86 **b** Was ist passiert? Hören Sie weiter und notieren Sie Stichworte.

c Was könnte Tina machen, um die Situation zu klären? Sammeln Sie.

CD 1 87 **d** Hören Sie jetzt den Schluss. Wie hat Tina reagiert?

E4 Kennen Sie das Gefühl, dass Sie irgendwo hinkommen und sich fremd fühlen? Erzählen Sie.

Warum haben Sie sich fremd gefühlt? Wie haben die Menschen sich verhalten? Was haben Sie gemacht? Gab es Missverständnisse?

Grammatik

1 Futur I

Warnung:	Ich	**werde**	jetzt die Polizei	**rufen**.
Vorhersage:	Auch im Ausland	**wird**	es lange Staus	**geben**.
Versprechen	Ich	**werde**	keinen Alkohol	**trinken**.
Vorsatz:	Wir	**werden**	noch mehr das Gespräch mit den Bürgern	**suchen**.

2 Konjunktion: *da*

	Konjunktion	Ende
Er spricht von Gewürzen, die kein Mensch kennt,	**da** sie nur in seinem Dorf (= *weil*)	wachsen.

3 Präpositionen: *innerhalb – außerhalb*

Sie sind auf der Landstraße **außerhalb** einer Ortschaft zu schnell gefahren.
(= *nicht in* einer Ortschaft)

Innerhalb einer Ortschaft darf man nur 50 km/h fahren.
(= *in* einer Ortschaft)

Wichtige Wendungen und Ausdrücke

sich entschuldigen

Tut mir leid, das ist mir wirklich unangenehm … •
Sie haben ja vollkommen Recht. • Ich wollte nur schnell … •
Es war doch keine Absicht. •
Es wird bestimmt nie wieder vorkommen.

jemanden überreden

Ach kommen Sie, so schlimm war das doch gar nicht. •
Ach, seien Sie doch bitte so nett. •
Können Sie nicht mal ein Auge zudrücken?

eine Entschuldigung nicht akzeptieren

Aber das geht doch nicht. • Das ist nicht in Ordnung. •
Das kommt überhaupt nicht in Frage.

eine Erklärung einleiten

Er muss wissen, dass … • Ich würde ihm/ihr erklären, dass …
Ich denke, er darf es nicht falsch verstehen/missverstehen, wenn …

etwas beurteilen

Ich finde, eigentlich hat der Mann Recht. Wenn jeder einfach …
Ja, aber zuerst … und dann …

FOLGE 12: *NASSEER BEKOMMT EINEN BRIEF*

1 Nasseer bekommt einen Brief.

a Ordnen Sie zu.

1 … teilen wir Ihnen mit, dass Ihre Miete ab 1. August dieses Jahres 580,– Euro beträgt. Bitte ändern Sie Ihren Dauerauftrag entsprechend. …

2 … Die monatliche Miete beträgt laut Vereinbarung 580,– Euro. Das Mietverhältnis beginnt mit dem 1. August des Jahres. ….

3 … von 580,– Euro nicht akzeptiert haben, sehen wir uns gezwungen, das Mietverhältnis zum 1. August des Jahres zu beenden. Bitte …

A 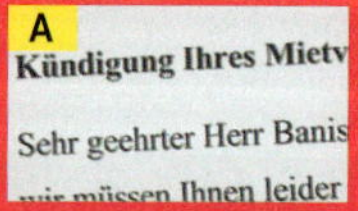
Kündigung Ihres Mietv
Sehr geehrter Herr Banis
wir müssen Ihnen leider

B 
Mietvertrag
zwischen
Herrn
Nasseer Banis

C 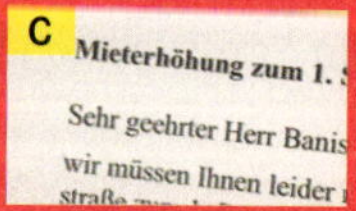
Mieterhöhung zum 1.
Sehr geehrter Herr Banis
wir müssen Ihnen leider

Satz	1	2	3
Dokument			

b Welchen Brief hat Nasseer wohl bekommen?

CD 2 2-9

2 Sehen Sie die Fotos an und hören Sie.

3 **Foto 3: Maja schreibt ihrer Freundin eine E-Mail. Unterstreichen Sie die Fehler. Vergleichen Sie im Kurs.**

Liebe Annegret,
erinnerst du dich an die Geschichte mit Nasseers Schutzengel? Man könnte fast glauben, dass der immer noch auf ihn aufpasst. Vor ein paar Wochen hat ihm nämlich sein Vermieter die Wohnungsmiete erhöht, und zwar richtig: von 430 auf 580 Euro. Nasseer war total sauer, aber er hat diese hohe Miete dann doch bezahlt. „Wie soll ich mich denn dagegen wehren?“, hat er zu mir gesagt. Da habe ich ihm den Mieterverein empfohlen. Zuerst wollte er nicht hin, weil man da Mitglied werden muss – als ob das eine Krankheit wäre! Aber dann ist er doch hingegangen. Nachdem er Mitglied geworden war, musste er noch einen Monat warten, aber dann haben sie ihn gleich beraten und ihm geholfen, gegen die Mieterhöhung zu protestieren.
Und jetzt kommt's: Er zahlt jetzt tatsächlich viel weniger Miete, nur ein bisschen mehr als vorher. Natürlich ist er jetzt vom Mieterverein total begeistert. Klar, es hat sich ja wirklich gelohnt für ihn.

4 **Ärger mit dem Vermieter. Haben Sie etwas Ähnliches auch schon mal erlebt? Wie haben Sie reagiert? Was haben Sie gemacht?**

12  A Ich habe so eine Wut, **seit** ich diesen Brief gelesen habe

A1 Nasseer und die Mieterhöhung

CD 2 10

a Wer sagt das? Hören Sie und ordnen Sie zu.

A 
B 
C 

Bild	A	B	C
Satz			

1 Ich habe so eine Wut, seit ich diesen Brief gelesen habe.
2 Sie sollten Verträge immer erst ganz genau durchlesen, bevor Sie sie unterschreiben.
3 Zahl doch erst einmal die höhere Miete, bis du eine andere Wohnung gefunden hast.

…, **seit / seitdem** ich diesen Brief gelesen habe.
…, **bevor** Sie sie unterschreiben.
…, **bis** du eine andere Wohnung gefunden hast.

b Ergänzen Sie. Vergleichen Sie im Kurs.

bevor ● seit ● seitdem ● bis

1 Ich wohne da, ……………… ich in Deutschland bin. Und hatte nie Probleme mit dem Vermieter.

2 Und jetzt! Ich kann schon gar nicht mehr schlafen, ……………… ich diese Mieterhöhung bekommen habe.

3 Ich kann doch jetzt nicht umziehen! Dann zahle ich eben die höhere Miete so lange nicht, ……………… der Vermieter mir kündigt.

4 So ein Mist! Jetzt können die mich nicht beraten, ……………… ich nicht Mitglied in ihrem Verein werde.

5 Ich mag aber keine Vereine! Lieber zahle ich eine Mieterhöhung, ……………… ich in einen Verein gehe.

A2 Alltagsprobleme: Was ist richtig? Hören Sie und kreuzen Sie an.

CD 2 11-12

1 

im Bürgerbüro

- ☐ Herr Jakobson hat seinen Reisepass verloren.
- ☐ Sein Reisepass ist abgelaufen.
- ☐ Er bekommt einen ganz neuen Reisepass.
- ☐ Er bekommt zunächst einmal einen vorläufigen Reisepass.

2 

im Lehrerzimmer

- ☐ Frau Meier meint, dass ihr Sohn mehr mit seiner Freundin lernen sollte.
- ☐ Frau Meier gibt der Freundin ihres Sohnes die Schuld an seinen schlechten Noten.
- ☐ Sie soll mit der Freundin des Sohnes sprechen.
- ☐ Sie soll ihrem Sohn mehr Zeit geben.

11-12 **A3** **Ergänzen Sie. Hören Sie noch einmal und vergleichen Sie.**

seit/seitdem • bis • bevor

1

a Nein, ich habe meinen Reisepass schon, ... ich sechzehn bin.

b Wissen Sie, ich war, ... ich ihn habe, nicht ein einziges Mal im Ausland.

c Drum denk ich mir gestern Abend: Guck dir den Pass lieber noch mal an, ... du losfährst.

d .... ich Ihnen einen vorläufigen Reisepass ausstellen kann, müssen Sie allerdings an der Kasse 13 zahlen und mir dann den Beleg bringen.

2

e .... er eine feste Freundin hat, bekommt er eine schlechte Note nach der anderen.

f .... er die kennt, tut er nichts mehr für die Schule.

g Ich finde, wir sollten ihm einfach ein bisschen mehr Zeit geben, ... er sich an die neue Situation gewöhnt hat.

h Außerdem sind es noch drei Monate, ... er die Prüfungen machen muss.

A4 **Rollenspiel: Ich habe da ein Problem …**

a Lesen Sie und wählen Sie eine Problemkarte. Finden Sie weitere Lösungsmöglichkeiten.

1
Gespräch im Tierheim:
Katze weg
süße kleine Tigerkatze – vor dem Abendessen immer Spaziergang gemacht – nicht mehr nach Hause gekommen

Im Lokalradio durchsagen
in Geschäften Zettel aufhängen
…

2
Gespräch bei der Polizei:
Auto weg
mit Frau aus Urlaub zurück – Auto nicht mehr gefunden – seit zwei Tagen suchen – nicht mehr sicher, wo abgestellt – in Nachbarstraße?

Fotos vom Auto an Bäumen anbringen
Taxifahrer mit Belohnung suchen lassen
Streifenwagen informieren
Versicherung informieren
Kinder …
Nachbarn …

3
Auf dem Fundbüro:
Handtasche verloren
alle Papiere und Ausweis – EC-Karte / Kreditkarte – Geldbörse mit 80 Euro

EC-Karte sperren lassen
…

b Suchen Sie einen Partner mit der gleichen Problemkarte. Wählen Sie eine Rolle.

A Sie suchen Hilfe.
In welcher Situation sind Sie?
Was ist passiert? Was haben Sie gemacht?
Was erwarten Sie?

B Sie sind die/der Angestellte und versuchen zu helfen. Welche Fragen möchten Sie stellen? Wie können Sie helfen?
Was schlagen Sie vor? Welche Tipps geben Sie?

um Hilfe bitten
Ich bin in einer verzweifelten / komischen / unglaublichen / … Situation: …
Ich weiß nicht, was ich machen soll / wie ich das machen soll.
Sie müssen mir helfen, …
Ich weiß nicht mehr weiter.

jemanden beruhigen
Beruhigen Sie sich doch.
Das kann doch jedem mal passieren.
Keine Sorge, ich werde Ihnen (dabei) helfen.

nachfragen
Jetzt erzählen / sagen Sie erst mal …
Was ist denn genau Ihr Problem?
Seit wann ist …?

eine Lösung anbieten
Bevor wir Ihnen helfen können / was machen können, brauchen wir noch …
Dann …
Bis wir …, müssen Sie Geduld haben.

B Dagegen wehrt man sich, **indem** man zum Mieterverein ge

B1 Wie erreicht Nasseer sein Ziel? Was denkt er? Welche Erklärung passt?

Nasseer	A	B	C
Satz			

A Ich lade Maja zum Essen ein, so kann ich mich bei ihr bedanken.

B Das ist schon toll. Man geht einfach zum Mieterverein – und schon kann man sich gegen Vermieter und ungerechte Mieterhöhungen wehren.

C Und ich lege Widerspruch gegen die Mieterhöhung ein. So kann ich eine Kündigung verhindern.

1 Er kann die Kündigung verhindern, indem er Widerspruch einlegt.
2 Nasseer kann sich bei Maja bedanken, indem er sie zum Essen einlädt.
3 Und gegen Vermieter und ungerechte Mieterhöhungen wehrt man sich, indem man zum Mieterverein geht.

..., **indem** man zum Mieterverein geht.

B2 Was bietet der Mieterverein?

a Ordnen Sie die Überschriften den Abschnitten zu.
1 Ab wann hilft der Mieterverein? **2** Wie wird man Mitglied? **3** Warum Mitglied werden?
4 Was kostet die Mitgliedschaft?

☐ Mietprobleme gibt es immer wieder. Vor den Folgen schützen Sie sich, indem Sie sich an den Mieterverein wenden und um Hilfe bitten. Der Mieterverein kann Ihnen allerdings nicht helfen, ohne dass Sie Mitglied werden. Aber jede Mieterin und jeder Mieter kann dem Mieterverein beitreten.

☐ Sofort nach dem Beitritt kann man Rat und Hilfe vom Mieterverein bekommen. Es gibt keine Wartezeit, auch nicht für laufende Streitigkeiten. Auch bei Wohngeldfragen und anderen Wohnungsproblemen können Sie sich an den Mieterverein wenden. Unsere Fachleute helfen Ihnen, ohne dass Sie dafür zusätzliche Gebühren zahlen müssen.

☐ Durch eine schriftliche Beitrittserklärung.
☐
Der Jahresbeitrag beträgt Euro 63,– je Haushalt.
Die Bearbeitungsgebühr für die Aufnahme beträgt Euro 15,–.

Der Mieterverein kann Nasseer aber nicht helfen, **ohne dass** er Mitglied wird.

b Lesen Sie noch einmal und kreuzen Sie an: *indem* oder *ohne dass*?
1 Sie können sich beim Mieterverein informieren, ☐ ohne dass ☐ indem Sie Mitglied werden.
2 Auch bei Wohngeldfragen kann Ihnen geholfen werden, ☐ indem ☐ ohne dass Sie sich an unsere Fachleute wenden.
3 Unsere Fachleute helfen Ihnen, ☐ indem ☐ ohne dass Sie zusätzliche Gebühren bezahlen.
4 Sie werden Mitglied im Mieterverein, ☐ ohne dass ☐ indem Sie die schriftliche Beitrittserklärung ausfüllen und den Jahresbeitrag bezahlen.

B3 Sind Sie Mitglied?

CD 2 13

a Wie viel Prozent der Bevölkerung sind wohl Mitglied in den folgenden Vereinen? Hören Sie und ergänzen Sie.

Sportvereine	....	Naturvereine	3 %	freiwillige Feuerwehr	....
Musik-, Kultur-, Literaturvereine	....	kirchliche Vereine	....	Rotes Kreuz, Caritas u. a.	....

b Warum werden Menschen Mitglied in einem Verein? Sammeln Sie.

Ich denke, dass sie sich für irgendetwas interessieren und dort ...

Wenn man gern Sport macht ...

Vielleicht, wenn man wenig Leute kennt, ...

Zum Beispiel das Rote Kreuz, da ...

Wenn man ein Hobby hat, kann man ...

B4 Inas Engagement

14 **a** Wofür engagiert sich Ina? Hören Sie und kreuzen Sie an.
- ☐ für kranke Menschen ☐ für Tiere ☐ für kleine Kinder

14 **b** Was ist richtig? Hören Sie noch einmal und kreuzen Sie an.

1 In ihrer Gemeinde kennt man sie als
- ☐ Tierärztin.
- ☐ „Inas Tierklinik".
- ☐ „Fledermausdoktorin".

2 Schon als Kind interessierte sie sich
- ☐ nur für Fledermäuse.
- ☐ nur für Vögel.
- ☐ für Tiere im Allgemeinen.

3 In ihrer Familie
- ☐ hat niemand Verständnis für ihre Tierliebe.
- ☐ sind alle sehr tierlieb.
- ☐ ist nur ihr Opa sehr tierlieb.

4 Beim Vogelschutzbund
- ☐ hat sie sich nie so richtig um Fledermäuse gekümmert.
- ☐ hat sie gelernt, wie man verletzten Vögeln hilft.
- ☐ bringen ihr vor allem Erwachsene ihre kranken Tiere.

c In der Stadtteilzeitung erschien ein kleiner Bericht über Ina Seidl. Was erfahren Sie noch über ihr Engagement? Sammeln Sie im Kurs.

aktiv bei Projekten mitmachen
Fledermäuse beobachten
...

FLEDERMAUSDOKTORIN

Ina Seidl wollte schon immer Tieren helfen. Mit fünfzehn Jahren hat sie von ihrem Großvater die Mitgliedschaft im Vogelschutzbund geschenkt bekommen. Der Verein war ihr gleich sympathisch, weil er sich für die Natur im Allgemeinen, die heimatlichen Tiere und auch für Fledermäuse engagiert. Fledermäuse – für diese Tiere hat sie sich dann im Lauf der Jahre ganz besonders interessiert. Gleich nachdem sie eingetreten war, hat sie bei einigen Projekten aktiv mitgemacht; später wurde es ihre Aufgabe, die Fledermäuse in ihrem Dorf zu beobachten, die Fledermauskästen zu säubern und zu reparieren. Bald schon hat sie angefangen, verletzten Kleintieren, so auch Fledermäusen, zu helfen. Im ganzen Dorf ist sie deshalb unter dem Namen „Fledermausdoktorin" bekannt. Es sind vor allem die Kinder, die ihr verletzte Kleintiere bringen. Denn als gelernte Kindergärtnerin hat sie es geschafft, auch die Kinder für die Natur zu begeistern. Sie zeigt ihnen, dass der Mensch nicht leben kann, ohne seine Umwelt zu lieben und zu schützen.

Sie engagiert sich aber nicht nur im Kindergarten dafür, dass die Kinder die Natur verstehen lernen, sondern auch in der Grundschule. Dort führt sie Projekttage zum Thema Umwelt und Natur durch. Sie ist nämlich davon überzeugt, dass das Ziel einer gesunden Umwelt nur erreicht werden kann, wenn sich jeder dafür einsetzt. Aber es reicht auch schon, sagt Ina Seidl, wenn man Mitglied in einem Tierschutzverein wird, weil man damit die Arbeit der Engagierten unterstützt.

Der Fledermauskasten

B5 Wie gefällt Ihnen Inas Engagement?

sich für etwas begeistern
sich für etwas einsetzen
sich für etwas engagieren
bei etwas mitmachen ...

Mit gefällt es nicht so gut, dass sie sich nur für ... engagiert. Es gibt ja auch ...

Ich finde es gut, dass sie sich für die Natur einsetzt.

B6 Wo würden Sie sich engagieren?

Ich würde mich in einem Sportverein engagieren. Ich würde gern mit Kindern zusammen Sport machen und ihnen zeigen, dass ...

C1 Kennen Sie Menschen, die es geschafft haben, ihre Ideen und ihre Überzeugungen im Beruf zu verwirklichen?

Meine Schwester: Sie wollte schon immer Kindern helfen, richtig für sie da sein – und jetzt arbeitet sie in einem SOS-Kinderdorf und betreut eine Gruppe von sechs Kindern, die keine Eltern mehr haben.

Ich habe im Fernsehen einen Bericht über eine Frau gesehen. Die hatte einen Traumjob bei einer großen Firma, tolle Kontakte, ein super Auto und alles, was dazu gehört. Heute lebt sie auf dem Land und züchtet Rosen. Sie ist davon überzeugt, dass der Mensch nur in Harmonie mit der Natur glücklich leben kann.

C2 Erich Stekovics: Lesen Sie und beantworten Sie die Fragen zu den Abschnitten.

1 Was macht Herr Stekovics beruflich?
2 Was wollte er zuerst werden und wie ist er dann zu seinem Beruf gekommen?
3 Wie baut Herr Stekovics sein Obst und sein Gemüse an?
4 Welche Probleme hatte Erich Stekovics dann?
5 Hat sich aufgrund der Probleme seine Einstellung geändert?

Paradeiser, der, s, -; österreichisch für Tomate

Erich Stekovics – sein Leben ist die Gärtnerei

1 Murmelgroße Johannisparadeiser oder handtellergroße Fleischtomaten: In Frauenkirchen (am Neusiedler See in Österreich) hat der Landwirt Erich Stekovics ein wahres Paradeiser-Paradies mit mehr als 3000 Sorten geschaffen. Weil das in Zeiten der Einheits-Tomaten in den Supermarktregalen vielen unglaublich scheinen mag, lädt der Paradeiser-Papst immer wieder auch zum Schauen und Probieren ein. Der Burgenländer ist davon besessen, Gemüse und Obst mit dem größtmöglichen Aroma zu erzeugen. *Schritte* hat ihn besucht.

2 **Schritte:** Herr Stekovics – dass Sie einmal der berühmteste Tomaten-Bauer werden sollten, war Ihnen ja nicht in die Wiege gelegt.
Stekovics: Das stimmt, das kam eher unerwartet. Ich war das jüngste Kind in der Familie und wollte eigentlich Theologe werden, bis ich 1999 plötzlich vor der Alternative stand, mein Studium zu beenden oder aber das Studium abzubrechen und den kleinen Gemüseanbaubetrieb meines Vaters weiterzuführen.
Schritte: Und Sie haben sich für die Landwirtschaft entschieden. Ist Ihnen das nicht schwer gefallen? Den Gedanken an die geplante Karriere einfach aufzugeben?
3 **Stekovics:** So kann man das nicht sehen – für mich war dieser Schritt nie eine Entscheidung für eine Karriere zweiter Wahl. Ich habe mich von Anfang an für einen Anbau entschieden, der nicht auf Menge und Gewinn aus ist, sich nicht orientiert an dem immer gleichen Geschmack, den immer gleichen Formen irgendwelcher normierter Früchte. Ich versuche, Pflanzen so zu behandeln, wie sie seit Tausenden von Jahren behandelt wurden: Ich setze die Pflanzen unter freiem Himmel aus und überlasse sie dem Lauf der Natur.
Schritte: Aber ist das nicht ein großes Risiko? Ich habe gehört, dass Sie die Tomaten auch nicht gießen?
Stekovics: Stimmt – aber Tomaten wurden traditionell auch so angebaut wie bei uns: gesetzt und sich selbst überlassen. Und der Erfolg gibt uns Recht. Die Temperaturschwankungen, der Wind und die Bewässerung mit Regen allein bringen den Geschmack der Früchte voll zur Entfaltung. Und geerntet wird erst, wenn die Tomaten richtig reif sind.
4 **Schritte:** Ist es immer so einfach, wie es klingt?
Stekovics: Nein, heuer hat das Wetter zum Beispiel nicht so mitgespielt, wie wir das gewohnt sind. Zuerst hatten wir einen kalten und regnerischen August, der die Tomaten nicht reifen ließ. Und dann hat die Natur unseren Tomaten ein plötzliches Ende gesetzt: Aufgrund einer Krankheit sind die Tomaten in einigen Stunden verfault – der ganze Anbau war nach wenigen Tagen kaputt.
5 **Schritte:** Das ist ein schwerer Schlag, oder?
Stekovics: Wir lassen uns unseren Mut nicht nehmen. Nächstes Jahr bauen wir wieder unsere Paradeiser an – und sind trotz der Risiken von der Richtigkeit des organisch-biologischen Anbaus überzeugt. Und – außer den Tomaten geht es unseren Pflanzen ja auch dieses Jahr richtig gut.

außer den Tomaten geht es allen Pflanzen gut ... = es geht allen Pflanzen gut, *nur* den Tomaten *nicht*

C3 Könnten Sie sich vorstellen, Ihre Lebensplanung von heute auf morgen zu ändern? Warum? Warum nicht? Sprechen Sie.

Mein Vater und mein Großvater waren Bäcker. Auch ich sollte eigentlich Bäcker werden. Aber ich wollte etwas machen, was besser zu mir passt. Und das gefällt mir.

Eigentlich sollte man bei einem Beruf bleiben, wenn das geht. Aber wenn ich einen Familienbetrieb übernehmen könnte, würde ich das wohl auch machen.

D1 Eine Karikatur. Was fällt Ihnen spontan dazu ein? Sprechen Sie.

Albert Schweitzer (1875–1965), Arzt, Theologe, Musiker und Philosoph; durch sein Engagement für den Frieden wurde er für viele Menschen auf der ganzen Welt zum großen Vorbild

D2 Was ist für Sie ein Vorbild? Schreiben Sie einige Stichworte an die Tafel und sprechen Sie.

Ein Vorbild ist für mich ein Mensch, der …

D3 Radio Nordwest

15-18 **a** Welche Überschriften passen? Hören Sie und ordnen Sie zu.
Nur vier Überschriften stimmen.

A Schwimmer das Leben gerettet
B Polizei findet Geld bei Rentner
C Polizist rettet Jungen das Leben
D Nachbarschaftshilfe unterstützt Arme mit 64 000 €
E 64 000 Euro für die Nachbarschaftshilfe
F Gastwirtin kocht für Rentner und Obdachlose
G Warmes Essen und großes Herz
H Ehrlicher Oldenburger liefert Bargeld bei Polizei ab

Gespräch	1	2	3	4
Überschrift				

15-18 **b** Hören Sie und kreuzen Sie an: richtig oder falsch?

		richtig	falsch
1	Das Essen kostet immer 2,60 Euro.	☐	☐
	Jeder, der will, kann bei Anna Müller essen.	☐	☐
2	Freunde von Jens informierten Polizei und Feuerwehr.	☐	☐
	Der Junge und der Polizist konnten am nächsten Tag das Krankenhaus verlassen.	☐	☐
3	Eine Kollegin hat im Lotto gewonnen und spendet ein Viertel ihres Gewinns einer Nachbarschaftshilfe.	☐	☐
	Die Spenderin möchte vermutlich nicht genannt werden.	☐	☐
4	Das Geld war im Parkhaus.	☐	☐
	Der Opa hat das Geld bei der Polizei abgegeben.	☐	☐

D4 Wer ist Ihr persönliches Vorbild?

Als ich noch ganz klein war, war mein Vorbild eine Frau in der Nachbarschaft, die immer sehr nett zu uns war. Sie brachte uns Kakao und Marmeladenbrote, wenn wir im Hof spielten. Regnete es, konnte ich immer zu ihr in die Wohnung gehen. So wollte ich auch einmal werden, so wie diese Frau.

Mein Vorbild war mein Großvater. Er hatte es in seinem Leben nicht leicht, war aber trotzdem …

E1 Lesen Sie den Text. Was ist das Problem?

Gewissensfrage

»Eine Freundin, die kein besonders großes Selbstbewusstsein hat, hat sich nach intensiven Überlegungen und Recherchen in verschiedenen Frauenmagazinen dazu durchgerungen, sich ihre langen Haare abschneiden zu lassen. Aber wie das aussieht!! Nun stellt sich mir die Frage, ob ich ihr gegenüber ehrlich zugeben soll, dass mir die neue Frisur nicht gefällt, oder ob ich mich als guter und treuer Freund dazu entscheiden soll, Sie in Ihrem neuen Auftritt zu bestärken, und die Frisur schönreden soll.«

Alexander S., Hannover

E2 Mögliche Argumente

a Lesen Sie die Argumente und ordnen Sie zu.

A Wahrheit sagen	B schönreden = lügen
1	

1 Man hat als Freund die Pflicht, die Wahrheit zu sagen.

2 Auch wenn man dadurch einen Nachteil hat, muss man die Wahrheit sagen

3 Das Zusammenleben der Menschen funktioniert besser, wenn man auch mal nicht die Wahrheit sagt.

4 Wenn man einem Menschen mit einer kleinen Lüge helfen kann, ist das gut.

5 Eine Frisur ist doch nicht so wichtig, dass man deshalb einen Menschen verletzen sollte.

6 Wenn man wegen einer Frisur lügt, dann muss man später vielleicht immer wieder lügen.

7 Wenn alle Freunde lügen, wird die Freundin immer mit der „falschen" Frisur rumlaufen.

8 Die Lüge wäre doch nichts anderes als Bequemlichkeit.

b Entscheiden Sie sich für einen Standpunkt und sammeln Sie weitere Argumente für Ihren Standpunkt. Vergleichen Sie.

E3 Weitere Gewissensfragen

Arbeiten Sie in Gruppen. Wählen Sie eine Gewissensfrage aus. Entscheiden Sie sich für einen Standpunkt und sammeln Sie weitere Argumente.

1 Ihr Kollege surft während der Arbeitszeit stundenlang im Internet. Sie müssen aber bald gemeinsam eine Arbeit fertig haben und abgeben. Sie können den Termin sicher nicht einhalten, weil Ihr Kollege zu wenig arbeitet. Was sagen Sie Ihrem Chef?

2 Der Mann einer guten Freundin geht fremd. Sie haben ihn zusammen mit der anderen Frau in einem Hotel gesehen. Sie glauben, dass Ihre Freundin keine Ahnung hat. Was tun Sie?

3 Sie müssen nur noch ein paar Meter bis zu dem Haus gehen, in dem Sie wohnen. Vor Ihnen geht ein Mann, der einfach eine leere Kekspackung auf den Boden wirft. Sie ärgern sich sehr darüber. Was tun Sie?

Grammatik

1 Konjunktion: *seit*

	Konjunktion	Ende
Nasseer wohnt da,	**seit** er in Deutschland	ist.
	(*Seit diesem Zeitpunkt* wohnt er da bis heute.)	

2 Konjunktion: *bis*

	Konjunktion	Ende
Nasseer zahlt die Miete so lange nicht,	**bis** sein Vermieter ihm	kündigt.
	(*bis zu diesem Zeitpunkt*)	

3 Konjunktion: *bevor*

	Konjunktion	Ende
Nasseer sollte Verträge immer genau durchlesen,	**bevor** er sie	unterschreibt.

(Nasseer soll *vorher* genau durchlesen *und dann* erst unterschreiben.)

4 Konjunktion: *indem*

	Konjunktion	Ende
Nasseer kann sich wehren,	**indem** er zum Mieterverein	geht.
	(*Auf diese Weise* kann er sich wehren.)	

5 Konjunktion: *ohne dass* mit Wiederholung: *ohne … zu*

	Konjunktion	Ende
Der *Mieterverein* kann nicht helfen,	**ohne dass** Nasseer Mitglied	wird.
Nasseer bekommt keine Informationen,	**ohne** vorher Mitglied	**zu** werden.

6 Präposition: *außer*

Außer den Tomaten geht es allen Pflanzen gut.
(Es geht allen Pflanzen gut, *nur* den Tomaten *nicht*.)

Wichtige Wendungen und Ausdrücke

um Hilfe bitten

Ich bin in einer verzweifelten / komischen / unglaublichen / … Situation. • Können Sie mir vielleicht sagen, was ich machen soll? • Ich weiß doch gar nicht, wie ich das machen soll. • Sie müssen mir weiterhelfen. • Ich weiß nicht mehr weiter. •

jemanden beruhigen

Beruhigen Sie sich doch. • Ich bin ganz sicher, dass … • Keine Sorge, ich werde Ihnen (dabei) helfen.

nachfragen

Jetzt erzählen / sagen Sie erst mal … • Was genau ist denn Ihr Problem? • Seit wann ist …? • Was haben Sie gemacht, bevor …?

eine Lösung anbieten

Bevor wir Ihnen helfen können, brauchen wir noch … • Bis wir …, müssen Sie Geduld haben. • Wir können Ihnen helfen, indem wir … • Wir lösen das Problem, indem wir …

FOLGE 13: *DAS FLUGBLATT*

1 Was passt? Ordnen Sie zu.

der Papierflieger: Foto ☐ das Flugblatt: Foto ☐

2 Sehen Sie die Fotos an. Was meinen Sie?

a Foto 2: Lesen Sie das Flugblatt. Was könnte die Frau damit meinen?

Hm, vielleicht fordert sie … | Ich vermute eher, …

b Fotos 6–8: Was machen Nasseer und der Junge?

CD 2 19-26 | ▭ **3 Sehen Sie die Fotos an und hören Sie.**

4 Was ist richtig? Kreuzen Sie an.

a Die Frau ist ☐ für ein Bürgerbegehren ☐ für den Stadtrat aktiv.

b Sie fordert ☐ von den Kindereinrichtungen ☐ vom Stadtrat, dass mehr Spielmöglichkeiten für Kinder und Jugendliche angeboten werden.

c Der Junge möchte ☐ das Flugblatt lesen ☐ aus dem Flugblatt einen Papierflieger basteln.

d Die Frau ☐ freut sich ☐ ärgert sich über die Idee mit dem Papierflieger.

***Bürgerbegehren**, das, -s, -: eine Initiative von Bürgern, die Unterschriften sammelt, um eine politische Entscheidung zu beeinflussen*

***Stadtrat**, der, -s, ¨-e: das Parlament einer Stadt, das über Verwaltung, Planung usw. entscheidet*

5 Beantworten Sie die Fragen.

a Wer ist kinderfreundlicher: die Frau oder Nasseer? Was meinen Sie? Warum?

b Stellen Sie sich vor, die Frau würde Sie auf der Straße ansprechen. Wie würden Sie reagieren?

Ich würde einfach weitergehen.

Das interessiert mich nicht. Dazu kann ich nichts sagen.

Ich würde sie auch fragen …

A Sie sind doch sicher auch für **schönere** Spielplätze!

CD 1 27

A1 Ergänzen Sie. Hören Sie und vergleichen Sie.

größte • ~~schönere~~ • größeres • schwierigere

Sie sind doch sicher auch für .schönere..... Spielplätze!

Ein .... Angebot an Spielplätzen ist ja schön und gut, aber ich muss jetzt wirklich das Essen liefern.

In meiner Heimat müssen wir viel .... Fragen lösen.

Das .... Problem ist doch, dass die Eltern in Deutschland für ihre Kinder keine Zeit mehr haben.

Wiederholung

schön – schön**er** – am schön**sten**

der schöner**e** Spielplatz – die schöner**en** Spielplätze
ein schöner**er** Spielplatz – schöner**e** Spielplätze
der schönst**e** Spielplatz – die schönst**en** Spielplätze

A2 Ergänzen Sie.

a  Also, ich finde, die best......... Ideen kommen doch von den Kindern selbst. Wenn ich da an meine Jugend denke, da brauchten wir kein Bürgerbegehren.

b  Also, das unterschreibe ich sofort. Es ist ja kein Wunder, wenn die Jugendlichen die meist......... Zeit nur gelangweilt rumhängen. Die brauchen ein besser......... Angebot.

c  Ich bin da skeptisch. In anderen Ländern leben die Kinder doch unter viel schlechter......... Bedingungen. Da geht's den Kindern in Deutschland doch ganz gut.

d  Super! Kann ich da auch unterschreiben? Ich bin für cooler......... Jugendklubs.

A3 Umfrage: Was brennt Ihnen unter den Nägeln?

CD 2 28-30

a Worüber sprechen die Leute? Hören Sie und schreiben Sie ein Stichwort zu jedem Gespräch.

1  ....

2  ....

3  ....

CD 2 28-30

b Mit welchen Ländern vergleichen die Leute? Hören Sie noch einmal und ergänzen Sie.

A4 Wie ist das bei Ihnen? Vergleichen Sie und sammeln Sie Argumente.

Arbeiten Sie in Gruppen: Wählen Sie ein Thema aus A3 oder sprechen Sie über ein Thema Ihrer Wahl. Vergleichen Sie zunächst mit Ihrem Land und sammeln Sie Argumente dafür und dagegen.

etwas vergleichen

Bei uns ... / In ... ist das genau(so) wie/ anders als
Das ist gleich. / Da gibt es keine größeren Unterschiede.
Das ist bei uns nicht so streng wie ... / strenger als ...
Bei uns gibt es strengere Gesetze/Vorschriften, zum Beispiel ...
Das ist da/hier ganz anders. / Der Unterschied ist, dass ...
Verglichen mit ... / Im Gegensatz zu ...
Ich finde es besser so, wie es in ... ist.
In ... gibt es bessere Lösungen / Ideen.

Handyverbot in Tram, Bahn und Bus
Dafür: schadet der Gesundheit, ständiges Klingeln stört
Gespräche mitanhören ist peinlich ...
Dagegen: nicht mehr überall erreichbar
Leute fahren dann halt nicht öffentlich ...

Tram, die, -, s; = Straßenbahn, die

B1 Ergänzen Sie.

Initiative „Mehr Fantasie für Kinder"

Hagen. Auf großes Interesse stieß gestern das Bürgerbegehren „Mehr Fantasie für Kinder". Mit einer Flugblatt-Aktion fragten engagiert........ Eltern nach den versprochen*en* Einrichtungen für ihre Kinder. Sie forderten vor allem einen sofortigen Beginn des geplant........ Ausbaus von Spiel- und Kinderkrippenplätzen und bessere Freizeitmöglichkeiten für die Jugend. Das Büro des Bürgerbegehrens in der Sandstraße steht für alle interessiert........ Bürgerinnen und Bürger für Fragen zum Bür...

versprechen – versprochen
die versprochen**e** Einrichtung
eine versprochen**e** Einrichtung
die versprochen**en** Einrichtungen

B2 Politische Mitbestimmung: Was fordern die Leute? Wie finden Sie das? Sprechen Sie.

A

B

C

B3 Zeitungsmeldungen

a Ordnen Sie die Meldungen den Fotos in B2 zu und ergänzen Sie dann.

Foto	A	B	C
Text			

1
Hamburg. Der Hamburger Senat will im nächsten Jahr die .... (planen) Schließung einiger Hamburger Grundschulen durchführen – so auch die der Grundschule Merweinstraße. Am 6. Dezember zogen die *betroffenen* (betreffen) Eltern, Lehrer und Schüler in einer Demonstration von der Schule zur Schulbehörde in der Hamburger Straße, um der Senatorin Protestunterschriften zu überreichen.

2
Hermannsburg. Rund 50 Kinder und Jugendliche demonstrierten bei der Jahreshauptversammlung des Turn- und Sportvereins Hermannsburg am Freitagabend gegen die Schließung ihres Schwimmbades. „Kinder zu teuer" und „Lasst uns das Schwimmbad offen" war auf ihren selbst .... (basteln) und .... (schreiben) Plakaten zu lesen.

3
Eppstein. Das Bündnis der Bürgerinitiativen: „Kein Flughafenausbau, Nachtflugverbot von 22–6 Uhr" informierte gestern an einem Infostand in der Fußgängerzone über die vor fünf Jahren .... (gründen) Organisation. Die Initiative führt den Protest aller .... (engagieren) Bürgerinnen und Bürger des Rhein-Main-Gebietes zusammen, ist überparteilich und unabhängig.

b Ergänzen Sie die Informationen aus den Texten.

	Wer protestiert?	Wo?	Wie?	Warum?
Text 1	*Eltern, Lehrer, Schüler*			
...				

B4 Kurzbericht

Suchen Sie zu Hause in Ihrer muttersprachlichen Zeitung oder in der Lokalpresse eine Zeitungsmeldung zu einem Thema, das Sie interessant finden. Notieren Sie die wichtigsten Informationen wie in B3 b und berichten Sie darüber im Kurs.

C1 Parteienlandschaft

a Welche Politiker und welche Parteien in Deutschland kennen Sie? Ergänzen Sie.

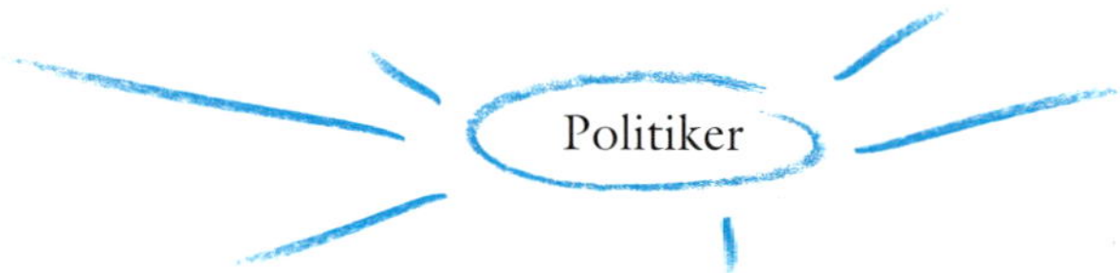

b Ordnen Sie zu und ergänzen Sie die Abkürzungen.

A CDU | B CSU | C SPD | D FDP | E Bündnis 90 Die Grünen | F WASG Die Linke.PDS

1 Sozialdemokratische Partei Deutschlands ....
2 Bündnis 90/Die Grünen ....
3 Christlich-Demokratische Union ....
4 Christlich-Soziale Union in Bayern ....
5 Freie Demokratische Partei ....
6 Linkspartei ....

C2 Politische Farbenlehre

a Welche der Parteien sind wohl in diesen Schlagzeilen gemeint? Sprechen Sie.

Montag, 23. Mai
Wir setzen auf Schwarz-Gelb

Donnerstag, 23. Juni
Absage an Schwarz-Rot

Sonntag, 29. Mai
Rot-Grün bleibt sich treu

Donnerstag, 25. November
Schwarz-Grün in Essen fast perfekt

b Welche Bedeutung, welchen Ursprung haben die Farben? Lesen Sie und vergleichen Sie.

Farben schaffen Klarheit. Sie sind Erkennungszeichen, Signal und Synonym. Die Kommunisten, später dann auch die Sozialdemokraten, haben den Anfang gemacht, sie wählten die Farbe Rot, weil die so schön kämpferisch und leidenschaftllich wirkt, die Konservativen wurden schwarz, weil dies die Farbe der Kirche war. Die Umweltparteien wählten für sich das Grün des Waldes. Wer von den Liberalen spricht, hat meistens die Farbe Gelb im Kopf. (…) Doch außerhalb Deutschlands sind die Liberalen oft alles andere als gelb – nämlich blau. (…) Darum tragen die deutschen Liberalen zusätzlich zur Farbe Gelb auch noch Blau, damit sie auch im Ausland verstanden werden.

C3 Wie ist das in Ihren Ländern mit den Farben und den Symbolen für die Parteien? Erzählen Sie.

C4 Welchen Aussagen stimmen Sie zu, welchen nicht? Machen Sie eine Kursstatistik.

1 Politikern geht es nur um die Macht.

2 Im Grunde genommen gibt es gute Politik und gute Politiker, auch wenn es einige „schwarze Schafe“ gibt.

3 Politiker dürfen nicht ehrlich sein.

4 Politiker haben keinen Einblick, wie die breite Masse lebt.

5 Politiker handeln im Interesse der Wählerinnen und Wähler.

6 Nur vor Wahlen suchen Politiker den Kontakt zur Bevölkerung.

Aussage	Ich stimme zu.	Ich bin unentschieden.	Ich lehne ab.
1			

C5 Meinungsumfrage: Was denken Sie über Politiker?

a Welchen der Aussagen in C4 wurde in der Meinungsumfrage am häufigsten zugestimmt? Was meinen Sie? Entscheiden Sie sich für drei Aussagen.

31 b Hören Sie die Meinungsumfrage und vergleichen Sie mit Ihrer Vermutung.

C6 Wahl einer Kurssprecherin / eines Kurssprechers

a Arbeiten Sie in Gruppen: Bilden Sie eine der Parteien. Finden Sie dann ein Symbol oder eine Farbe für Ihre Partei und überlegen Sie sich gemeinsam ein „Wahlprogramm“ für Ihre Klasse. Machen Sie ein Plakat.

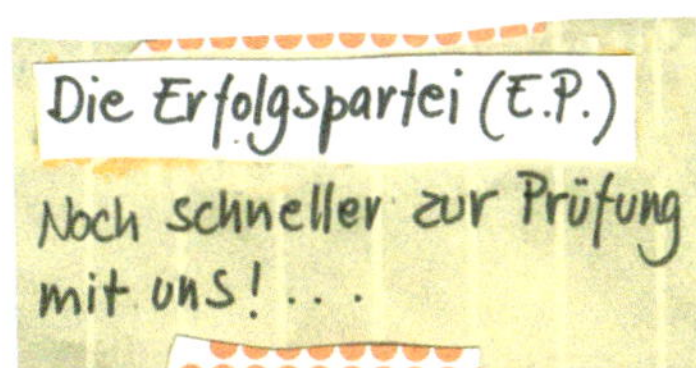

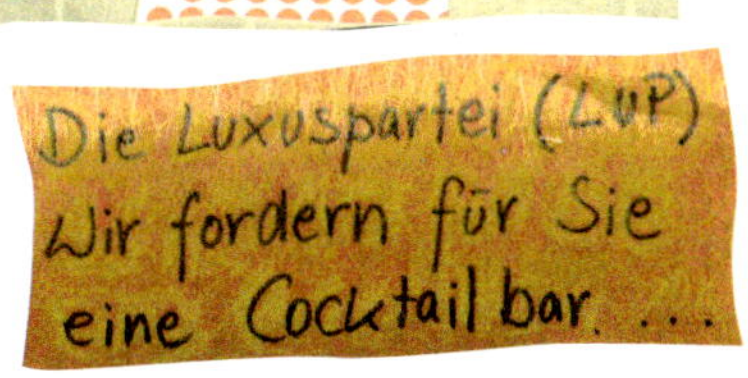

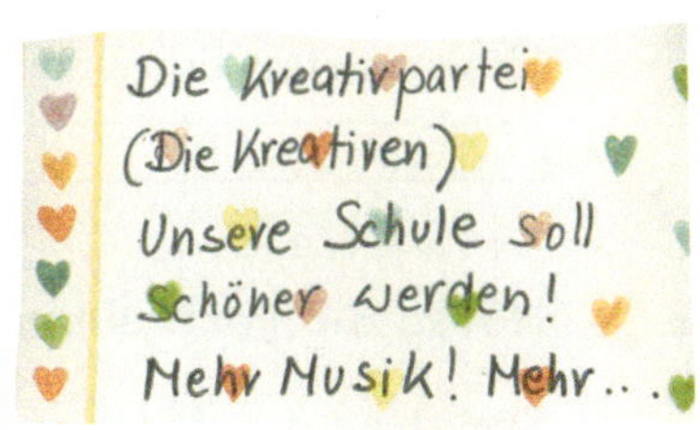

b Wählen Sie aus Ihrer Gruppe eine Kandidatin / einen Kandidaten für das Amt der Kurssprecherin / des Kurssprechers. Sie / Er stellt das Wahlprogramm vor.

Also, als Kandidatin der Faulenzerpartei fordere ich, dass die Hausaufgaben abgeschafft und Liegestühle gekauft werden. Darauf können Sie sich dann ausruhen, falls Sie keine Lust mehr haben zu lernen ... Wählen Sie die Faulenzerpartei, und Sie werden erleben, wie schön es ist, Deutsch zu lernen!

c Wählen Sie in einer geheimen Wahl.

Jede Wählerin / Jeder Wähler bekommt einen „Stimmzettel“. Auf diesen Stimmzettel schreibt sie/er den Namen der Person, die Kurssprecherin / Kurssprecher werden soll. Achtung: Die Parteimitglieder dürfen ihre Stimmen **nicht** für die eigene Kandidatin / den eigenen Kandidaten abgeben. Die Kandidatin / Der Kandidat mit der Mehrheit der Stimmen hat gewonnen.

D1 Historische Führung

a Sehen Sie die Fotos an und ordnen Sie die Bildunterschriften zu. Vergleichen Sie im Kurs.

A

B

C

D

E

F

G

H
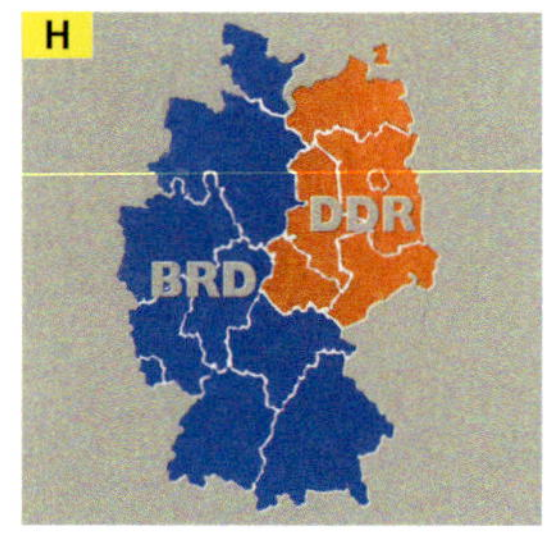

1 Die Grenze zwischen der BRD und der DDR wird geöffnet.
2 Deutschland wird nach dem Zweiten Weltkrieg in vier Besatzungszonen geteilt.
3 Die Mauer in Berlin wird errichtet.
4 Zwei deutsche Staaten werden gegründet.
5 Das Reichstagsgebäude ist Sitz des deutschen Parlaments.
6 Berlin ist nach dem Zweiten Weltkrieg eine zerstörte Stadt.
7 Die Mauer teilt Berlin in Ost und West.
8 Das Bundeskanzleramt ist Sitz des Regierungschefs.

Foto	A	B	C	D	E	F	G	H
Text								

CD 2 32

b Hören Sie und bringen Sie die Fotos in die Reihenfolge, wie Sie sie im Text hören.

CD 2 32

D2 Hören Sie noch einmal und kreuzen Sie an: richtig oder falsch?

		richtig	falsch
1	Die Mauer wurde von der DDR errichtet.	☐	☐
2	Die vier Siegermächte wussten genau, wie es mit Deutschland nach dem verlorenen Weltkrieg weitergehen sollte.	☐	☐
3	Deutschland wurde in eine amerikanische und eine sowjetische Zone geteilt.	☐	☐
4	Die BRD wurde aus den drei Westzonen gegründet.	☐	☐
5	Die DDR wurde nach sowjetischem Modell gegründet.	☐	☐
6	Berlin wurde die Hauptstadt der beiden deutschen Staaten.	☐	☐
7	Die Leute in der BRD waren sehr unzufrieden mit ihrem politischen System.	☐	☐
8	Nach dem Bau der Mauer konnten die Leute aber trotzdem problemlos hin und her reisen.	☐	☐
9	Der Tag, an dem die Grenzen geöffnet wurden, wird heute als Nationalfeiertag gefeiert.	☐	☐
10	Berlin ist heute wieder Hauptstadt des vereinten Deutschlands.	☐	☐

heute: Der Nationalfeiertag **wird gefeiert**.
gestern: Die Mauer **wurde** 1961 **erbaut**. – Die Mauer **ist** 1961 **erbaut worden**.

D3 Fragen Sie und antworten Sie.

1

Das Lied der Deutschen
(Deutsche Nationalhymne)
…
Einigkeit und Recht und Freiheit
für das deutsche Vaterland!
Danach lasst uns alle streben
brüderlich mit Herz und Hand!
Einigkeit und Recht und Freiheit
sind des Glückes Unterpfand;
blüh' im Glanze dieses Glückes,
blühe, deutsches Vaterland.

2

3

4

der Zweite Weltkrieg beendet • die Bundesrepublik Deutschland und die DDR gegründet • die Mauer erbaut • die Mauer geöffnet • die Wiedervereinigung zum ersten Mal gefeiert • die deutsche Nationalhymne gedichtet • der millionste Gastarbeiter begrüßt • der erste VW-Käfer produziert • das allgemeine Frauenwahlrecht eingeführt

8. Mai 1945 • 1961 • 1949 • 9. November 1989 • 3. Oktober 1990 • 10. September 1964 • Dezember 1945 • 1919 • 1895 • 26. August 1841

Wann wurde der Zweite Weltkrieg beendet?

Wann ist die Bundesrepublik gegründet worden?

D4 Berichten Sie über Ihr Heimatland.

Wählen Sie eine oder mehrere Fragen aus.
Erstellen Sie in Stichworten ein kleines Plakat mit den wichtigsten Jahreszahlen, Ereignissen und Symbolen und stellen Sie es im Kurs vor.

Was sind die bewegendsten Momente in der Geschichte Ihres Heimatlandes?

Wann wird der Nationalfeiertag gefeiert? Warum?

Wann wurde Ihr Land gegründet?

Welche berühmten historischen Gebäude sollte man kennen?

Welche nationalen Symbole verbinden Sie mit Ihrem Heimatland? Warum?

Ich möchte Ihnen gern etwas über die Geschichte meines Landes erzählen. Sie sehen hier auf den Fotos …

Ich werde Ihnen ein paar Bilder von meinem Land zeigen und einige Informationen dazu geben.

Wir feiern unseren Nationalfeiertag am … An diesem Tag …

Unsere nationalen Symbole:
Das ist unsere Flagge. Sie ist …
Und dann noch unsere Nationalhymne.
Sie …

E1 Was wird bei den folgenden Wahlen gewählt? Ordnen Sie zu.

Wahl	A	B	C	D
Gewählt wird				

A 

B 

C 

D 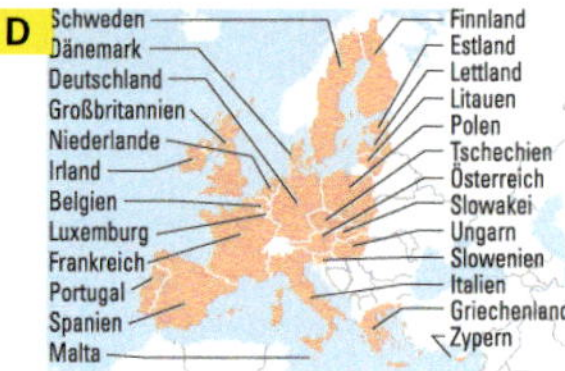

Kommunalwahl · Landtagswahl · Bundestagswahl · Europawahl

1 der Bundestag 2 der Stadtrat und der Bürgermeister 3 das Europaparlament 4 der Landtag

E2 Wahlergebnisse

a Lesen Sie Zeitungsmeldungen und ordnen Sie zu.

Schlagzeile	A	B	C	D
Text				

A **Schwarz-Gelbe Regierung in Nordrhein-Westfalen!**

B **Schwarz-Gelb oder Rot-Grün? Der Wahlausgang bleibt bis zuletzt offen.**

C **Der neue Bundespräsident ist gewählt**

D **Großer Erfolg bei der Bürgermeisterwahl in Heidelberg**

1
Berlin. Am 23. Mai wurde in Deutschland ein neuer Bundespräsident gewählt. Zwei Kandidaten standen zur Wahl. Horst Köhler wurde von den Oppositionsparteien CDU, CSU und FDP vorgeschlagen. Die Kandidatin der SPD und der Grünen war Gesine Schwan. Gewählt wurde Horst Köhler.

2
Düsseldorf. Bei den Landtagswahlen im bevölkerungsreichsten Bundesland Nordrhein-Westfalen verloren beide großen Parteien an Wählerstimmen. Da die CDU mit einer knappen Mehrheit vor der SPD liegt, wird sie mit den Stimmen der FDP wohl den Ministerpräsidenten und somit auch die Landesregierung stellen. Wie die Ministerposten verteilt werden, wird noch in den Koalitionsverhandlungen zu klären sein.

3
Berlin. In Wahlprognosen zu den bevorstehenden Bundestagswahlen liegt die CDU/CSU leicht vor der SPD. Die kleinen Parteien bleiben als Koalitionspartner interessant. Es ist nach wie vor offen, welche Partei den Bundeskanzler stellen wird.

4
Heidelberg. Die Oberbürgermeisterin in Heidelberg wurde gestern durch eine klare Mehrheit der Wählerstimmen in ihrem Amt bestätigt. So kann die SPD-Politikerin ihre bisherige Politik fortführen.
Die Wahlbeteiligung war überraschend hoch: 75 % der Wahlberechtigten haben ihre Stimme abgegeben.

b Lesen Sie noch einmal und kreuzen Sie an: richtig oder falsch?

	richtig	falsch
1 Die Kandidatin der SPD und der Grünen wurde für das Amt des Bundespräsidenten nicht gewählt.	☐	☐
2 Der neue Ministerpräsident wird wahrscheinlich mit den Stimmen von CDU und SPD gewählt.	☐	☐
3 Es ist noch nicht klar, wie die Bundestagswahlen ausgehen werden. Auf jeden Fall wird es keinen neuen Bundeskanzler geben.	☐	☐
4 Die Oberbürgermeisterin wurde direkt vom Volk gewählt.	☐	☐

Grammatik

1 Adjektivdeklination: Komparativ

schön – **schöner**	Nominativ	Akkusativ	Dativ
maskulin	der schön**ere** / ein schön**erer** Spielplatz	den / einen schön**eren** Spielplatz	dem / einem schön**eren** Spielplatz
Plural	die schön**eren** / schön**ere** Spielplätze		den schön**eren** / schön**eren** Spielplätzen

2 Adjektivdeklination: Superlativ

schön – am **schönsten**	Nominativ	Akkusativ	Dativ
maskulin	der schön**ste** Spielplatz	den schön**sten** Spielplatz	dem schön**sten** Spielplatz
Plural	die schön**sten** / schön**ste** Spielplätze		den schön**sten** Spielplätzen

3 Partizip Perfekt als Adjektiv

	Partizip Perfekt als Adjektiv
Die Stadt hat den Ausbau von Spielplätzen **geplant**.	der geplant**e** / ein geplant**er** Ausbau von Spielplätzen
Die Kinder haben die Plakate selbst **geschrieben**.	das selbst geschrieben**e** / ein selbst geschrieben**es** Plakat
Die Stadt hat die Einrichtung für Kinder **versprochen**.	die versprochen**e** / eine versprochen**e** Einrichtung für Kinder
Die Eltern sind sehr **engagiert**.	die engagiert**en** Eltern / engagiert**e** Eltern

4 Passiv: Präteritum

		werden		
Singular	er / es / sie	**wurde**	…	**errichtet**.
Plural	sie	**wurden**		**gegründet**.

5 Passiv: Perfekt

		sein			*werden*
Singular	er / es / sie	**ist**	…	**errichtet**	**worden**.
Plural	sie	**sind**	…	**gegründet**	**worden**.

Wichtige Wendungen und Ausdrücke

etwas vergleichen

Bei uns … / In … ist das genau(so) wie … • Das ist gleich. / Da gibt es keine größeren Unterschiede. • Das ist bei uns nicht so streng wie … / strenger als … • Bei uns gibt es strengere Gesetze und Vorschriften, zum Beispiel … • Das ist ganz anders. / Der Unterschied ist, dass … • Verglichen mit … / Im Gegensatz zu … • Ich finde es besser, so wie es in … ist. • In … gibt es bessere Lösungen / Ideen.

sein Land vorstellen

Ich möchte Ihnen gern etwas über die Geschichte meines Landes erzählen. Sie sehen hier … • Ich werde Ihnen ein paar Bilder von meinem Land zeigen und ein paar Informationen dazu geben. • Wir feiern unseren Nationalfeiertag am … • An diesem Tag … • Unsere nationalen Symbole: Das ist unsere Flagge. Sie ist … • Und dann noch unsere Nationalhymne. Sie …

14 Zuhause in der Welt

FOLGE 14: *KÖNIG NASSEER I.*

CD 2 | 33

1 Was hören Sie? Ordnen Sie zu.

A argentinischer Tango **B** Jodeln **C** indische Musik

Musik	A	B	C
Hörbeispiel			

2 Was passt? Ordnen Sie zu.

Bayern

Neuschwanstein

die Alpen

der Tadsch Mahal

- ☐ ein großes Gebirge in Mitteleuropa
- ☐ eine berühmte indische Grabstätte (Mausoleum) (1630–1648)
- ☐ ein sehr bekanntes und beliebtes Schloss in Bayern, erbaut vom „Märchen-König" Ludwig II. (1868–86)
- ☐ das größte und südlichste Bundesland in Deutschland

3 **Was ist das? Ordnen Sie zu und suchen Sie die Dinge dann auf den Fotos 1–8.**

Bild	A	B	C	D
Erklärung				

A 
B 
C 
D 

1 der Turban: *ein langer Schal, den sich Männer um den Kopf wickeln*
2 die Lederhose: *eine für die Alpen typische kurze Hose*
3 Der „Gamsbart": *die Haare einer Gämse (Tier, das in den Alpen lebt), die als Hut-Schmuck benutzt werden*
4 das Dirndl: *ein für die Alpen typisches Kleid*

4 **Sehen Sie die Fotos an. Was ist Traum, was ist Realität?**

33-40 **5** **Sehen Sie die Fotos an und hören Sie.**

6 **Naseer erzählt seinen Traum einem Freund. Sprechen Sie.**

ich in Lederhose • Maja im Dirndl • ich soll jodeln • Jodelkönig • etwas Seltsames passiert • Gamsbart • Turban • Musik

7 **Welche Bedeutung haben Bayern und Indien in Naseers Traum? Was meinen Sie?**

A1 **Sehen Sie noch einmal die Fotos an und machen Sie Notizen.**

a Welche Symbole stehen hier für Deutschland? ....

b Welche Symbole stehen hier für Indien? ....

A2 **Ihre „persönliche" Deutschlandkarte**

Was verbinden Sie mit Deutschland?
Was kennen Sie in Deutschland?
Zeichnen Sie oder schreiben Sie.

A3 **Leben in Deutschland. Was fällt Ihnen spontan zu diesen Themen ein? Arbeiten Sie in Gruppen.**

Wetter • Ernährung • Gastfreundschaft • Familie • Pünktlichkeit • Wohnen • Verkehr • Tierliebe, ...

Arbeiten Sie in Gruppen. Jede Gruppe wählt ein Thema.

A4 **Eine Reise durch Deutschland**

a Lesen Sie. Zu welchen Themen bekommen Sie Informationen? Kreuzen Sie an.

☐ Geschichte ☐ Bundesländer ☐ Bevölkerung ☐ geografische Lage ☐ Verkehr

b Lesen Sie den ganzen Text und unterstreichen Sie wichtige Informationen zu den Themen.

Deutschland ist heute das bevölkerungsreichste Land in Europa, hier leben über 82 Millionen Menschen. Es hat mehr Nachbarn als jedes andere europäische Land und grenzt im Norden an Nordsee und Ostsee. Im Süden reicht es bis an die Alpen. Deutschland besteht aus 16 Bundesländern. Jedes dieser Bundesländer hat eine eigene Landeshauptstadt. Eine Besonderheit sind die drei Orte Hamburg, Bremen und Berlin. Obwohl es Städte sind, zählt man sie trotzdem zu den Bundesländern. Man nennt sie Stadtstaaten. Was gibt es Besonderes in den einzelnen Ländern? Wie sprechen die Menschen? Was ist ihnen wichtig? Wir haben uns auf den Weg gemacht und sind quer durch Deutschland gefahren. In jedem Bundesland haben wir die Menschen nach ihrem Land gefragt.

c Arbeiten Sie in Gruppen und stellen Sie drei Fragen zum Text. Fragen Sie eine andere Gruppe.

Warum nennt man Hamburg, Bremen und Berlin Stadtstaaten?

41-46 **A5** **Über welches Bundesland sprechen die Personen? Hören Sie. Vergleichen Sie dann mit der Karte und ergänzen Sie.**

1 

....

2 

....

3 

....

4 

....

5 

....

6 

....

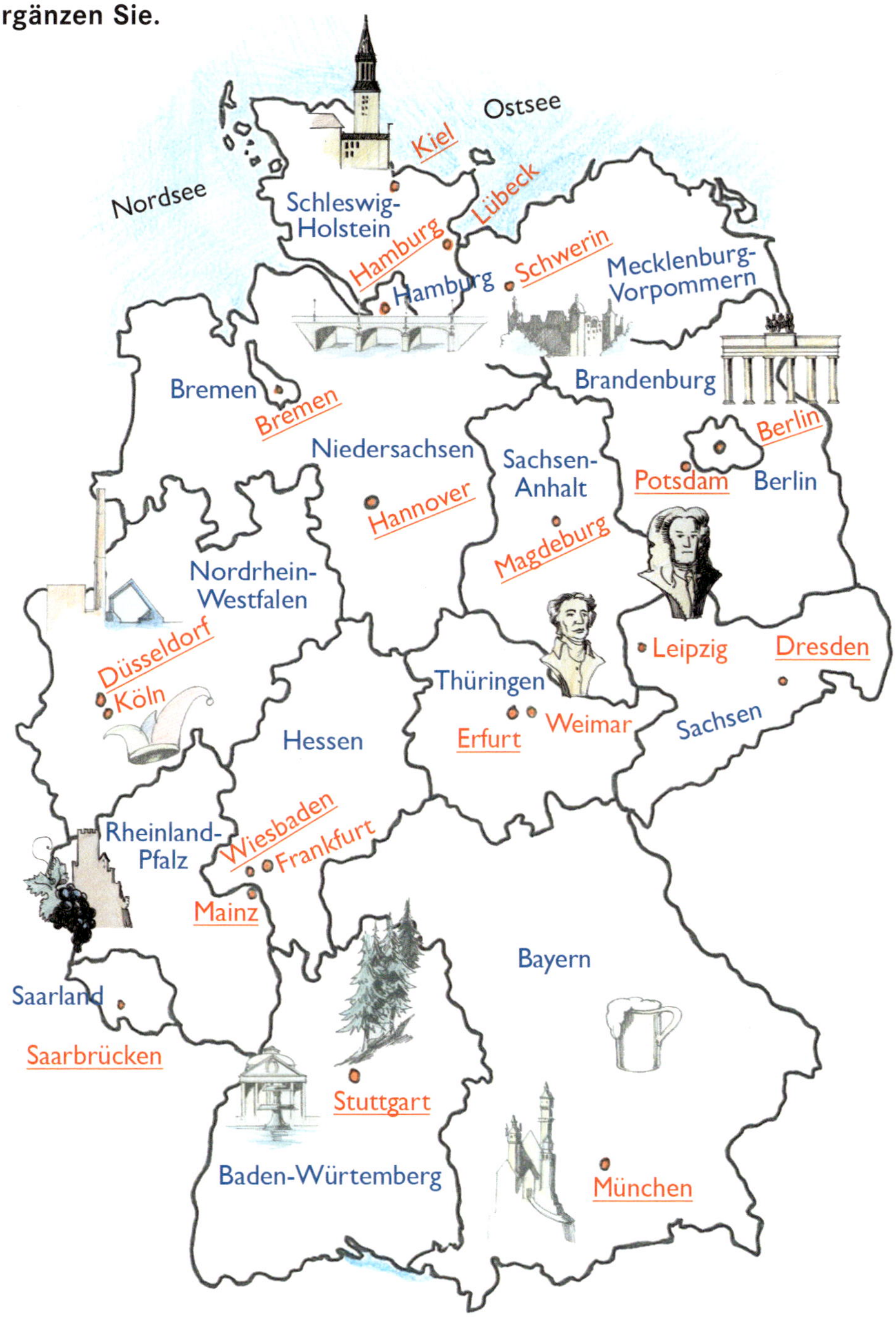

A6 **Stellen Sie das Land oder die Region vor, aus der Sie kommen. Machen Sie Notizen und berichten Sie.**

- Wie viele Einwohner hat ...?
- Wie ist die Landschaft?
- Was gibt es dort Besonderes?
- Wie sprechen die Menschen?
- Wie sind die Menschen?
- Wie leben die Menschen?

Die Menschen sprechen zwei Sprachen, nämlich ...

Ich komme aus ...
Das Land hat .... Einwohner.

Das Land grenzt im ... an ...

14 B Blick auf Europa

CD 2 47

B1 Von Indien nach Europa. Hören Sie. Ergänzen Sie.

Bundesland • Asien • Wohnort • Kontinent • Geburtsort • Indien • Bundesstaat • Land

..........: München
..........: Bayern
..........: Deutschland
..........: Europa

..........: Bengalur
..........: Karnataka
Land: ....
Kontinent: ....

B2 Arbeiten Sie zu zweit. Fragen Sie Ihre Partnerin / Ihren Partner, notieren Sie die Antworten und berichten Sie.

a In welchen europäischen Ländern waren Sie schon einmal?
b Wo in Europa haben Sie Verwandte oder Freunde?
c Welche europäischen Länder würden Sie gern kennen lernen? Warum?

B3 Was fällt Ihnen sonst noch zu dem Thema Europa ein? Arbeiten Sie in Gruppen und machen Sie Notizen.

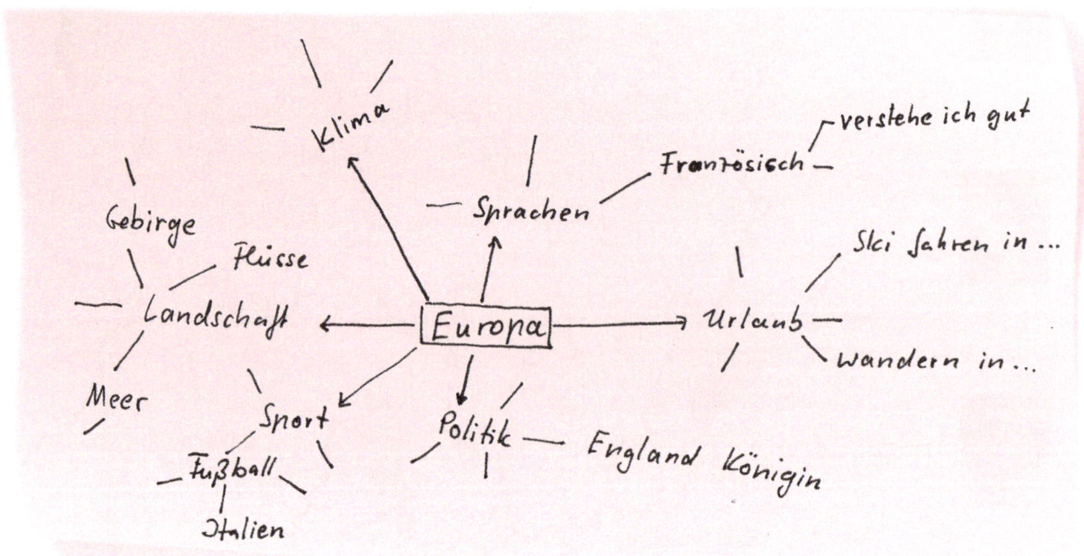

B4 Ein Europa-Quiz

a Raten Sie gemeinsam. Welche Lösung könnte richtig sein? Kreuzen Sie an.

1 Wie viele Länder gehören zum europäischen Kontinent?
☐ 25 ☐ 45 ☐ 65

2 Vergleichen Sie die geografische Größe der Kontinente. An wievielter Stelle steht Europa?
☐ an zweiter ☐ an dritter ☐ an vierter

3 Vergleichen Sie die Einwohnerzahlen der Kontinente. An wievielter Stelle steht Europa?
☐ an erster ☐ an zweiter ☐ an vierter

4 Mit welchem anderen Kontinent ist Europa verbunden?
☐ mit Asien ☐ mit Afrika ☐ mit Amerika

CD 2 48

b Hören Sie das Radioquiz und vergleichen Sie mit Ihren Antworten.

Sie waren überzeugt, dass … die Garantie **sei.**
Sie sagten: „ … **ist** die Garantie.“

B5 Lesen Sie den Text. Welche Überschrift passt? Kreuzen Sie an.

☐ Auf dem Weg zu einem vereinten Europa ☐ Junge Menschen in Europa

Die Entstehung der heutigen Europäischen Union (EU) steht in direktem Zusammenhang mit dem zweiten Weltkrieg (1939–45). Nach dieser schrecklichen Zeit hatten die Menschen genug von Gewalt und Krieg und wünschten sich ein friedliches und demokratisches Europa. Die Politiker vieler Länder waren der Meinung, dass die Völker Europas sich nicht mehr als Feinde sehen sollten, sondern als Partner auf dem Weg in eine gemeinsame Zukunft. Außerdem waren sie davon überzeugt, dass eine enge wirtschaftliche und politische Zusammenarbeit die beste Garantie für ein friedliches Zusammenleben sei.
Im Jahre 1951 wurde auf Initiative der Franzosen die erste europäische Organisation gegründet: Sechs Länder schlossen sich zusammen, um in der Wirtschaft zusammen zu arbeiten. Ihr Ziel war es, die Handelsbeziehungen zwischen den Ländern zu erleichtern. Aus diesem Grund entstanden später noch weitere Bündnisse. Diese Organisationen vereinigten sich 1967 zu der „Europäischen Gemeinschaft“ (EG). Waren können seither zwischen diesen Ländern importiert und exportiert werden, ohne dass man Zoll dafür bezahlen muss. Seitdem gibt es aber auch einen intensiven Jugendaustausch zwischen den Ländern.
Im Jahr 1992 unterschrieben die 12 EG-Länder den „Vertrag von Maastricht“. Dieser Vertrag symbolisiert den Beginn der heutigen „Europäischen Union“ (EU) und stellt die Zusammenarbeit der Staaten auf eine neue Grundlage. Neu ist unter anderem die gemeinsame Außen- und Sicherheitspolitik sowie die enge Zusammenarbeit im kulturellen Bereich.
EU-Bürger können heute innerhalb der EU studieren und arbeiten, wo sie möchten. Auch in den Bereichen Forschung und Technik arbeiten die EU-Länder eng zusammen. 1995 erweiterte sich die EU-Mitgliederzahl auf 15 und später, im Jahr 2004, sogar auf 25. Seit 1995 ist in einigen Ländern Europas das Reisen ohne Grenzkontrollen schon Wirklichkeit (Schengener Abkommen).
Ein sichtbares Zeichen der EU ist die gemeinsame Währung, der Euro, den es seit 1999 in zwölf europäischen Ländern gibt. Aber erst Anfang 2002 wurde er offiziell eingeführt. Seitdem kann man in diesen Ländern mit dem Euro auch bar bezahlen.

B6 Lesen Sie den Text noch einmal und bringen Sie die Sätze in die richtige Reihenfolge.

☐ Die Europäische Gemeinschaft wird gegründet.
☐ Der erste Schritt auf dem Weg zu einem vereinten Europa kommt aus Frankreich.
☐ In einigen Ländern kann man jetzt mit dem Euro bar bezahlen.
☐ In einigen europäischen Ländern kann man nun ohne Grenzkontrollen reisen.
☐ 12 EG-Länder unterschreiben den Vertrag von Maastricht. Die heutige EU entsteht.
1 Ende des Zweiten Weltkrieges: Der Wunsch nach Frieden und Demokratie ist groß.
☐ In zwölf europäischen Ländern wird der Euro eingeführt.

49 ## B7 Eine Umfrage. Hören Sie und kreuzen Sie an.

a	Wo ist das?	☐ in einer deutschen Schulklasse	☐ in einer Sprachenschule
b	Wer stellt die Fragen?	☐ zwei deutsche Schüler	☐ zwei Deutschlerner
c	Zu welchem Thema stellen sie Fragen?	☐ zu Deutschland	☐ zu Europa

50-56 ## B8 Worüber sprechen die Personen? Hören Sie und kreuzen Sie an.

	1 	2 	3 	4 	5 	6 
eine gemeinsame Währung						
Frieden und Demokratie						
hohe Kosten						
politische Zusammenarbeit						
weniger Autonomie der einzelnen Länder						
offene Grenzen, mehr Reisefreiheit						
Schwierigkeiten, gemeinsam Entscheidungen zu treffen						

B9 Hat die EU für Sie persönlich Vorteile? Diskutieren Sie in Gruppen.

Für mich eigentlich nicht, aber mein Bruder hat ein Jahr in England gearbeitet, um die Sprache besser zu lernen. Und das war gar kein Problem.

C1 Welche Schlagzeilen passen? Ordnen Sie zu.

Text	1	2	3	4	5
Schlagzeile					

- **A** Auf Gomera wird gepfiffen
- **B** Mann in Tomatensoße ertrunken
- **C** Jodel-Grundkurs im WWW
- **D** Franzosen Weltmeister im Schweinefleischessen
- **E** Tomatenfestival Tomatina
- **F** Neue Pfeifsprache erfunden
- **G** Jodelkönig in nur drei Wochen!
- **H** Weltmeisterschaft im Ehefrauen-Tragen
- **I** Hoch lebe das Schwein!
- **J** Finnischer Eignungstest für zukünftige Ehefrauen

1

Die Gemeinde Trie-sur-Baise in Frankreich feiert jährlich ein Schweine-Festival, bei dem sich alles um das beliebte Haustier dreht. Es gibt Wettbewerbe für das beste Schweine-Kostüm, für den besten Wurstesser, ein Schweinerennen und den Schweine-Imitationswettbewerb. Abgerundet wird alles mit Live Musik, Tanz und kulinarischen Genüssen.

2

„Ho-la-di-jo, ho-la-di-je" – Wer so gut jodeln können will, wie Jodelkönig Franzl Lang, muss viele Jahre fleißig üben. Ein Jodelkurs im Internet erspart dabei den Lehrer. Unter www.jodelkurs.de bekommt man mit wenigen Mausklicks die Grundlagen der bayerischen Gesangskunst erklärt. In fünf Lektionen kann der Jodelschüler Schritt für Schritt die Kunst des Jodelns erlernen. Zahlreiche Bayernfreunde aus der ganzen Welt treffen sich zum Jodelkurs im Internet.

3

Jedes Jahr am letzten Mittwoch des Monats August wird im spanischen Buñol das „Fest der Tomate" (= Tomatina) gefeiert. Über 40.000 Menschen nehmen an der Tomaten-Schlacht teil und bewerfen sich auf der Straße gegenseitig mit reifen Tomaten. Aber in der mehr als 50-jährigen Geschichte des Tomaten-Festes soll noch niemand in der Tomatensoße ertrunken sein.

4

Auf der spanischen Kanareninsel ist die Pfeifsprache „El Silbo" Unterrichtsfach. El Silbo (spanisch: der Pfiff) bezeichnet die Pfeifsprache der Guanchen, der Ureinwohner der Insel La Gomera. Diese einzigartige Form der Kommunikation existiert nur auf dieser Insel vor der Küste Marokkos und soll als Weltkulturerbe vor dem Aussterben bewahrt werden.

5

In Sonkajarvi im Osten Finnlands findet der 250 Meter Hindernislauf statt, bei dem jeder Teilnehmer seine Ehefrau auf dem Rücken tragen muss. Als Preis gibt es das Gewicht der Frau in Bier ausgezahlt. Die Ehefrauen müssen über 17 Jahre alt sein und mehr als 49 Kilo wiegen. 15 Strafsekunden sind vorgesehen, wenn jemand seine Frau fallen lässt.

C2 Lesen Sie einen Text genau und berichten Sie Ihrer Partnerin / Ihrem Partner darüber. Machen Sie sich vorher Notizen zum Text.

C3 Gibt es aus Ihrem Land / Ihrer Region etwas Kurioses/Witziges zu berichten? Sprechen Sie.

> Also, bei uns in Ungarn ist das am Ostermorgen so: Die Mädchen werden von den Jungen mit Wasser nassgespritzt, dafür bekommen die Jungen ein rotes Osterei. Statt Wasser wird heute aber oft Parfum genommen.

D1 Meine Heimat

a Was bedeutet das Wort „Heimat". Wie kann man es in Ihre Muttersprache übersetzen?

b Was verbinden Sie persönlich mit Heimat? Lesen Sie die Fragen, schließen Sie die Augen. Machen Sie anschließend Notizen und berichten Sie.

Was sehen Sie? ....

Was hören Sie? ....

Was riechen Sie? ....

Was fühlen Sie? ....

c Welche Farben symbolisieren Ihre Heimat? Warum?

....

D2 Arbeiten Sie in Gruppen: Was haben diese Begriffe mit „Heimat" zu tun?

Essen • Familie • Landschaft • Freunde • Musik • Orte • Gerüche • Sprache • Gefühl • Erinnerung • …

Landschaft, also, das ist für mich die Donau. Mit dem ruhigen Wasser, mit dem schönen Ufer. Den vielen Tieren.

D3 „Heimat ist für mich …" Lesen Sie die Reportage und beantworten Sie die Fragen.

- Welche Assoziationen aus D2 kommen vor?
- Welcher Abschnitt kommt Ihrem persönlichen Heimatgefühl am nächsten?

1

Wer weiß heute noch genau, wohin er gehört – im Zeitalter von Mobilität und Emigration? Ist „Heimat" der Ort, wo man seinen Wohnsitz hat, oder jener, an dem man verstanden wird? Oder ist es vielleicht gar kein Ort mehr, sondern nur noch ein Gefühl? In WELT am SONNTAG geben bekannte Persönlichkeiten Antworten auf diese wichtige Frage.

2

Vural Öger

„Heimat ist für mich ein Gefühl und nichts Greifbares. Ich habe zwar zwei Drittel meines Lebens in Deutschland verbracht, aber wenn ich an Heimat denke, dann kommen mir immer sofort Bilder aus meiner Kindheit in den Kopf. Meine Familie lebte in Ankara, und ich sehe unseren Garten vor mir mit dem riesigen Apfelbaum. Der Geruch gebratener Auberginen liegt in der Luft, meine Mutter sitzt an der Nähmaschine, wir Kinder spielen im Haus und im Garten. Unsere Familie, die abends zusammensitzt, Nachbarn kommen vorbei, man unterhält sich, scherzt und lacht. Heimat – das ist tief verwurzelt in meiner Kindheit. Auch wenn ich Berlin, Hamburg oder Istanbul lieben gelernt habe, nie wieder habe ich ein solches Heimatgefühl gehabt wie in glücklichen Kindheitstagen."

3

Iris Berben

„Zu Hause hat für mich sehr viel mit vertrauten Menschen zu tun und nicht unbedingt mit Orten. Wenn ich heute nach Hamburg komme, wo ich aufgewachsen bin, wenn ich Schiffe, das Wasser und den Hafen sehe, geht mir das Herz auf. Aber ist das Heimat? Nein, denn ich kenne dort nicht viele Menschen. Ich wohne auch gerne in unserem Haus in München. Oder ich bin in New York und fühle mich dort zu Hause. Fahre ich nach Israel, denke ich: Das ist meine Heimat. Die orientalischen Gerüche faszinieren mich. Auch Berlin ist spannend, denn Berlin ist Geschichte. Dort sind unsere Wurzeln, die Stadt ist ein Teil unserer Identität. So wechsle ich ständig meine Heimatgefühle – je nachdem, an welchem Ort ich gerade bin."

D4 Machen Sie eine kleine „Kurszeitung". Schreiben Sie ähnliche Texte zu der Frage „Was gehört für mich zum Heimatgefühl?"

E1 Ein Tag in der Zukunft

a Lesen Sie den Text und ergänzen Sie die Jahreszahl.
1950 ● 2005 ● 2015 ● 2050

b Was meinen Sie? Was passiert wann? Lesen Sie den Text noch einmal und ergänzen Sie den Zeitplan.

Europa ....: Ein Tag in meinem Leben

Eine Schweizer Uhr weckt mich um 6 Uhr. Ich esse schnell meine französischen Croissants und gehe duschen. Aus der Dusche fließt Mineralwasser aus Vichy. Drei Stunden später buche ich noch einen Flug nach Athen, wo mein Mann und ich am Abend um 20:30 Uhr ein Konzert besuchen: ein griechischer Künstler singt deutsche Volkslieder. Zuerst kommt aber noch meine normale Arbeit. Ich gehe zu Fuß, obwohl es mit dem Auto viel schneller wäre. Wir sind aber so umweltfreundlich. Unterwegs bringe ich die Kinder zum Flughafen, denn sie besuchen den Kindergarten in Berlin. Wir wohnen in Polen, in Krakau, haben aber zwei Ferienhäuser: eines in Kroatien und eines in Norwegen.

Die Kinder sollen die Schule in England besuchen, aber die Wahl steht ihnen frei. Zum Mittagessen, so gegen eins, treffen wir uns alle wieder. Diesmal in Italien, in Venedig – da waren die Kinder noch nicht. Wir werden dort eine kurze Gondelfahrt machen. Die Zeit vergeht viel schneller als früher.

Danach, so etwa um 15 Uhr, fliege ich mit meinem Mann nach Polen zurück und die Kinder gehen zum Italienischunterricht. Vor unserem Abflug nach Athen ist ein Familientreffen: Um halb sieben sitzen wir alle zusammen beim Abendessen. Es gibt Paella, ein Rezept von meiner besten Freundin. Ihr Vater ist Spanier und ihre Mutter Ungarin. Wir machen Pläne für den nächsten Tag. Vielleicht ein Spaziergang auf den Champs-Élysées?

6:00	....	14:00	....
7:00	....	15:00	....
8:00	....	16:00	....
9:00	....	17:00	....
10:00	....	18:00	....
11:00	....	19:00	....
12:00	....	20:00	....
13:00	....	21:00	....

c Was meinen Sie? Ist so eine Zukunftsvision realistisch? Würden Sie gern so leben?

E2 Welche Elemente/Dinge in Ihrem heutigen Leben stammen ursprünglich aus anderen Ländern? Machen Sie Notizen.

Italien: Pizza, Schweiz: Uhr, Indien: Curry, Schweden: Möbel, ...

E3 Meine persönliche Zukunft

a Wenn Sie in Zukunft in mehreren Ländern gleichzeitig leben könnten: Welche Länder wären das? Was würden Sie gern noch aus anderen Ländern übernehmen? Warum?

b Wie möchten Sie in zehn oder zwanzig Jahren leben? Ergänzen Sie die Sätze.

Ich möchte ...
Auf keinen Fall möchte ich ...
Vielleicht wird es ja ...
Ich wünsche mir, dass ...
Am liebsten wäre es mir, wenn ...
Hoffentlich ...

Grammatik

1 Konjunktiv 1: Indirekte Rede

Die Politiker *waren der Meinung, dass* die Völker Europas sich nicht mehr als Feinde sehen sollten. Außerdem *waren Sie davon überzeugt, dass* eine enge wirtschaftliche und politische Zusammenarbeit die beste Garantie für ein friedliches Zusammenleben **sei**.

(Die Politiker sagten: „Die Völker Europas sollen sich nicht mehr als Feinde sehen. ... Eine enge wirtschaftliche und politische Zusammenarbeit *ist* die beste Garantie für ein friedliches Zusammenleben.")

Wichtige Wörter und Wendungen

ein Land beschreiben

Das Land hat ... Einwohner. /
In dem Land leben über ... Menschen. •
Das Land hat ... Nachbarn. Im Norden grenzt es an ... •
Weiter im Osten gibt's noch ...? •
Die Menschen sprechen zwei Sprachen, nämlich ... •
Ein Drittel des Landes besteht aus Wäldern und Seen ... •
Die Hauptstadt ... liegt an ...

über Vorteile / Nachteile berichten

Hat die EU für Sie persönlich Vorteile? •
Für mich eigentlich nicht, aber ...

über etwas berichten

Also, bei uns ist das am Ostermorgen so: ... •
Bei uns findet regelmäßig ... statt: Da ... •
Jedes Jahr am ... wird bei uns ... gefeiert.

Wünsche ausdrücken (Wiederholung)

Ich möchte ...
Auf keinen Fall möchte ich ...
Vielleicht wird es ja ...
Ich wünsche mir, dass ...
Am liebsten wäre es mir, wenn ...
Hoffentlich ...

Mehr Fantasie für Kinder
HomeService Pizza & Curry Tel. 089 - 3 48 99 www.pizzcurr.de

HomeService
Pizza & Curry
Mit uns für Ihr gutes Recht
MIETERHILFE
224

Spielregeln

Das Spiel wird in Spielgruppen von 3 bis 4 Spielern gespielt.

Außer dem Spielfeld benötigen Sie für das Spiel

- 4 Spielfiguren: rot, gelb, grün, blau
- einen Würfel
- für jeden Spieler eine Spielkarte:

Spieler 1	
1	2
3	4
5	6

Spieler 2	
1	2
3	4
5	6

Spieler 3	
1	2
3	4
5	6

Spieler 4	
1	2
3	4
5	6

Würfeln Sie reihum – der Spieler, der die höchste Augenzahl würfelt, fängt an.

Spielverlauf – 1. Runde

Spieler 1 würfelt. Die Zahl, die er würfelt, zeigt ihm, in welches Haus auf dem Spielfeld er gehen soll. Er stellt seine Spielfigur in diesem Haus auf die Farbe, die seiner Spielfigur entspricht. Beispiel: Seine Spielfigur ist blau, und er würfelt eine 5. Dann stellt er seine Spielfigur auf das blaue Feld in Haus 5.

Jedes Haus enthält vier Bilder aus einer Fotohörgeschichte. Der Spieler muss jetzt versuchen, diese Geschichte mit Hilfe der Bilder zu erzählen.

- **Wenn er** die Geschichte zur Zufriedenheit der anderen Spieler erzählt …
  - geht er aus dem Haus hinaus und stellt sich auf das erste Feld neben dem Haus (im Uhrzeigersinn – das Feld ist hellgrau markiert).
  - kreuzt er auf seiner Spielkarte das Feld an, das seine Nummer trägt (im obigen Beispiel: 5).
- **Wenn er** die Geschichte **nicht** zur Zufriedenheit der anderen Spieler erzählt …
  - muss er auf seinem Farbfeld im Haus bleiben und es in der nächsten Runde erneut versuchen.

Spieler 1	
1	2
3	4
5 X	6

Nun kommen die anderen Spieler an die Reihe. Sie würfeln im Uhrzeigersinn.

Spielverlauf – 2. Runde und folgende

- **Falls** Spieler 1 in der vorangegangenen Runde seine Aufgabe erfüllt hat und seine Spielfigur auf das erste Feld neben dem Haus stellen durfte
  - würfelt er und geht so viele Felder vor, wie er gewürfelt hat.
  - Er kann nicht weiter als bis zu diesem nächsten Haus vorgehen, auch wenn die Zahl, die er gewürfelt hat, über dieses Haus hinausführen würde.
  - Wenn er mit seiner gewürfelten Zahl das nächste Haus erreicht, dann stellt er sich in diesem Haus wiederum auf seine Farbe und versucht, die dort abgebildete Fotohörgeschichte so zu erzählen, dass seine Mitspieler zufrieden sind und ihm erlauben, seine Spielfigur auf das erste Feld neben diesem Haus zu stellen und auf seiner Spielkarte auch dieses Feld anzukreuzen.
- **Falls** Spieler 1 in der vorangegangenen Runde seine Aufgabe **nicht** erfüllt hat und seine Spielfigur noch im Haus steht,
  - versucht er noch einmal, die dort abgebildete Fotohörgeschichte zu erzählen und dann mit Zustimmung der Mitspieler das Haus zu verlassen.

Nun kommen die anderen Spieler an die Reihe.

Sieger ist, wer zuerst alle Felder auf seiner Spielkarte angekreuzt hat.

Inhalt Arbeitsbuch

Du sollst jetzt **Schach** spielen!

A2

1 **Was passt nicht? Streichen Sie durch.**

a ein Spiel: spielen – setzen – gewinnen – verlieren
b die Spielfigur: setzen – würfeln – ziehen – wählen
c mit zwei Würfeln: setzen – würfeln – spielen – werfen
d das Spielbrett: auf den Tisch legen – in die Schachtel zurücklegen – vorbereiten – ziehen
e bestimmte Wörter: erraten – nicht benutzen – vorbereiten – erklären
f Karten: ziehen – legen – spielen – setzen

A2

2 **Welcher Satz passt zu welchem Spiel? Ordnen Sie zu.**

a Du darfst am Anfang drei Mal würfeln.
b Du musst aussetzen, wenn du keinen passenden Stein hast.
c Jeder Spieler bekommt zehn Karten, zwei Karten kommen erst einmal in die Mitte auf den Tisch.
d Man darf immer nur zwei Karten gleichzeitig aufdecken.
e Wenn du einen passenden Stein hast, kannst du ihn jeweils an den Enden anlegen.
f Wir brauchen einen Würfel.
g Für das Spiel brauchen wir 32 Karten.
h Zwei Mannschaften spielen gegeneinander.
i Du musst die Figur hier auf das Spielbrett stellen.
j Wenn du zwei gleiche Karten hast, darfst du noch einmal spielen.
k Wer die meisten Tore schießt, hat gewonnen.

A
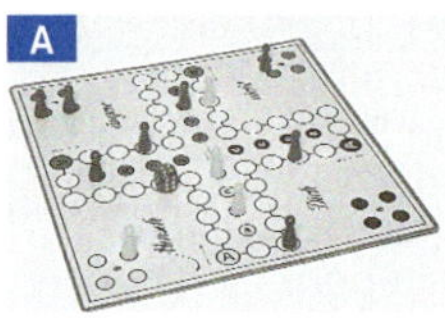
B
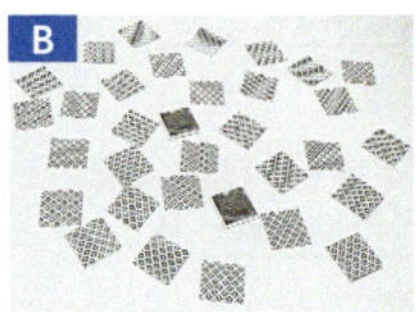
C

D
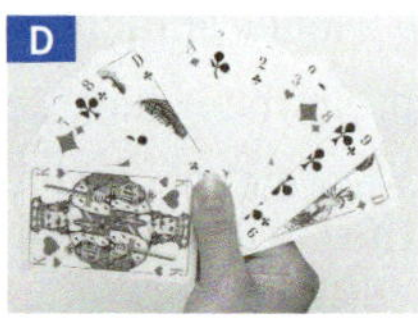
E
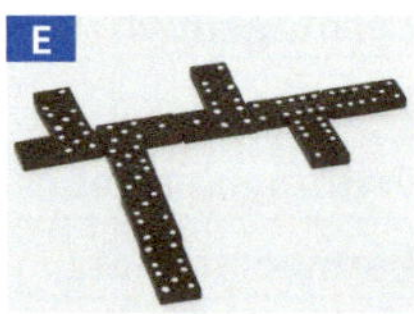

a, ...

A2

3 **Spielelandschaft in Deutschland**
Lesen Sie den Text. Was ist richtig? Kreuzen Sie an.

Roter Pöppel für deutsche Spiele

Spiel des Jahres
KRITIKERPREIS

Spielen ist eine Leidenschaft der Deutschen. Während in anderen Ländern klassische Brettspiele wie Schach, Dame oder Backgammon gespielt werden, profitieren die Deutschen von einem bunten und vor allem großen Angebot am Spielemarkt. In Deutschland werden mehr Brettspiele, Kartenspiele, Puzzles, Würfelspiele und, und, und ... angeboten und gekauft als woanders.

Nirgendwo erscheinen so viele neue Spiele wie in Deutschland. Ein Dummer, wer da nicht mitspielen will. 14% der Verbraucherausgaben geben die Deutschen Jahr für Jahr für Spiele aus. Der größte deutsche Spielehersteller hat rund 850 lieferbare Spiele in seinem Angebot. „Mein Gott“, stöhnen da viele, die spielen möchten, „wie soll ich mich da zurechtfinden?“ Spielprofis können da nur müde abwinken. „Dafür gibt es den roten Pöppel. Achten Sie auf den roten Pöppel“, rät Holger B. den Leuten, die ratlos vor dem fünf Meter langen Regal mit Spielen in seinem Spieleladen in der Kölner Innenstadt stehen. Denn mit dem roten Pöppel werden jedes Jahr die besten Brettspiele prämiert. „Spiel des Jahres“ nennt sich dieser Preis, und Spiele, die ihn gewinnen, weil sie einfach genial gut sind, tragen einen roten Pöppel auf der Verpackung. Er ist das Zeichen für spannende und gute Spiele. Aber nicht nur dem Käufer, sondern auch dem Verkäufer nützt der Pöppel. Spiele mit diesem Zeichen werden innerhalb eines Jahres zehnmal besser verkauft, d. h. mit Pöppel können 200.000 bis 400.000 Exemplare eines Spieles verkauft werden. Den roten Pöppel kennt man in Deutschland, wenn man denn zu den Spielern gehört. Übrigens bleiben die Deutschen nicht die einzigen, auch in den Niederlanden, in Frankreich und in den USA greifen mehr und mehr Menschen zu Brettspielen. Längst ist das kein Kinderkram mehr.

a In Deutschland werden
- ☐ mehr Spiele verkauft als in anderen Ländern.
- ☐ vor allem Schach-, Dame- und Backgammonspiele gespielt.
- ☐ vor allem bunte Spiele angeboten.

b In Deutschland gibt es
- ☐ 850 verschiedene Spiele.
- ☐ jedes Jahr viele neue Spiele.
- ☐ besonders teure Spiele.

c Der rote Pöppel ist ein Zeichen für
- ☐ nicht so gut verkaufte Spiele.
- ☐ ein besonders gutes Spiel.
- ☐ besonders gute Spieler.

d Der Spielepreis heißt
- ☐ „Spiel des Jahres".
- ☐ „Roter Pöppel".
- ☐ „Pöppel des Jahres".

e Spiele mit dem roten Pöppel auf dem Karton werden
- ☐ in einem Jahr zehnmal verkauft.
- ☐ bis zu 400.000 Mal verkauft.
- ☐ nicht gern gekauft.

f Die jüngste Entwicklung zeigt:
- ☐ Spiele werden weiterhin nur in Deutschland gespielt.
- ☐ Auch in anderen Ländern werden mehr und mehr Spiele gespielt.
- ☐ Immer mehr Kinder spielen Spiele.

4 Lerntagebuch: Keine Angst vor unbekannten Texten!

LERNTAGEBUCH

a **Was haben Sie vor dem Lesen des Textes in Übung 3 gemacht? Kreuzen Sie an.**
- ☐ Ich habe die Überschrift gelesen und das Foto angesehen.
- ☐ Ich habe mir überlegt, was das für ein Text ist (ein Zeitungsartikel, eine Werbung usw.).
- ☐ Ich habe mir überlegt, was ich zu diesem Thema schon weiß oder gehört habe.
- ☐ Ich habe mein Wörterbuch bereitgelegt.
- ☐ ...

b **Wie haben Sie beim ersten Mal den Text gelesen? Kreuzen Sie an.**
- ☐ Ich habe versucht, mit Hilfe meiner Vermutungen und den Wörtern, die ich bereits kenne, das Thema des Textes zu verstehen.
- ☐ Ich habe bei jedem unbekannten Wort gestoppt und es sofort im Wörterbuch nachgeschlagen.
- ☐ Ich habe zuerst die unbekannten Wörter im Text unterstrichen und weitergelesen. Erst dann habe ich im Wörterbuch nachgeschlagen.
- ☐ Ich habe versucht, die unbekannten Wörter aus dem Zusammenhang zu verstehen. Nur, was ich überhaupt nicht verstanden habe, habe ich nachgeschlagen.

c **Wie haben Sie beim zweiten Mal gelesen? Kreuzen Sie an.**
- ☐ Ich habe mir die Aufgaben zum Text genau durchgelesen und mich beim Lesen nur auf diese Informationen im Text konzentriert.
- ☐ Ich habe den Text ganz genau gelesen, um wirklich jedes Wort zu verstehen.
- ☐ Ich habe mir die wichtigen Informationen/Schlüsselwörter, die sich auf die Aufgaben beziehen, markiert.

Übrigens: Auch in Ihrer Muttersprache lesen Sie wahrscheinlich so: Wenn Sie einen Text, eine Zeitung, einen Roman lesen, und Sie kennen ein Wort nicht, dann lesen Sie erst einmal weiter. Meistens verstehen Sie den Text trotzdem. Denn oft erklärt sich ein Wort aus dem Zusammenhang, d. h. aus dem, was davor oder danach im Text kommt. Viele Wörter verstehen wir auch, weil es Internationalismen sind, die in vielen Sprachen gleich oder ähnlich sind. Probieren Sie es aus.

A3 **5** **Was passt zusammen? Ordnen Sie zu.**

a Ich habe einen Schirm dabei,	falls dein Chef anruft.
b Nimm dein Handy mit,	falls du das gedacht hast.
c Bitte warte auf mich,	falls ich zu spät kommen sollte.
d Ich heirate dich nicht,	falls es regnet.
e Du kannst dir ja ein Brot machen,	falls du die Waschmaschine bar bezahlst.
f Du bezahlst 3% weniger,	falls du früher Hunger bekommen solltest.

A3 **6** **Was ist richtig? Kreuzen Sie an.**

	weil	falls	als	
a Ich sehe mir heute Abend den Krimi im Fernsehen an,	x			ich spannende Filme mag.
b Bitte sag mir Bescheid,				du die ganze Arbeit nicht allein schaffst. Dann komme ich und helfe dir.
c Ich bräuchte ein Wörterbuch,				ich den Deutschkurs wirklich machen sollte.
d Wir haben gerade Memory gespielt,				er angerufen hat.
e Ich werde dich besuchen,				du wirklich ins Krankenhaus musst.
f Ich mochte früher das Spiel so gerne,				es immer so lustig war.
g Sabine hat sich sofort in Ralf verliebt,				sie ihn sah.

A3 **7** **Ergänzen Sie: *falls*, *obwohl*, *als*, *dass*, *weil***

a Peter will sich ein neues Auto kaufen, *obwohl*................... er kein Geld hat.

b Herr Adam hat seiner Tochter schon tausend Mal gesagt, ... sie um 22.00 Uhr zu Hause sein soll.

c Mein Vater hat sich das erste Auto gekauft, ... er dreiundzwanzig Jahre alt war.

d Wir sind jetzt in eine größere Wohnung gezogen, ... jedes Kind ein eigenes Zimmer haben soll.

e Wir werden euch kommende Woche besuchen, ... es euch passt.

A3 **8** **Was ist richtig? Kreuzen Sie an.**

a Petra geht in die Disco, ☐ falls ☐ weil ☒ obwohl sie eigentlich für ihre Prüfung lernen müsste.

b Peter hat sich den Arm gebrochen, ☐ obwohl ☐ als ☐ damit er am Samstag Fußball gespielt hat.

c Ich lerne jetzt Türkisch, ☐ damit ☐ weil ☐ falls ich mich im Urlaub in Istanbul mit den Menschen in ihrer Sprache unterhalten kann.

d ☐ Falls ☐ Als ☐ Weil du die Arbeitsbuch CD von *Schritte 2* noch zu Hause hast, kannst du sie mir dann morgen mitbringen? Meine Schwester braucht sie zum Lernen.

e Es ist nicht nötig, ☐ damit ☐ weil ☐ dass du mich immer mit dem Auto abholst. Ich kann auch mit dem Bus fahren.

f Erinnerst du dich noch an Sandra, ☐ falls ☐ dass ☐ als sie ein kleines Mädchen war? Genauso ist ihre Tochter jetzt.

Prüfung **9** **Was ist richtig? Kreuzen Sie an.**

Liebe Mama, lieber Papa,

jetzt bin ich schon fast zwei Wochen hier im Zeltlager. Es gefällt mir sehr gut, ……0…… *ich zuerst gar nicht mitfahren wollte.* ……1…… *wir am ersten Abend ein paar Spiele zum Kennenlernen gespielt haben, habe ich drei Freunde gefunden. Gestern haben wir gegen eine andere Jugendgruppe Fußball gespielt,* ……2…… *wir haben verloren. Das war überhaupt nicht schön und wir waren* ……3…… *traurig.*
Heute haben wir ein Technikmuseum besucht. Es war unheimlich heiß. Wir waren froh, ……4…… *wir wieder an der frischen Luft waren. Ich glaube, mir ist noch nie so warm gewesen. Ich habe anschließend eine ganze Flasche Mineralwasser getrunken,* ……5…… *ich so einen Durst hatte.*
Morgen haben wir kein Programm, jeder darf machen, was er will. ……6…… *das Wetter gut bleibt, gehe ich mit meinen drei Freunden schwimmen.* ……7…… *freue ich mich richtig!*
Ach, das ……8…… *ihr noch gar nicht: Ich kann jetzt richtig gut schwimmen. Das Schwimmbad,* ……9…… *wir hier immer gehen, hat einen Schwimmkurs angeboten, und ich habe mitgemacht. So, jetzt muss ich zum Abendessen.*

Liebe Grüße, auch ……10…… *den Hund von Frau Thomas*
euer Ralf

Beispiel:

0
- [x] obwohl
- [ ] b weil
- [ ] c wenn

1
- [ ] a Wenn
- [ ] b Als
- [ ] c Damit

2
- [ ] a aber
- [ ] b denn
- [ ] c oder

3
- [ ] a oft
- [ ] b sehr
- [ ] c viel

4
- [ ] a dass
- [ ] b wenn
- [ ] c damit

5
- [ ] a obwohl
- [ ] b wenn
- [ ] c weil

6
- [ ] a Falls
- [ ] b Ob
- [ ] c Obwohl

7
- [ ] a Worauf
- [ ] b Darauf
- [ ] c Darüber

8
- [ ] a glaubt
- [ ] b hört
- [ ] c wisst

9
- [ ] a in dem
- [ ] b wo
- [ ] c in das

10
- [ ] a für
- [ ] b an
- [ ] c von

B2

10 Das Du anbieten

a Was passt? Überfliegen Sie die Gespräche und ordnen Sie sie den Bildern zu.

A

B

C

Bild	A	B	C
Text			

1 ● Ich darf euch heute Frau Yang vorstellen. Sie wird ab heute an diesem Kurs teilnehmen. Also, Frau Yang, wir sagen hier alle Du zueinander ..., und ...., dann können wir uns auch gern duzen. Ich heiße Kai.
▲ Oh, das finde ich sehr gut. Ich heiße Lin.
● Schön, Lin. Die anderen Teilnehmer lernst du bestimmt noch kennen.

2 ■ Entschuldigen Sie, sind Sie nicht die Mutter von Christian?
▲ Richtig. Und Sie?
■ Ich bin der Vater von Hella.
▲ Das ist aber nett, dass ich Sie mal kennen lerne. Christian erzählt immer sehr viel von Hella.
■ Ja, unsere Kinder spielen sehr viel zusammen. ...., wenn wir uns duzen würden?
▲ .... Susanne.

3 ■ Tja, Silke, jetzt kennen wir uns schon so lange. .... , wenn wir uns endlich duzen, jetzt, wo ihr heiratet. Also, ich heiße Heinz und das ist Edeltraut.
◆ Oh, ... Gerne! Meinen Vornamen kennt ihr ja.

b Was passt wo? Ergänzen Sie in Übung a.

Ja, gern, ich heiße ● das ist aber nett ● wenn es Ihnen recht ist ● Wäre es nicht nett ● Ich fände es schön ● wir ~~sagen hier alle Du~~ zueinander

B3

11 Wer darf/sollte das Du anbieten? Kreuzen Sie an.

a Frau Maier (34) ist die neue Kollegin von Frau Summer (53).
☐ Frau Maier darf/sollte das Du anbieten.
☐ Frau Summer darf/sollte das Du anbieten.

b Der Deutschkurs bekommt eine neue Kursleiterin, Frau Lobbe. Mit dem alten Kursleiter haben die Teilnehmer sich geduzt.
☐ Die Teilnehmer dürfen/sollten das Du anbieten.
☐ Frau Lobbe darf/sollte das Du anbieten.

c Sie ziehen in eine neue Wohnung und treffen ihre neue Nachbarin im Flur. Sie ist sehr nett und deutlich jünger als Sie.
☐ Sie dürfen/sollten das Du anbieten.
☐ Die neue Nachbarin darf/sollte das Du anbieten.

d Sie sind den ersten Tag an Ihrem neuen Arbeitsplatz. Ihr Kollege Mohammed Türklü ist mindestens zehn Jahre älter als Sie.
☐ Mohammed Türklü darf/sollte das Du anbieten.
☐ Sie dürfen/sollten das Du anbieten.

B3

12 Halb du, halb Sie

a Lesen Sie zuerst die Situationen.

Situation A: Jemand siezt ein Kind.
Situation B: Jemand benutzt die Anrede „Frau" und den Vornamen.
Situation C: Jemand duzt einen fremden Menschen.
Situation D: Jemand siezt und nennt den Vornamen.

CD3 02

b Hören Sie dann. Welches Gespräch passt zu welcher Situation? Ordnen Sie zu.

Gespräch	1	2	3	4
Situation	B			

c Ist das üblich? Notieren Sie.

1 Das ist üblich: Situationen ....
2 Das ist nicht üblich: Situationen B..............................

erholung
itte 3
on 5

13 Ergänzen Sie.

a Können Sie das Geld von meinem........... (mein) Konto abbuchen?
b Erinnerst du dich .... (unser) alten Freund?
c Jeden Monat ärgert Herr Holler sich .... (seine) hohe Telefonrechnung.
d Sascha kümmert sich überhaupt nicht .... (seine) Mutter.
e Ali ist .... (der) Deutschkurs zufrieden und träumt .... (das) Zertifikat.
f Hast du Lust .... (ein) Eis?
g Die Schüler denken ungern .... (ihre) Hausaufgaben.
h Ich weiß, dass Björn jeden Tag .... (seine) Mutter telefoniert.
i Ich glaube fast, alle Männer interessieren sich .... (das) Endspiel der Fußballweltmeisterschaft.

erholung
itte 5
on 2

14 Was passt? Kreuzen Sie an.

a Siehst du das rote Auto da? Das ist das Auto, ☐ dem ☒ das ☐ die mir so gut gefällt.
b Hier auf dem Foto links, das ist Monika, ☐ der ☐ das ☐ die ich oft bei der Grammatik helfe.
c Ich mag keine Bücher, ☐ die ☐ das ☐ der mehr als hundert Seiten haben.
d Da drüben wohnt der Nachbar, ☐ der ☐ den ☐ dem ich neulich beim Umzug geholfen habe.
e Gestern habe ich die Leute getroffen, ☐ die ☐ der ☐ denen du so viel über Russland erzählt hast. Ich soll dich von ihnen grüßen.
f Ist das der Kaffee, ☐ den ☐ der ☐ dem du aus Griechenland mitgebracht hast?
g Jetzt hast du schon wieder die Hose an, ☐ der ☐ die ☐ das ich waschen wollte.
h Der Junge aus dem Nachbarhaus, ☐ der ☐ den ☐ dem ich nicht mag, geht jetzt in meine Klasse.

15 Schreiben Sie Sätze.

A

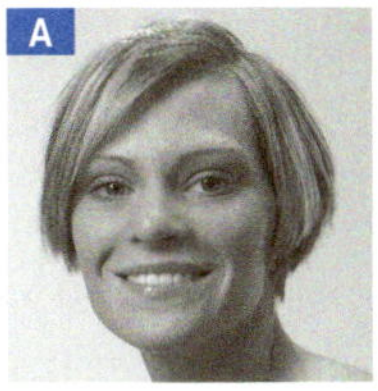

a Mit ihr gehe ich immer zum Deutschkurs.
Das ist Christina, mit der ich immer zum Deutschkurs gehe..........................

b Von ihr habe ich ein dickes Wörterbuch bekommen.
....

c Über sie habe ich schon viel gelacht.
....

B

d Neben ihm wohne ich.
Das ist Phong,..

e Mit ihm gehe ich abends ins Fitness-Studio.
....

f Für ihn war der Deutschkurs sehr schwierig.
....

C

g Mit ihnen habe ich ein Jahr lang Deutsch gelernt.
Das sind meine Freunde,...

h Auf sie habe ich mich jeden Montag gefreut.
....

i Von ihnen habe ich viel über andere Länder und Kulturen erfahren.
....

C2

16 Alte Fotos. Ergänzen Sie.

● Und das war mein bester Freund, *von dem* ich dir schon so viel erzählt habe.
▲ Und die hier?
● Das war meine erste Freundin, ... ich noch oft denke. Meine erste Liebe im Kindergarten.
▲ Oh, wer ist das denn? Die sieht aber böse aus.
● Ja, das war sie auch. Das ist die Nachbarin, ... ich mich so gut wie jeden Tag geärgert habe.
▲ Und das große Gebäude hier?
● Das ist die Bücherei, ... ich während meines Studiums so oft gesessen und gelesen habe.
▲ Und was hast du für Bücher gelesen?
● Na ja, Bücher über Tiere, ... ich mich immer schon interessiert habe.
▲ Bist du deshalb Landwirt geworden?
● Ganz genau. Ich liebe meine Kühe, Schweine und die zwei Hunde, ... ich mich immer kümmern muss.
▲ Du, Papa, liebst du mich auch?
● Aber ja.

C2

17 Schreiben Sie.

a Die Freundin, *über die ich mich gestern geärgert habe* (ich mich gestern über sie geärgert haben), kommt heute zu Besuch.
b Der Junge, ... (wir früher immer über ihn gelacht haben), ist heute ein reicher Mann.
c Kennst du die Frau, ... (du gerade mit ihr gesprochen haben)?
d Schaut mal, da ist wieder der große Hund, ... (ihr vor ihm Angst haben).
e Zeig mir mal dein neues Wörterbuch, *über das du so viel erzählt hast* (du darüber so viel erzählt haben).
f Hast du die Stelle, ... (du dich dafür interessiert haben), bekommen?
g Morgen bringe ich dir das Kursbuch mit, ... (ich damit Arabisch gelernt haben).

C2

18 Ergänzen Sie.

a Sieh mal, das ist meine Freundin, **mit** *der ich jeden Tag telefoniere.*
b Hier, sieh mal, das war meine Wohnung, **in** ....
c Hier auf dem Bild stehen meine Schulkameraden, **mit** ....
d Da vor dem Haus steht mein erstes Auto, **über** ....
e Dahinten das blonde Mädchen mit den langen Haaren war meine beste Freundin, **von** ....
f Und hier siehst du ein Foto von dem Fest, **auf** ....
g Das bin ich an meinem ersten Tag in Deutschland, **an** ....

19 Gute Freunde

a Was können Sie mit einem guten Freund / einer guten Freundin alles machen? Ergänzen Sie.

ihm kann ich alles erzählen

ein guter Freund / eine gute Freundin

mit ihr kann ich stundenlang schweigen

b Schreiben Sie aus Ihren Stichwörtern einen kleinen Text.

Ein guter Freund ist für mich jemand, dem ich alles erzählen kann.
Eine gute Freundin ist eine Frau, mit der ich stundenlang schweigen kann.

20 Menschen, Menschen ...

a Ergänzen Sie.

bekannt		**jugendlich**		**erwachsen**	
der/die	*Bekannte*	der/die	*Jugendliche*	der/die	*Erwachsene*
ein	....	ein	....	ein	....
eine	....	eine	....	eine	....
die	*Bekannten*	die	....	die	....
	Bekannte		....		....

b Ergänzen Sie die passenden Wörter aus a.

1 ▲ Hast du eine Idee, was ich meiner Nichte zum Geburtstag schenken kann?
● Wie alt wird sie denn?
▲ 16 Jahre.
● Also, ich habe gehört, dass *Jugendliche* Inliner haben möchten.

2 ■ Sind in deinem Deutschkurs auch Kinder?
● Nein, in meinem Kurs sitzen nur .... Unsere Jüngste ist 23.

3 ▲ Mit Kindern und Erwachsenen kann ich gut umgehen. Aber .... sind mir oft zu schwierig.
■ Mhm, bei mir ist es genau umgekehrt. .... und Kinder sind mir zu schwierig.

4 ◆ Ach, dein Freund Peter kommt auch?
● Ja, aber Peter ist kein Freund von mir, er ist nur ein ....

5 ▼ Tut mir leid, aber den Vertrag muss ein .... unterschreiben, deine Mutter zum Beispiel.
● Ja, gut, dann komme ich gleich mit meiner Mutter noch einmal.

C3

21 Lesen Sie die Sätze. Unterstreichen Sie die Endungen.

a Ich liebe keinen Menschen.
b Edel sei der Mensch, hilfreich und gut.
c Mit dem Menschen wechsle ich kein Wort mehr.
d Die Menschen wissen viel zu wenig.
e Ich erwarte nichts von den Menschen.
f Das Wissen der Menschen ist gering.
g Der Hunger des Menschen ist unglaublich.
h Der Dieb beraubt die Menschen.

C3

22 Ergänzen Sie *Mensch*, *Kollege*, *Herr*, *Nachbar* in der Tabelle.

Singular

der, ein, kein	....
den, einen, keinen	Menschen, Kollegen, Herrn, Nachbarn
dem, einem, keinem	....
des, eines, keines	....

Plural

die, keine	....
die, keine	....
den, keinen	....
der, keiner	....

ebenso: Praktikant, Pole, Türke, Grieche

C3

23 Ergänzen Sie: *-(e)n* oder –.

a Igor ist jetzt Praktikant...–... bei Siemens.
b Bei mir im Französischkurs sitzt ein Türke......... , für den Französisch die fünfte Fremdsprache ist.
c Viele von Berts Freunden sind Pole......... .
d Die Frau von Herr......... Maier kenne ich nicht.
e Mein Kollege......... Herr Rauflein hat gekündigt. Jetzt habe ich einen neuen Kollege......... .
f Meine neuen Nachbar......... mag ich überhaupt nicht.
g In diesem Jahr sind unsere Praktikant......... alle männlich.
h Und, wie findest du deinen neuen Kollege......... ?
i Mein neuer Nachbar......... ist Tscheche......... .
j Die Katze meines Nachbar......... ist weggelaufen.
k Lass uns doch heute Abend zum Grieche......... essen gehen. Hast du Lust?

C4 Phonetik

24 Die ganz große Liebe

a Lesen Sie laut: Wie spricht das der Dichter? Der General? Der Buchhalter? ...

Du bist die Frau, von der ich täglich träume,
die einzige, auf die ich mich verlasse;
die eine, über die ich nichts erzähle,
die Frau, für die ich jeden Zug verpasse.

Du bist die Frau, mit der ich glücklich bin,
du bist die Frau, an die ich immer denke;
die Frau, um die sich für mich alles dreht,
die eine Frau, der ich mein Leben schenke.

Du bist die Frau, in der ich mich erkenne –
die Frau, von der ich mich nie wieder trenne.

b Und mit ... *der Mann*, ...: Wie spricht das die Marktfrau? Die Bankdirektorin? Die Wahrsagerin? Schreiben Sie die neue Version und sprechen Sie sie in den verschiedenen Varianten.

CD 3 03-04

c Hören Sie jeweils zwei verschiedene Varianten zu a und b und vergleichen Sie.

25 ***Neugier – neugierig*. Bilden Sie Wörter.**

a die Neugier: neugierig
b die Eifersucht: ...
c die Ruhe: ...
d die Geduld: ...
e die Langeweile: ...
f die Kritik: kritisch
g die Energie: ...
h die Romantik: ...

26 **Wörter mit *-keit*. Schreiben Sie.**

a sportlich: Sportlichkeit
b selbstständig: ...
c zärtlich: ...
d ehrlich: ...
e lebendig: ...
f unabhängig: ...

27 **Wie heißt das Gegenteil? Ergänzen Sie.**

-voll	-los	Welches Wort versteckt sich?
gefühlvoll	gefühllos	das Gefühl
humor...	...	der ...
liebe...	lieblos	die ...
rücksichts...	...	die ...
...	fantasie...	die ...
anspruchs...	...	der ...

28 **Du bist ...**

a **Welche Wörter aus den Übungen 25, 26, 27 sind für Sie positiv, welche negativ? Ordnen Sie zu.**

positiv	negativ
ehrlich	gefühllos

b **Welche Wörter kennen Sie noch, um Personen zu beschreiben? Ergänzen Sie.**

c **Unterstreichen Sie drei Eigenschaften, die für Sie am Partner am wichtigsten sind. Sprechen Sie darüber im Kurs.**

29 **Mister Perfekt! Was passt? Ordnen Sie zu.**

ehrlich • humorvoll • langweilig • eifersüchtig • anspruchsvoll • neugierig • ~~romantisch~~ • geduldig

Mister Perfekt ...	**Er ist ...**
liebt schöne Musik und Essen bei Kerzenschein.	romantisch.
erzählt gerne Witze und ist lustig.	... .
sagt immer die Wahrheit.	... .
hat immer Zeit und hört zu.	... .
Aber manchmal ...	
will er alles wissen.	... .
ist nichts gut genug.	... .
mag er es nicht, wenn ich andere Männer treffe.	... .
liegt er auf dem Sofa und ist einfach nur	... .

D4 Schreibtraining

30 Kontaktanzeigen

a Zu wem passt die Kontaktanzeige? Kreuzen Sie an.

Ich bin beruflich viel unterwegs, deshalb habe ich nicht viel Gelegenheit, dich kennen zu lernen. Also versuche ich es jetzt so. Neugierig und abenteuerlustig bin ich schon auf die Welt gekommen. Nirgendwo bleibe ich lange, trotzdem ist mir Treue sehr wichtig. Vielleicht wäre ich mehr zu Hause, wenn da jemand auf mich warten würde. Du solltest tolerant und selbstbewusst sein wie ich auch. Was ich gern mache: Ich bin gern in der freien Natur und liebe Rockmusik. Auf die berühmte einsame Insel würde ich dich, meine CDs und einen Sonnenschirm mitnehmen. Wenn du dich für mich interessierst, schreib mir, gerne mit Foto.

A

B

Foto A ☐
Foto B ☐

b Schreiben Sie für die zweite Person eine Kontaktanzeige. Die Stichwörter helfen Ihnen.

gern zu Hause • fantasievoll • romantisch • Gefühle wichtig • Kino • Sport: Volleyball • Klavier spielen • reisen • keine Abenteuer • Treue wichtig • …

Ich liebe es, gemütlich zu Hause zu sitzen …

c Schreiben Sie auf die Anzeige aus a einen Antwortbrief, in dem Sie sich selbst beschreiben. Gehen Sie auf folgende Punkte ein:

- Warum antworten Sie auf diese Anzeige?
- Was mögen Sie an sich?
- Was würden Sie auf die einsame Insel mitnehmen?
- Wie stellen Sie sich Ihren Partner vor?

Liebe(r) …
als ich deine Anzeige gelesen habe, war mir sofort klar, du bist es. Ich habe mich sofort hingesetzt und angefangen zu schreiben. Ich …

D4 Projekt

31 Ich über mich. Einen Steckbrief schreiben.

a Schreiben Sie die Sätze auf einen Zettel und ergänzen Sie sie für Ihre Person.

- Ein Tag ist für mich perfekt, wenn …
- Ein Ort, an dem ich mich besonders wohl fühle: …
- Drei Dinge, die für mich wichtig sind: …
- Zwei Sachen, von denen ich mich nie trennen könnte: …
- Wenn ich nichts zu tun habe, mache ich Folgendes: …
- Ich mag es überhaupt nicht, wenn …
- Wenn ich einen Wunsch frei hätte, würde ich …
- Mein Traumpartner sollte auf alle Fälle …

b Hängen Sie die Zettel im Kursraum auf. Raten Sie, wer das geschrieben hat.

c Suchen Sie sich einen der Zettel aus und schreiben Sie mit diesen Informationen eine Kontaktanzeige.

d Tauschen Sie mit den anderen Teilnehmern die Kontaktanzeigen aus und antworten Sie auf eine Anzeige.

e Hängen Sie die Anzeige und Ihren Antwortbrief im Kursraum auf.

32 Single-Haushalte

a Sehen Sie sich die Grafik an. Sprechen Sie mit Ihrer Partnerin / Ihrem Partner über die Informationen, die Sie bekommen.

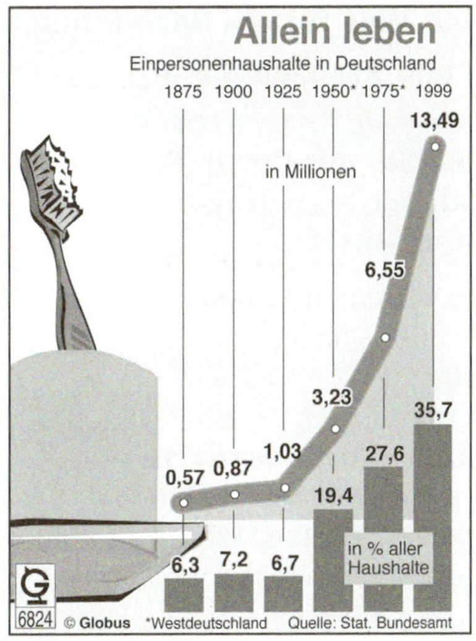

Die Grafik zeigt ...
Man kann sehen, dass ...
Immer mehr Menschen ...

b Was glauben Sie, warum leben immer mehr Menschen allein? Machen Sie sich Notizen.

Ich denke, ...
Ich glaube, ...
Meiner Meinung nach ...

unabhängig sein
Ruhe haben
...

Ich glaube, viele lieben ihre Unabhängigkeit.

c Vergleichen Sie die Situation in Deutschland mit der Situation in Ihrer Heimat.

In meinem Heimatland ist es ...
Ich bin mir nicht sicher, aber bei uns ...

d Single – wäre das eine Lebensform für Sie? Warum/Warum nicht? Erzählen Sie und begründen Sie.

Ich kann mir das gut vorstellen. Denn ich ...
Nein, das wäre überhaupt nichts für mich, weil ...
Das ist eine schwierige Frage. Ich denke, ...

33 Was passt? Ordnen Sie zu.

a Je mehr Schokolade ich gegessen habe,	desto mehr musst du putzen.
b Je länger ich in Deutschland bin,	desto weniger Freizeit habe ich.
c Je größer deine Wohnung ist,	desto dicker bin ich geworden.
d Je größer unser Auto ist,	desto mehr Benzin braucht es.
e Je mehr ich arbeite,	desto besser spreche ich Deutsch.

Prüfung 05-08

34 Hören Sie die Texte und kreuzen Sie an: richtig oder falsch?

Sie hören vier kurze Texte. Zu jedem Text gibt es eine Aufgabe. Sie hören jeden Text zweimal.

	richtig	falsch
a Die Ü-30-Party ist nur für Singles.	☐	☐
b Der junge Mann ist am Wochenende nicht gern allein.	☐	☐
c Die junge Frau genießt es, Single zu sein.	☐	☐
d www.suchemich.de ist ein kostenloses Angebot für Menschen, die einen Partner suchen.	☐	☐

E3

35 Psycho-Test: Was für ein Beziehungstyp sind Sie?

a Lesen Sie und kreuzen Sie an.

1 Wo wären Sie mit Ihrem Partner / Ihrer Partnerin an einem Sommerabend am liebsten?

a An einem einsamen Strand. **3 P.**
b In einer tollen Disko. **2 P.**
c Im Theater. **1 P.**

2 Ihr Partner / Ihre Partnerin kommt nicht zur vereinbarten Uhrzeit nach Hause. Wie reagieren Sie?

a Sie versuchen, ihn/sie über das Handy zu erreichen, weil Sie wissen wollen, ob etwas passiert ist. **1 P.**
b Sie bleiben wach, bis Ihr Partner / Ihre Partnerin nach Hause kommt. **3 P.**
c Sie gehen ins Bett wie immer. Irgendwann wird er/sie schon kommen. **2 P.**

3 Unter Ihrem Kopfkissen finden Sie ein Liebesgedicht. Was denken Sie?

a Sie freuen sich und Ihnen wird es warm ums Herz. **3 P.**
b Mein Gott, was für ein schlechtes Gedicht. **1 P.**
c Von wem ist das denn? **2 P.**

4 Sie sehen einen tollen Mann / eine tolle Frau. Was tun Sie?

a Ich versuche, ihn/sie zum Essen einzuladen. **2 P.**
b Ich versuche, seine/ihre Blicke auf mich zu ziehen. **3 P.**
c Ich versuche, mit ihm/ihr über Politik oder den modernen Kinofilm zu diskutieren. **1 P.**

5 Ihr Partner / Ihre Partnerin trägt eine Jacke, die Ihnen gar nicht gefällt. Was tun Sie?

a Sie sagen ganz offen, dass Ihnen die Jacke nicht gefällt. **2 P.**
b Ich schenke ihm/ihr eine neue Jacke. **1 P.**
c Das ist für mich nicht wichtig. Ich sehe darüber hinweg und sage gar nichts. **3 P.**

6 Wenn Sie Ihrem Partner / Ihrer Partnerin Blumen schenken, was für welche nehmen Sie?

a Das ist gar keine Frage, selbstverständlich rote Rosen. **3 P.**
b Ich nehme, was im Sonderangebot ist. **2 P.**
c Ich kaufe eine Topfblume. Davon hat man lange was. **1 P.**

b Zählen Sie Ihre Punkte zusammen und lesen Sie das Ergebnis.

Ergebnis

18-14 Punkte Sie sind eher ein romantischer Typ. Gefühle spielen für Sie eine große Rolle. Auch die kleinen Dinge in der Liebe sind für Sie sehr wichtig. Sie lieben es, kleine Aufmerksamkeiten und Geschenke zu bekommen. Aber Sie geben auch viel von sich, wenn Ihnen eine Beziehung wirklich wichtig ist. So treffen Sie Ihre Entscheidungen nicht leichtfertig, sind aber leicht entflammbar.

13-10 Punkte Sie sind eher wie eine Biene, die von Blüte zu Blüte fliegt. Feste Bindungen halten bei Ihnen nicht sehr lange und langweilen Sie schnell. Dabei sind Sie aber offen und ehrlich und sagen Ihrem Partner / Ihrer Partnerin, was Sie gerade fühlen. Wenn es Zeit ist zu gehen, haben Sie kein Problem damit. Jedes Ende ist für Sie ein neuer Anfang.

9-6 Punkte Gefühle sind Ihnen nur in zweiter Reihe wichtig. Für Sie steht eindeutig das Denken im Vordergrund. Bevor Sie sich verlieben, versuchen Sie, alle Seiten Ihres Partners / Ihrer Partnerin zu sehen und für sich zu bewerten. Sie sind sehr kritisch, auch sich selbst gegenüber. Aber wenn Sie sich einmal für jemanden entschieden haben, ist es eine Bindung fürs Leben.

c Passt das Ergebnis zu Ihnen? Warum? Warum nicht? Sprechen Sie im Kurs.

d Was kann man noch fragen? Notieren Sie Fragen mit Antworten für Ihren eigenen Partnerschaftstest.

Im Spiel

das Brettspiel, -e *
die Regel, -n
die Revanche (nur Singular)
die Sanduhr, -en
das Schach (nur Singular)
das (Karten- / Würfel-) Spiel, -e
das Spielbrett, -er
die Spielfigur, -en
die Spielregel, -n
der Stapel (Karten), –
der Würfel, –

ab·ziehen, zog … ab, hat abgezogen
aus·setzen, setzte … aus, hat ausgesetzt
stoppen, stoppte, hat gestoppt
erraten, erriet, hat erraten
würfeln, würfelte, hat gewürfelt
(eine Karte) ziehen, zog, hat gezogen

gegnerisch

gegeneinander (spielen)

Freundschaft und Partnerschaft

die Beziehung, -en
der Beziehungstyp, -en
die Bindung, -en
die Freundschaft, -en
die Gemeinschaft, -en
die Kontaktanzeige, -n
die Offenheit (nur Singular)
das Paar, -e
die Partnerschaft, -en
die Partnersuche (nur Singular)
die Persönlichkeit (nur Singular)
die Treue (nur Singular)
die Unabhängigkeit (nur Singular)
das Vertrauen (nur Singular)

(etwas von sich) geben, gab, hat gegeben
(sich) unterscheiden, unterschied, hat unterschieden

fest

Eine Person näher beschreiben

der/die Bekannte, -n
der/die Erwachsene, -n
der/die Jugendliche, -n

anspruchslos (-voll)
altmodisch
brav
ehrlich
eifersüchtig
energisch
fantasielos (-voll)
geduldig
gefühllos (-voll)
gleichaltrig
höflich
humorlos (-voll)
jugendlich
kräftig
kritisch
liebevoll
lieblos
mutig
neugierig
perfekt
romantisch
ruhig
rücksichtslos (-voll)
schlank
selbstständig
sportlich
tolerant
treu
unabhängig
witzig
zärtlich

Sie oder Du

die Anredeform, -en
das Arbeitsleben (nur Singular)
das Privatleben (nur Singular)

(sich) duzen, duzte, hat geduzt
(Du / Sie zueinander) sagen, sagte, hat gesagt
das Du an·bieten, bot … an, hat angeboten
das Du an·nehmen, nahm … an, hat angenommen
(sich) siezen, siezte, hat gesiezt

Weitere wichtige Wörter

der Arbeitsweg, -e
der Dichter, –
die EU (Europäische Union) (nur Singular)
die Geschäftsreise, -n
der Landwirt, -e
der Schirm, -e
die Seele (nur Singular)
die Stimmung, -en
die Währung, -en
die (Fußball-) Weltmeisterschaft, -en
die Werbung, -en
die Wut (nur Singular)
das Zeug (nur Singular)

(sich) ab·lenken, lenkte … ab, hat abgelenkt
einen kühlen Kopf bewahren, bewahrte, hat bewahrt
sich lustig machen, machte, hat gemacht
(los sein mit) Was ist mir dir los?
(Kummer) überwinden, überwand, hat überwunden
(Brief) zerreißen, zerriss, hat zerrissen
zusammen·fassen, fasste … zusammen, hat zusammengefasst

gering
wahnsinnig
wütend

allerdings
auf keinen Fall
neulich
normalerweise
zunehmend

* Den *kursiv* gedruckten Wortschatz müssen Sie für das Zertifikat nicht lernen.

Rechnungen mit der Hand schreiben, **als ob** wir im Mittelalter **wären**!

Wiederholung **1** **Ein modernes Büro. Was ist was? Ordnen Sie zu.**

- ☐ der Bildschirm
- ☐ die CD
- ☐ der Computer
- ☐ das CD-Rom-Laufwerk
- ☐ das Fax
- ☐ der Drucker
- ☐ die Maus
- ☐ das Regal
- ☐ der Schreibtisch
- 13 die Software
- ☐ die Steckdose
- ☐ der Stecker
- ☐ die Stifte
- ☐ die Tastatur
- ☐ der Videorekorder
- ☐ die Videofilme

Wiederholung *Schritte 4 Lektion 8, Schritte 5 Lektion 7* **2** **Ergänzen Sie.**

finden – würde ● könnte – telefonieren ● Hätte – aufgepasst ● würde – verlieren ● wäre ● ~~Hätte – gezogen~~ ● könnte – helfen ● würde – anrufen

a Jetzt ist der Computer kaputt. ...Hätte... ich doch gestern nicht einfach den Stecker aus der Steckdose ...gezogen...!

b Wenn ich die Telefonnummer des Kundenservice ...., ... ich sofort dort .... Aber ich weiß nicht, wo ich den Zettel hingelegt habe!

c Ich .... ja mal mit Klaus .... Der kennt sich doch mit Computern aus.

d Oder – wenn Uwe jetzt zu Hause ...., ... er mir bestimmt .... Aber er ist bis Freitag im Urlaub.

e Wie ärgerlich! .... ich jetzt doch im Computerkurs ein bisschen besser ....! Dann .... ich jetzt nicht so viel Zeit .... Aber jetzt ist es zu spät!

A1 **3** **Herr Möchtegern**

a **Ordnen Sie zu.**

Er tut so, ...

1. als ob er gut Klavier spielen würde.
2. als ob er einen Ferrari hätte.
3. als ob er sich alles kaufen könnte.
4. als ob er einen super anstrengenden Job hätte.
5. als ob er früher die besten Zeugnisse gehabt hätte.

Aber in Wirklichkeit ...

- ist er in der Schule öfters sitzen geblieben.
- arbeitet er gar nicht
- ist er total unmusikalisch.
- hat er gar kein Geld
- hat er überhaupt kein Auto.

b **Ordnen Sie die Sätze in die Tabelle ein.**

Er tut so,

als ob	*er*	*gut Klavier*	*spielen würde.*
als ob			
…			

4 Ergänzen Sie in der richtigen Form.

gegessen haben ● gewesen sein ● haben ● haben ● ~~interessieren~~

a ● Mein Bruder ist total in deine Schwester verliebt.
▲ Echt? Aber er tut doch so, als ob sie ihn gar nicht *interessieren würde*.......

b Ich glaube, unser Sohn tut nur so, als ob er gestern etwas Falsches .... Er will heute nur nicht in die Schule gehen. Die Klasse schreibt nämlich einen Test.

c Als ob ich nicht schon genug Arbeit .... ! Ihr könnt eure Sachen ruhig einmal selber aufräumen.

d ● Ehrlich gesagt, sie tut so, als ob sie gestern nicht auf der Besprechung .... ! Und jetzt tut sie so, als ob sie von nichts eine Ahnung .... !
▲ Dabei war sie aber doch die ganze Zeit dabei!

5 Ergänzen Sie.

Du sagst das ● Es scheint ● Du siehst aus ● ~~Es sieht so aus~~

a ● Papa, darf ich noch rausgehen?
■ Schau mal aus dem Fenster. *Es sieht so aus*............., als ob es jeden Moment regnen würde.

b ● Was ist denn hier los? Da ist ja gar nichts vorbereitet.
■ Stimmt. ...., als ob das Fest heute nicht stattfinden würde.

c ■ Funktioniert das blöde Ding immer noch nicht?
● ...., als ob ich dafür verantwortlich wäre. Ich habe aber damit nichts zu tun.

d ● Brr, ist mir kalt.
■ Ist dir nicht gut? ...., als ob du krank werden würdest.

6 Schreiben Sie Sätze.

a so tun – den ganzen Tag arbeiten müssen
Klaus *tut so, als ob er den ganzen Tag arbeiten müsste*.... Dabei redet er die ganze Zeit.

b so tun – keine Deutsch verstehen
Karla ....
Aber sie spricht fließend Deutsch.

c sich anhören – kaputt sein
Das Handy ....
Aber ich kann dich trotzdem verstehen.

d aussehen – die ganze Nacht gefeiert haben
Du ....
Dabei bist du doch gestern schon so früh ins Bett gegangen.

e scheinen – dich das alles nicht interessieren
Es ....
Dabei war das deine Idee!

Rechnungen mit der Hand schreiben, **als ob** wir im Mittelalter **wären**!

A3

7 Schreiben Sie Sätze.

a Es sieht so aus, als ob
das Gespräch mit dem Chef gestern nicht so gut gelaufen wäre. ....
(gelaufen – wäre – gestern – nicht so gut – das Gespräch mit dem Chef)

b Florian versteht in Mathe gar nichts. Aber er tut so, als ob
....
(würde – alles – er – verstehen)

c Oh je, schau mal, der Typ vom Kundendienst. Der sieht doch so aus, als ob
....
(von Computern – hätte – er – keine Ahnung)

d Ob ich das Fahrrad bald fertig repariert habe? Du sagst das, als ob
....
(kaputt gemacht – ich – es – hätte)

e Oh nein! Es hört sich so an, als ob
....
(wäre – kaputt – der Auspuff – gegangen)

A3

8 ..., *als ob* ... . Schreiben Sie zu jedem Bild einen Satz.

a *Die Frau läuft so, als ob sie Schmerzen in den Füßen hätte.*
...

A5 Schreibtraining

9 Meine Lebensgeschichte

a Lesen Sie noch einmal den Text im Kursbuch, Seite 21, A4, und überlegen Sie sich Stichpunkte zu den folgenden Punkten:

Was denkt ... ?
Wie fühlt sich ... ?
Welche Lebensgeschichte ... ? – **Computer** – Wo vorher?
Früher – im Regal
Was wünscht sich ... ?

b Was erzählt der Computer? Benützen Sie Ihre Notizen und schreiben Sie seine Geschichte.
Früher, als ich noch neu und glänzend im Regal stand, da ...
Aber eigentlich möchte ich gar nicht auf den Wertstoffhof. Denn ich bin ja noch ganz in Ordnung! Ich bin sehr traurig. Niemand weiß, wie ...
Damals habe ich mich so gefreut, als ...
Am liebsten würde ich jetzt ...

c Erzählen Sie die Geschichte eines Gegenstandes aus dem Kühlschrank im Kursbuch, Seite 21, A5.
Machen Sie sich Notizen zu den oben genannten Punkten. Stellen Sie sich dann vor, dass der Gegenstand leise vor sich hin spricht.

10 In der Wohngemeinschaft. Klaus ist fleißig – und was macht Andreas in derselben Zeit? Ergänzen Sie.

Während Klaus ...,

a *das Geschirr spült*, *liegt Andreas auf dem Sofa!*

b ..., ...

c ..., ...

d ..., ...

e ..., ...

11 Als Erste im Büro. Schreiben Sie Sätze.

a Gregor schaltet die Computer ein. In derselben Zeit geht Annika in die Küche.
Während Gregor die Computer einschaltet, geht Annika in die Küche.

b Annika kocht Kaffee. In derselben Zeit öffnet Gregor alle Fenster.
Während ...

c Gregor setzt sich an seinen Arbeitsplatz. Annika schaltet in dieser Zeit den Kopierer und den Drucker ein.
...

d Annika kontrolliert das Papier im Drucker. Gregor überlegt gerade seinen Tagesplan.
...

e Annika telefoniert mit Kunden. Gregor beantwortet E-Mails.
...

12 Ein Tag voller Arbeit

a Was hat Werner zuerst gemacht? Ordnen Sie zu.

Als Erstes fährt Werner am Morgen seinen Computer hoch. Dann ruft er seine neuen E-Mails ab. Wenn er alle E-Mails gelesen hat, beantwortet er sie. Er schaltet den Drucker ein und druckt dann die neuen Dateien aus. Er hat am Vormittag viel am Computer gearbeitet und geht zum Mittagessen. Nach dem Essen spielt er eine kurze Zeit Tischtennis. Danach arbeitet er weiter. Nach der Arbeit geht er nach Hause.

Zuerst	Danach
Computer hochfahren	*E-Mails abrufen*
E-Mails lesen	...
...	

b Wie erzählt Werner seinen Tagesablauf? Schreiben Sie.

1 *Nachdem ich den Computer hochgefahren habe, rufe ich E-Mails ab.*

2 *Nachdem ich die* ...

3 ...

4 ...

5 ...

6 ...

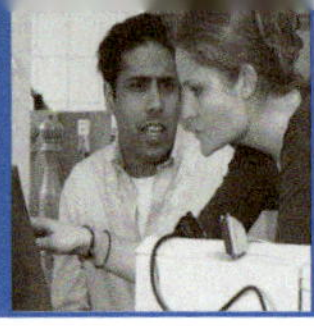

Während ich unterwegs bin, kann ich mich nicht um Majas Computer kümmern.

B2

13 Festvorbereitungen. Ergänzen Sie: *nachdem* oder *während*

a Es gibt viel zu tun. *Während*...... Selim die Vorspeise vorbereitet, kochen Ayşe und Fatma das Hauptgericht.

b .... Heike die Tischdecke auf den Tisch gelegt hat, deckt Robert den Tisch.

c .... Paul und Joe die Getränke ins Zimmer bringen, stellt Karla die Gläser auf den Tisch.

d Esther und Peter hängen Luftballons auf, ... Mustafa und Ahmed noch zwei Tische für die Speisen und Getränke holen.

e .... wir uns alle begrüßt haben, kann das Fest beginnen.

B2

14 Was ist richtig? Kreuzen Sie an.

		nachdem	während	
a	Sie fährt nach Spanien,	☒	☐	sie drei Semester lang Spanisch gelernt hat.
b	Ich mache schon mal das Frühstück,	☐	☐	du duschst.
c	Er bringt das Buch in die Bücherei,	☐	☐	er es gelesen hat.
d	Ich mache ein Praktikum in Deutschland	☐	☐	ich diesen Deutschkurs beendet habe.
e	Schneiden Sie das Gemüse,	☐	☐	die Zwiebeln in der Pfanne braten.
f	Ich rauche am liebsten,	☐	☐	ich telefoniere.

B2

15 Mein Tagesablauf. Machen Sie Stichpunkte und schreiben Sie dann.

aufstehen
Kaffeemaschine anmachen
ins Bad gehen
Augen öffnen
in den Spiegel ...

*Nachdem ich aufgestanden bin,
mache ich zuerst
die Kaffeemaschine an.
Während der Kaffee kocht, ...*

Wiederholung
*Schritte 3
Lektion 2,
Schritte 5
Lektion 1*

16 Was passt? Ordnen Sie zu.

a Wenn er zu Hause Probleme hat,
b Als es noch keine Computer gab,
c Nachdem sie ihm ihre Meinung gesagt hat,
d Während ihr euch noch anzieht,
e Ich bin einfach zu müde für das Fest,
f Zuerst machst du das Foto,

nachdem ich den ganzen Tag im Büro gearbeitet habe.
geht es ihr besser.
und dann kannst du es hier ansehen.
wurde vieles mit der Schreibmaschine geschrieben.
hole ich schon mal das Auto aus der Garage.
ruft er immer seinen besten Freund an.

17 Geräte

a Ordnen Sie die Texte aus b den Fotos zu.

A

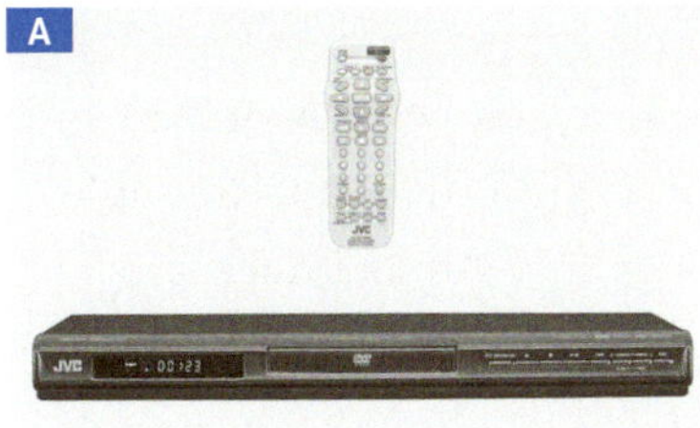

B

C

Foto	A	B	C
Text			

b Ergänzen Sie in der richtigen Form.

warten ● anschließen ● ~~öffnen~~ ● drücken ● kontrollieren ● einschalten ● stecken ● stellen ● einlegen ● einfüllen ● drücken

1

öffnen Sie............ den Deckel. .... Wasser ...., ob der Stecker in der Steckdose steckt. .... das Gerät mit dem Ein-/Aus-Schalter .... Wenn das Wasser kocht, schaltet das Gerät automatisch ab.

2

.... den Stecker in die Steckdose und .... das Gerät an Ihren Fernseher .... Danach .... die DVD .... und .... die Taste „Play".

3

.... nur leere Flaschen in den Automaten. ...., bis das Lämpchen blinkt. Erst dann können Sie weitere Flaschen reinstellen. .... zum Schluss die grüne Taste. Der Bon wird gedruckt.

18 Einen Anrufbeantworter besprechen

09

a Hören Sie das Gespräch. Was ist richtig? Kreuzen Sie an.

- ☐ Maike erklärt einer Freundin die Gebrauchsanweisung.
- ☐ Maike spricht eine Ansage auf den Anrufbeantworter.

09

b Was müssen Sie zuerst tun? Hören Sie noch einmal und nummerieren Sie.

- ☐ Ansage mindestens 10, höchstens 18 Sekunden lang aufsprechen
- *1* Taste „Ansage" drücken
- ☐ Signalton ertönt
- ☐ Taste gedrückt halten bis die Anzeige blinkt
- ☐ Taste wieder loslassen

C3

19 Hilfe! – Wie funktioniert denn das?

a Ergänzen Sie.

wie der Fahrkartenautomat hier funktioniert ● ~~Entschuldigung, ich bin zum ersten Mal hier.~~ ● Sehen Sie hier, ● Danach leuchtet ● dann werfe ich das Geld ● Und zuletzt müssen Sie ● diese Taste drücken ● kein Problem, gerne ● Warten Sie

● *Entschuldigung, ich bin zum ersten Mal hier.* Ich möchte gerne eine Fahrkarte kaufen. Könnten Sie mir vielleicht sagen, ……………………………… ……………………………… ?

▲ Ja, ……………………………… . Wohin möchten Sie denn fahren?

● In die Rudelsweiherstraße. Moment – das ist hier.

▲ Ah ja, also nur zwei Haltestellen. ……………………………… das ist eine Kurzstrecke. Da müssen Sie ……………………………… . So. Und jetzt sehen Sie hier oben den Preis.

● Aha. Also ……………………………… mal hier rein.

▲ Genau. ……………………………… das Licht hier und blinkt. Jetzt wird die Fahrkarte gedruckt. ……………………………… noch einen Moment. Gleich ist Ihr Fahrschein da! ……………………………… ihn nur noch hier rausholen. – Da ist er schon! Gute Fahrt!

● Sehr schön. Vielen Dank für Ihre Hilfe! Ihnen auch eine gute Fahrt!

CD 3 10

b Hören Sie das Gespräch und vergleichen Sie.

C3

20 Was bin ich?

a Überlegen Sie sich ein Gerät und machen Sie Stichpunkte, wie es funktioniert.

Snackbar-Automat
Man muss ein Getränk auswählen
Geld einwerfen
Nummer eintippen
Flasche kommt heraus

b Beschreiben Sie Ihr Gerät. Die anderen raten.

Bei mir gibt es Schokolade oder Getränke; zuerst muss man …

21 Ein Interview

11 | ▭ **a Hören Sie das Interview. Ordnen Sie dann den Personen zu: Wer ist dafür (+), wer dagegen (–), wer hat keine feste Meinung (/)?**

Radio Aronella macht jeden Dienstag eine Umfrage. Thema heute: „Gehören unsere Kinder vor den Computer – ja oder nein?“.

Person	A	B	C	D	E
Meinung	+				

11 | ▭ **b Welche Aussage passt zu welcher Person in a? Hören Sie noch einmal und ordnen Sie zu.**

		A	B	C	D	E
1	Das muss man bei jedem Kind individuell entscheiden.	☐	☐	☐	☒	☐
2	Kinder bewegen sich zu wenig und bekommen deshalb gesundheitliche Probleme.	☐	☐	☐	☐	☐
3	Kinder können mit guter Software viel lernen und kreativ sein.	☐	☐	☐	☐	☐
4	Je früher Kinder den Umgang mit Computern lernen, desto besser ist das später für die Arbeit.	☐	☐	☐	☐	☐
5	Freundschaften und soziale Kontakte sind immer noch wichtiger als der Computer.	☐	☐	☐	☐	☐

c Kinder und Computer. Was spricht dafür, was dagegen? Ordnen Sie die Aussagen.

dafür	dagegen
für die Arbeit wichtig …	*Kinder …*

22 Ihr Kommentar

a Lesen Sie die beiden Texte im Forum. Was rät *wölkchen*? Ergänzen Sie.

~~das Problem kenne ich gut~~ ● ich würde ● Versuch doch, ● Ehrlich gesagt

Adresse

Microsoft-Websites MSN-Websites Apple

Favoriten Verlauf Suchen Album Seitenhalter

Computersüchtige Kinder?

von al1308, erstellt am 09.03.

Hilfe: Wer hat Erfahrung?
Mein Mann möchte unseren Kindern (5 und 7 Jahre) einen Computer kaufen. Unbedingt. Meine Schwester und meine Mutter sind total dagegen. Mein Bruder und mein Mann sind aber davon überzeugt, dass das das Beste für die Kinder ist.
Ich kenne mich nicht so gut aus. Wer kann mir helfen? Wer hat Erfahrung? Was soll ich tun?

von wölkchen, erstellt am 19.03.

Hi al1308, *das Problem kenne ich gut* .
……………………: Unser Ältester hat mit 9 Jahren seinen ersten Computer bekommen. Und der zweite saß dann mit 7 Jahren auch schon davor. Und der Jüngste? Der ist jetzt gerade mal vier und totaler Computerfan. So lernen sie halt miteinander, und wenn es ihnen langweilig wird, hören sie auch wieder auf damit. Ich bin froh, dass sie gut beschäftigt sind. …………………… das ganz entspannt zu sehen. Also, …………………… …………………… mir nicht so viele Gedanken machen, einfach ausprobieren.

b Antworten Sie mit einer Partnerin / einem Partner auf die Beiträge im Forum.
Überlegen Sie sich, welche Meinung Sie vertreten. Machen Sie sich zuerst Stichpunkte und schreiben Sie dann. Verwenden Sie dabei die Ausdrücke aus dem Kursbuch, Seite 25, D4/5.

von ...., erstellt am ....
an al1308
...

D6 Phonetik **23** **Emotionale Ausdrücke. Welche Satzmelodie passt zu welchem Satz? Ordnen Sie zu.**

CD3 12 **a Hören Sie zuerst das Beispiel: Satz und Satzmelodie.**

CD3 13-18 **b Lesen Sie dann die drei Sätze. Hören Sie danach sechs Satzmelodien. Zu jedem Satz gibt es zwei passende Melodien. Ordnen Sie zu.**

A Das ist doch nicht normal!
B Das gibt es doch gar nicht!
C Mir geht es genauso!

Satzmelodie	1	2	3	4	5	6
Satz	C					

D6 Phonetik **24** **Reaktionen**

CD3 19 **a Wie reagiert der Gesprächspartner? Hören Sie und ordnen Sie zu.**

● Wie geht's eigentlich Kathrin? Ist sie fertig mit ihrer Ausbildung?

▲ Ach, wir haben solche Probleme mit ihr! In letzter Zeit geht sie nur noch mit Freundinnen aus, die wohl wahnsinnig reich sind. Dauernd gehen sie irgendwo essen oder tanzen, und praktisch jede Woche gibt sie einen Haufen Geld in irgend einer teuren Boutique aus, für neue Kleider oder Schuhe … . Sie hat schon überall Schulden, und wir sollen ihr auch immer wieder Geld leihen.

1 ● Na ja, sie ist eben noch jung, das muss man auch verstehen. — erstaunt
2 ● Das gibt es doch gar nicht! — kritisierend
3 ● Oje! Das ist aber schwierig für euch. — mitfühlend
4 ● Hm. Wahrscheinlich habt ihr euch zu wenig um sie gekümmert! — Rat gebend
5 ● Das kann doch nicht wahr sein! — verständnisvoll
6 ● Versucht doch mal, eine Reise mit ihr zu machen. Vielleicht bringt sie das wieder auf andere Gedanken. — wütend

b Lesen Sie mit Ihrer Partnerin / Ihrem Partner die sechs Reaktionen noch einmal laut.
Machen Sie sich vor dem Lesen noch einmal klar, welches Gefühl mit dem Satz verbunden ist. Versuchen Sie dann, dieses Gefühl mit ihrer Stimme möglichst klar zum Ausdruck zu bringen. Helfen Sie sich gegenseitig. Sagen Sie Ihrem Übungspartner, wie sein Satz auf Sie wirkt.

Phonetik **25** **Protest!**

a **Hören Sie. Wo ist der Hauptakzent / im Satz? Markieren Sie.**

Das kann man doch nicht máchen!
Das ist doch nicht normal!
Das kann doch wohl nicht wahr sein!
Das ist ja ein Skandal!

Das kann man doch nicht sagen!
Das kommt doch so nicht hin!
Das muss man doch verbieten!
Das macht doch keinen Sinn!

Das kann doch nicht Ihr Ernst sein!
Das ist doch gar nicht gut!
Das ist doch alles Unsinn!
Da packt mich gleich die Wut!

Lass dir das nicht gefallen!
Der hat doch keinen Plan!
Ich kann das nicht verstehen!
Das geht Sie gar nichts an!

b **Hören Sie noch einmal und sprechen Sie leise mit.**
Am Ende der CD (Track 57) finden Sie auch eine Karaoke-Version.

26 **Lerntagebuch: Nie wieder sprachlos!** LERNTAGEBUCH

a **Hören Sie sich die Situationen aus Übung 24 a noch einmal an.**
Schreiben Sie nun selbst kleine Gespräche. Lassen Sie Ihre Personen einmal mitfühlend, einmal wütend, einmal Rat gebend, kritisierend … reagieren.

b **Nehmen Sie Ihre Gespräche mit einer Partnerin / einem Partner mit Kassettenrekorder oder mit Videokamera auf.**
Lesen Sie die Gespräche zuerst vom Blatt ab. Lernen Sie sie dann aber nach und nach auswendig. Versuchen Sie dabei, übertrieben Ihre Gefühle zum Ausdruck zu bringen. Hören Sie danach Ihre Aufnahme an und entscheiden Sie: Wird deutlich, dass Sie beim Sprechen wütend, mitfühlend, etc. waren?

c **Sprechen Sie einen Satz mit Gefühl. Ihre Partnerin / Ihr Partner rät: In welcher Laune sind Sie?**

Projekt **27** **Schreib mit – lern Deutsch!**

a **Zu welchen Themen würden Sie gerne in einem Internet-Forum Ihre Meinung sagen? Überlegen Sie in Gruppen.** Über welche Themen würden Sie gerne weltweit kommunizieren? (Zum Beispiel: *Wann steht ihr auf?* oder *Welches ist die beste Musikband der Welt?* oder *Habt ihr gerade einen guten Film gesehen?*) Einigen Sie sich in der Gruppe auf ein Thema und schreiben Sie Ihren Beitrag in ein Forum.

b **Suchen Sie im Internet Foren, die Sie interessieren.**
Besuchen Sie z.B. mal die Seite des Goethe-Instituts www.goethe.de. Hier haben Sie unter dem Stichwort *Deutsch lernen / online Material / Chat, Foren, E-Mail* die Möglichkeit, sich mit Deutschlernern aus der ganzen Welt zu unterhalten. Zu bestimmten Zeiten können Sie sich auch mit Muttersprachlern im Internet treffen.
Hier können Sie z. B. auch Ihren Beitrag zu Ihrem Thema ins Netz stellen.
Welche interessanten Foren finden Sie noch?

c **Erzählen Sie über Ihre Erfahrungen im Kurs.**
Auf welches Thema haben Sie sich in Ihrer Gruppe geeinigt? Welche Internetseiten haben Sie für Ihren Beitrag gefunden? Hat Ihnen jemand geantwortet?

E3 Prüfung **28**

Mensch und Medien – Fluch und Segen

Lesen Sie zuerst die Überschriften. Lesen Sie dann die fünf Texte und entscheiden Sie: Welche Überschrift passt zu welchem Text?

Text	1	2	3	4	5
Überschrift					

a Urlaubsgrüße mit Verspätung
b Flugstau: alle Flüge ausgebucht
c Endlich Nichtraucher! Per SMS.
d Babyschreie verstehen
e Unerwünschte Zuhörer
f Party im Haus der Architektur
g Handys – Schlecht für die Gesundheit!
h Hohe Stimme – großer Hunger
i Eine weltweite Abschiedsparty
j Vergesslicher Briefträger

1

Eine Französin bekam eine Urlaubskarte vom 23.08.1929, die eigentlich an ihre große Schwester adressiert war. Die Postkarte wurde von der Mutter der beiden Schwestern vor 75 Jahren verschickt. Da die große Schwester mittlerweile verstorben ist, darf sich die kleine Schwester über die Post freuen. „Das Dokument war über ein halbes Jahrhundert versteckt in einer Schublade eines Postamtes“, so die Briefträgerin. Erst jetzt wurde die Postkarte entdeckt.

2

Mit der Erinnerungsmail zu ihrer Büro-Abschiedsfeier lud gestern eine Praktikantin alle Kunden der Firma auf der ganzen Welt ein. Statt auf die „interne“ Liste von E-Mail Adressen zu drücken, drückte sie am Tag der Feier versehentlich auf die weltweite Adressenliste. Über Antworten wie „ich werde es nicht ganz schaffen, pünktlich um 17:30 Uhr in Hamburg zu sein, mein Flugzeug ist für heute leider ausgebucht“ dürfte sie sich nicht gewundert haben …

3

Ihr Baby verstehen – das ist oft der größte Wunsch unerfahrener Eltern. Der japanische Neurobiologe Shinohara versucht nun mit Hilfe der Wissenschaft zu helfen: Er hat ein Gerät entwickelt, das die Schreie von Babys übersetzt. Dazu misst das Gerät z. B. die Körpertemperatur des Babys und die Höhe seiner Stimme. Daraus kann man wohl erfahren, was das Baby will.

4

Dass es nicht nur positiv ist, jederzeit erreichbar zu sein, musste ein fünfzigjähriger Architekt am eigenen Leib erfahren. Auf einer Party lernte er eine attraktive junge Dame kennen, mit der er heftig flirtete. Was er nicht wusste: Seine Frau hörte zu Hause das Gespräch mit! Aus Versehen war er bei seinem Handy in seiner Jackentasche auf einen Knopf gekommen. Das Handy stellte die Verbindung zu einem anderen Apparat her – zu dem seiner Frau …

5

Um erfolgreich und dauerhaft von Rauch und Nikotin loszukommen, hat eine amerikanische Firma eine völlig neue und interessante Methode entwickelt: Das Rauchstopp-SMS-Abo. Der zukünftige Nichtraucher bekommt während der ersten 30 rauchfreien Tage regelmäßig unterstützende Botschaften wie: „Prima, heute wieder nicht geraucht!“ oder „Du schaffst das!“ direkt auf das Handy. Das Rauchstopp-Abo hilft als ein ständiger Begleiter und Motivator auf dem Weg zum Nichtraucher.

Im Büro

das Fax, -e
das Faxgerät, -e
das Kabel, –
der Kopierer, –
das Regal, -e
die Schreibmaschine, -n
die Steckdose, -n
der Stecker, –
der Rechnungsblock, ¨e

Der Computer

der *(Farb-)* Ausdruck, -e
der Bildschirm, -e
der Chat-Room, -s
der Computer, –
die Datei, -en
die Datenmenge (nur Singular)
der Drucker, –
die Druckersoftware (nur Singular)
der Druckertreiber, –
die Festplatte, -n
die Hardware (nur Singular)
die Internetrecherche, -n
die Internetseite, -n
die Internetverbindung, -en
das (CD-Rom-) Laufwerk, -e
die Maus, ¨e
das Menü, -s
das Netz, -e
die Software (nur Singular)
die Tastatur, -en
die Verbindung, -en

(E-Mails) ab·rufen, rief … ab, hat abgerufen
(Computer) ab·stürzen, stürzte … ab, ist abgestürzt
(Datei) aus·drucken, druckte … aus, hat ausgedruckt
aus·rechnen, rechnete … aus, hat ausgerechnet
downloaden
drucken, druckte, hat gedruckt
(Datei) ein·fügen, fügte … ein, hat eingefügt
(CD) ein·legen, legte … ein, hat eingelegt
empfangen, empfing, hat empfangen
(Bildschirm) flackern, flackerte, hat geflackert
(Bildschirm) flimmern, flimmerte, hat geflimmert
herunter·laden, lud … herunter, hat heruntergeladen
(Computer) hoch·fahren, fuhr … hoch, hat hochgefahren
installieren, installierte, hat installiert
(sich) unterhalten (mit), unterhielt, hat unterhalten

computersüchtig
internetsüchtig

Die Bedienungsanleitung

die Bedienungsanleitung, -en
der Druckknopf, ¨e
die Fehlermeldung, -en
die Gebrauchsanweisung, -en
das Haushaltsgerät, -e
der Startknopf, ¨e
die Taste, -n

(Lämpchen) blinken, blinkte, hat geblinkt
ein·schalten, schaltete … ein, hat eingeschaltet
(Geld) ein·werfen, warf … ein, hat eingeworfen
klicken, klickte, hat geklickt
(Lämpchen) leuchten, leuchtete, hat geleuchtet
los·lassen, ließ … los, hat losgelassen
(Programm) unterbrechen, unterbrach, hat unterbrochen
starten, startete, hat / ist gestartet
wählen, wählte, hat gewählt

Weitere wichtige Wörter

der Abschnitt, -e
der Ausdruck, ¨e
der Beifahrer, –
der Beitrag, ¨e
der Eindruck, ¨e
der Fahrlehrer, –
der Fahrschein, -e
die Frechheit, -en
das Hochwasser (nur Singular)
der Kommentar, -e
die Kiste, -n
die Linie, -n
das Mittelalter (nur Singular)
der Schmerz, -en
der Schreck (nur Singular)
der Sender, –
der Skandal, -e
Das ist ja ein Skandal!
der Unsinn (nur Singular)
So ein Unsinn!
der Versuch, -e
der Zweifel, –

ab·stimmen, stimmte … ab, hat abgestimmt
(jemanden etwas) an·gehen, ging … an, ist angegangen
Das geht Sie nichts an!
Was geht mich das an?
(sich) an·hören (als ob), hörte … an, hat angehört
(sich) an·strengen, strengte … an, hat angestrengt
beruhigen, beruhigte, hat beruhigt
beschließen, beschloss, hat beschlossen
(Tisch) decken, deckte, hat gedeckt
geschehen, geschah, ist geschehen
kommentieren, kommentierte, hat kommentiert
schweigen, schwieg, hat geschwiegen
versteigern, versteigerte, hat versteigert
zerstören, zerstörte, hat zerstört

anstrengend
böse
reif
sprachlos

am allerschlimmsten
durcheinander
irgend- (wann, wer, wie, wo, welch-, …)
vorhin

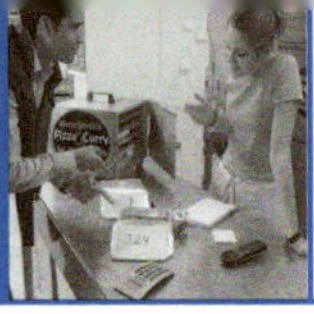

Alles, was schief gehen kann, geht irgendwann schief.

A1

1 Wer sagt was? Ordnen Sie zu.

		Bild
a	Es gibt etwas, was ich dir sagen möchte: Du bist mein Einundalles.	☐ A
b	Sehen Sie, dort, wo jetzt die Post ist, war früher das Rathaus.	☐
c	Das ist doch genau das, was mich so ärgert. Warum kannst du nicht damit aufhören?	☐
d	Für dich tue ich alles, was du willst.	☐
e	Überall, wo Sie diese alten Mauern sehen, war früher die Stadt zu Ende.	☐
f	Scheinbar gibt es nichts, was dich zufrieden macht, oder?	☐

A1

2 Was ist richtig: *wo* oder *was*? Kreuzen Sie an.

		was	wo	
a	Es ist schrecklich! Dort,	☐	☒	ich jetzt wohne, gefällt es mir überhaupt nicht.
b	Tut mir leid. Das ist alles,	☐	☐	er mir gesagt hat.
c	Schau, und hier ist Jena,	☐	☐	mein Bruder gerade ein Praktikum macht.
d	Das Geschäft ist genau da,	☐	☐	du immer aus dem Bus steigst. Mach mal die Augen auf!
e	Bei dem Termin geht es um nichts,	☐	☐	Sie beunruhigen könnte.
f	Das ist doch genau das,	☐	☐	ich mir schon so lange gewünscht habe. Vielen Dank!
g	Es gibt überall,	☐	☐	man hinschaut, Probleme. Das ist doch vollkommen normal!
h	Das ist zum Beispiel etwas,	☐	☐	ich mein Leben lang nicht verstehen werde.

A2

3 Schon gewusst? Ergänzen Sie.

~~da~~ • Überall • alles • nichts • Ort • da • alles • Stadt • nichts • Dort

a

Paris ...

... ganz klar, das ist ..*da*............., wo man am liebsten ist. Hier gibt es ...., was das Herz begehrt. ...., wo man hinsieht: Geschäfte, Boutiquen, Läden ... Es gibt einfach ...., was einem nicht gefallen könnte! Und ...., wo die meisten Touristen sind, ist dann auch der Eiffelturm!

b

Mit einer Kundenkarte bekommen Sie Rabatt auf ...., was Sie kaufen. Es gibt wirklich ...., was für Sie von Nachteil sein könnte. Sie bekommen die Karten in unseren Kaufhäusern. Also, ran an den Rabatt!

c

Sie suchen einen ...., wo Sie Ruhe finden? Fern von einer ...., wo nichts als Lärm und Gestank Sie quält? Dann entspannen Sie sich doch in einem unserer Naturheilbäder in Bad Wörishofen, wo das Wasser noch sauber, die Luft noch rein ist. ...., wo Hase und Igel sich Gute Nacht sagen. Das kann Ihnen nur gut tun.

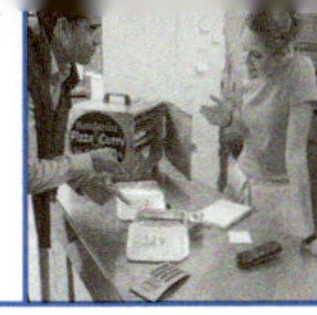

4 So ein Pech! Ergänzen Sie.

mit dem ● wo ● den ● ~~was~~ ● wo ● was ● die ● wo ● was ● an den ● wo ● an die ● der

Liebe Doris,
ich muss dir schnell alles erzählen, ..was.......... (a) mir letzten Dienstag passiert ist. Du glaubst es kaum. Zuerst bin ich aufgestanden und habe meinen rosa Pullover nicht gefunden – du weißt schon, den, ... (b) ich mir erst kürzlich neu gekauft hatte. Ich habe überall gesucht, ... (c) er sein könnte. Schließlich habe ich ihn da gefunden, ... (d) er hingehört: im Schrank. Es war schon recht spät und ich musste mich richtig beeilen. Ich habe also meine Tasche genommen und bin losgelaufen. Natürlich habe ich auch den Bus verpasst, ... (e) ich sonst immer fahre. Du weißt ja, dass der Ort, ... (f) ich wohne, ziemlich weit draußen ist. Ich sage nur: unsere Fußmärsche, ... (g) du dich sicherlich erinnerst ... . Außer diesem Bus um 8:00 Uhr morgens gibt es jedenfalls nichts, ... (h) dich in die Stadt bringen könnte. Zum Glück ist zufällig mein Nachbar vorbeigefahren, ... (i) mich in die Stadt mitnehmen konnte. Naja, das dicke Ende kommt jetzt noch. Endlich war mein Arbeitstag, ... (j) ich heute noch ungern denke, zu Ende. Plötzlich habe ich dann gemerkt, dass meine Schlüssel nicht dort waren, ... (k) sie normalerweise sind: in meiner Tasche. Ich hatte sie zu Hause vergessen ... . Ich sage dir: Das sind die Tage, ... (l) man am liebsten ganz schnell wieder aus seinem Kalender streicht. Aber wie heißt es doch so schön: alles, ... (m) schief gehen kann, geht irgendwann schief.

Liebe Grüße
Emmi

5 Schreiben Sie Sätze mit *wo* oder *was*.

a Schau, da wohne ich. Da weht immer ein frischer Wind. Das liebe ich.
Ich wohne da, wo immer ein frischer Wind weht. ....

b Heute kaufe ich mir etwas. Das hätte ich mir sonst vielleicht nicht gekauft.
Heute kaufe ich mir etwas, ...

c Komm, lass uns gehen. Hier gibt es wirklich nichts. Das können wir alles nicht brauchen.
Hier gibt es wirklich nichts, ...

d ● Der Stift ist ja toll. Wo gibt es den denn?
▲ Eigentlich überall. – Naja, natürlich muss es da auch Schreibwaren geben.
Den Stift gibt es überall, ...

e Jetzt konzentriere dich doch mal darauf! Du hast das doch nicht verstanden, oder?
Jetzt konzentriere dich doch mal auf das, ...

f Erinnerst du dich an diesen Ort? Wir waren da vor einem Monat wandern. Wie hieß der nochmal?
Erinnerst du dich an diesen Ort, ... ?

6 Machen Sie spontane Notizen. Sprechen Sie dann mit Ihrer Partnerin / Ihrem Partner.

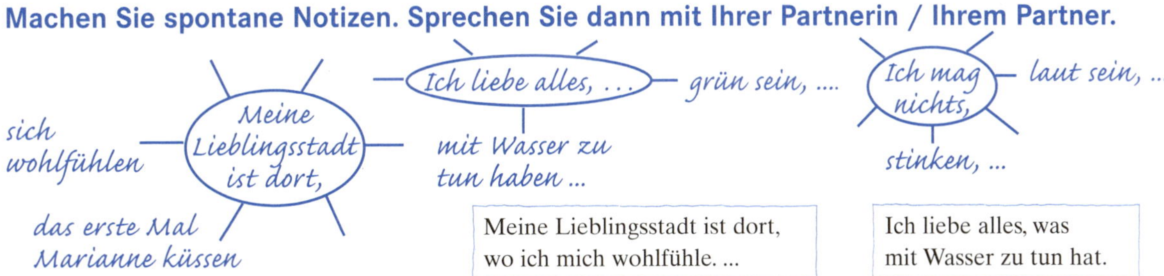

Das ist ein **hüpfender** Frosch.

Wiederholung
Schritte 4
Lektion 9
Lektion 10

7 Meine schönsten Spielsachen. Ergänzen Sie.

a Das ist Puh, mein klein........., braun......... Bär. Er hat ganz schwarz......... Augen und zottelig......... Haare.
b Meine Puppe mit den lang.........., blond.......... Haaren heißt Mimi.
c Abends schläft sie in dem schön.......... Puppenbett. Damit hat schon meine Oma gespielt.
d Auf dem neu.......... City-Roller bin ich schnell wie ein Blitz.
e Vor dem Schlafengehen liest mir der Papa aus meinen bunt.......... Bilderbüchern vor.
f Ohne mein schwarz-weiß.......... Stoffzebra gehe ich aber nie ins Bett.

Wiederholung
Schritte 4
Lektion 9
Lektion 10

8 Verschenken Sie doch mal einen Stern! Ergänzen Sie.

Sie möchten einem lieb......... Menschen etwas ganz Besonderes schenken? Dann schenken Sie ihm doch einen Stern. Gegen eine Gebühr ab 45 Euro (je heller ein Stern desto teurer) erhalten Sie von uns eine hübsch......... farbig......... Sternurkunde und einen einfarbig......... Sternführer. Mit dem klein......... Sternführer können Sie die einmalig......... Lage Ihres Sterns in seinem Sternbild sehen und ihn vielleicht auch mal selbst am nächtlich......... Himmel auffinden. Bitte fordern Sie unsere ausführlich......... Informationen und das Bestellformular an.

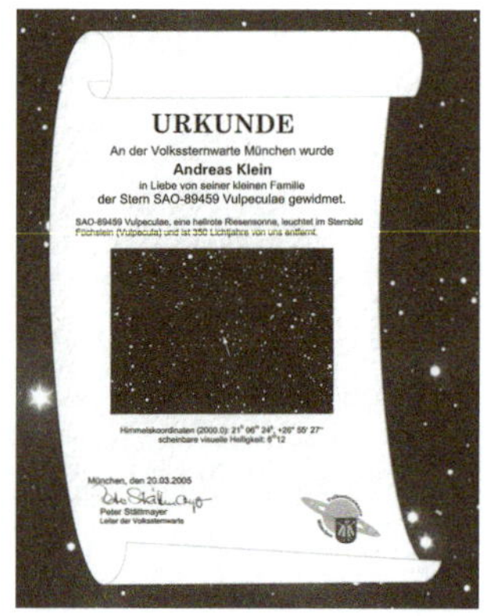

B1

9 Eine Schatzkiste

a Was ist darin? Ordnen Sie zu.

A

B

C

D

E
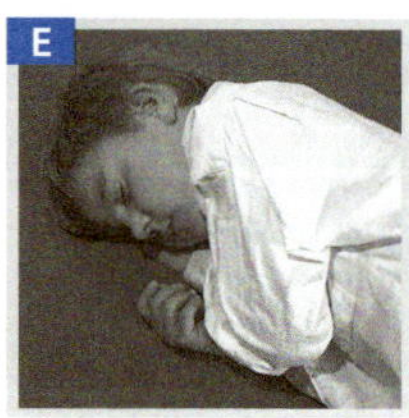

F

Lieber Finder, ich bin der Franz. Ich bin acht Jahre alt. Hier siehst du alle meine Lieblingsspielsachen. Ein Foto von mir ist auch dabei. Ich werde sie heute, am 08.08.1902 in Moers, Elsternsteg 10, in meiner selbst gebauten Schatzkiste in der Erde vergraben.

1 Eine an einer Kette hängende Uhr
2 Eine tanzende Ballerina
3 Ein Foto von einem schlafenden Jungen
4 Ein Bild mit einer aufgehenden Sonne am Horizont
5 Ein glänzender Ring
6 Ein brummender Teddybär

Bild	A	B	C	D	E	F
Text						

b Schreiben Sie es anders.

1 Das ist eine Uhr, *die an einer Kette hängt* .
2 Das ist eine Ballerina, ...
3 Das ist ein Foto von einem Jungen, ...
4 Das ist ein Bild mit einer Sonne, ...
5 Das ist ein Ring, ...
6 Das ist ein Teddybär, ...

10 Konkrete Poesie. Ergänzen Sie.

a *Im Kaufhaus*

Die leise klingende *(klingen) Musik*
Ein .... der *(kichern) Verkäufer*
.... der *(duften) Kaffee*
Die .... den *(bezaubern) Produkte*
Die .... de *(einladen) Atmosphäre*
Ein .... des *(schreien) Kind*
Die .... den *(fragen) Kunden*
– wieder Samstag Morgen.

b *In der Schule*

Man sieht einen leise .... den *(sprechen)*
Lehrer in einem Klassenzimmer voller
.... der *(lachen) Kinder.*
Der Arme.

c *In der Garage*

Achtung! Stellen Sie immer sofort
den Motor ab,
denn bei .... dem *(laufen)*
Motor besteht Erstickungsgefahr!
Sie husten.

d *In der Tierhandlung*

Der .... de *(sprechen)*
Papagei schreit Guten Tag aus
seinem .... den *(stinken)*
Käfig.
Wie nett!

e *Beim Frühstück*

Du freust dich über die .... den *(kichern)*
Kinder, die Müsli .... d *(kauen)*
am Tisch sitzen, in der Nase den .... den *(duften)*
Geruch frischen Kaffees.
Mahlzeit!

11 Ergänzen Sie in der richtigen Form.

sprechen • passen • bezaubern • mitfühlen • ~~singen~~ • beruhigen • ~~leuchten~~ • duften • lohnen

Gesucht – Gefunden

a **Mit diesem** singenden **und** .... **Roboter werden Sie Ihrem Kind eine riesige Freude bereiten.**
Günstig abzugeben unter 0711-32 45 61.

b Nagelneuer, eleganter Hosenanzug, dunkelrot, mit farblich .... Bluse, Größe 40, zu verkaufen. Leuchtende Farben. Preis Verhandlungsbasis.

c Ohne die .... Seifen von Alavera gehe ich nicht mehr aus dem Haus. Sind Sie auch davon überzeugt? Dann helfen Sie uns beim Verkauf. .... Nebenjob. Unter 0163/35467231

d **Kleines Häuschen im Bayerischen Wald zu vermieten. Genießen Sie die** .... **Stille, die frische Luft und die** .... **Umgebung!**

e *Kleine einsame Katze ohne Mama an* .... *und tierlieben Zweibeiner zu verschenken.*

B2

12 Was sehen Sie? Schreiben Sie.

See leuchten ● Libelle glitzern ● Frösche quaken ● Sterne funkeln ● Fische schwimmen ● Eule schlafen ● Sonne ~~unter~~gehen

a Auf dem Bild sehe ich im Hintergrund *die untergehende Sonne* .

b Am Himmel stehen schon die ....

c Über dem .... fliegt eine ....

d Im See bewegen sich die ....

e Am Ufer sitzen ....

f In dem Baum sitzt faul eine ....

B2

13 Wo bin ich? Beschreiben Sie einen Ort. Machen Sie erst Notizen und erzählen Sie dann. Ihre Partnerin / Ihr Partner rät.

Ich sehe viele fahrende Autos. ...

Autos fahren, Fußgänger gehen, Ampeln leuchten, Bus wartet, Bauarbeiter arbeiten mit stinkenden Maschinen, an der Straße ist eine Schule

B3

14 Alltagspoesie

a Ergänzen Sie das Gedicht.

lachen ● glitzern ● schaukeln ● wärmen ● fliegen

Am Meer

Unendlicher Strand

.... *Wasser*	.... *Wolken*
.... *Sonne*	.... *Kinder*
ein .... *Boot*	*Oh wie schön!*

b Suchen Sie sich eine Überschrift aus und schreiben Sie ein Gedicht.

In der Stadt

Laufende Menschen

.... *Busse*

.... *Lärm*

.... *Autos*

.... *Ampeln*

endloser Regen

Endlich wieder zu Hause!

Im Deutschkurs

In der Arbeit

In Deutschland

Im Urlaub

15 Schreiben Sie es anders.

a Schau mal da drüben, der Roboter hat ja keine Arme und auch keine Beine! Er hat *weder*.......... Arme *noch*...... Beine!

b Und das Fahrrad da! Damit kann man ja gar nicht fahren. Es hat .... Licht .... Reifen.

c Das Auto da drüben! Wie sieht das denn aus? Es hat ja .... Fenster .... Türen.

d Oh, da, das Sofa. Das war sicherlich mal ein ganz schönes Sofa! Aber jetzt hat es .... Beine .... Polster.

16 Alles oder nichts! Ergänzen Sie: *sowohl – als auch* oder *weder – noch*

Früher wollte ich alles!

a Früher wollte ich alles! Ich wollte *sowohl*........... ein schönes Haus *als auch*....... ein tolles Auto.

c Außerdem wollte ich .... einen guten Job .... viel Geld verdienen.

e Dafür hatte ich aber nie Zeit! .... für meine Freunde .... für meine Familie.

Früher war ich nie glücklich!

Heute brauche ich (fast) nichts!

b Heute brauche ich .... ein Auto .... ein Haus.

d Ich brauche jetzt .... einen guten Job .... viel Geld.

f Jetzt habe ich Zeit: .... für meine Freunde .... für meine Familie.

Jetzt bin ich glücklich!

17 Ergänzen Sie: *sowohl – als auch* oder *weder – noch*

a
- ● Guten Tag. Können Sie mir helfen? Ich suche ein Buch für den Urlaub. Es sollte *weder*............... zu dick *noch*.............. zu schwer zum Lesen sein. Können Sie mir etwas empfehlen?
- ▲ Ah, ja. Und sicherlich eines, das .... spannend .... unterhaltsam ist. Ja, ich glaube, da habe ich etwas für Sie, warten Sie einen Moment ...

b
- ▲ Ach, du arbeitest zu Hause? Geht das denn?
- ● Das ist prima, viel besser als im Büro. Hier habe ich .... die Ruhe, die ich brauche, ... die Flexibilität, wann ich was mache. Ich brauche ehrlich gesagt .... feste Arbeitszeiten .... mein Büro zum Arbeiten. So kann ich wirklich viel selbstständiger arbeiten.

c
- ● Also, wir würden gerne eine Reise buchen. Wir wissen aber noch nicht so genau, wohin es gehen soll. Meine Frau möchte .... ins Gebirge .... ans Meer, sie möchte am liebsten eine Städtereise machen. Für mich sollte es vom Klima her .... zu heiß .... zu kalt sein, der Rest ist mir egal.
- ▲ Und wo möchten Sie wohnen?
- ● Ja, eigentlich in einem Hotel. Das sollte natürlich .... günstig .... zentral sein.
- ▲ Da könnte ich Ihnen eine schöne Städtereise empfehlen, schauen wir mal ...

Ich hab' aber keinen Schlüssel gefunden, **weder** am Frosch **noch** in der Verpackung.

C2

18 Was zu viel ist, ist zu viel. Ergänzen Sie.

A

B

C

D

Es war einmal ein Fischer, der lebte mit seiner Frau in einer alten Hütte. Jeden Tag ging er zum Fischen ans Meer. Eines Tages fing er einen besonders großen und sonderbaren Fisch. Der Fisch sah ihn an und sagte: „Lass mich frei, dann wirst du in deinem Leben (a) ...*weder*........... Hunger ...*noch*............. Kälte erleiden müssen, denn ich erfülle dir drei Wünsche!" Der Fischer ließ den Fisch frei und ging nach Hause. Dort erzählte er seiner Frau von seinem Erlebnis und sie war begeistert. „Ich wünsche mir", sagte sie, „(b) .... ein großes Haus .... einen großen Garten." Und – schon saßen sie darin. Nach einigen Minuten überlegte sich die Frau, dass sie sich eigentlich etwas viel Tolleres hätte wünschen können. Sie sagte: „Ich möchte eigentlich (c) .... Haus .... Garten. Ich möchte Königin werden und (d) .... ein großes Schloss, ... viele Diener, die mich bedienen. Und – schon war es so. Dem Fischer war gar nicht wohl zumute, denn er kannte seine Frau. Und tatsächlich. Am nächsten Tag kam die Frau und sagte stolz zu ihrem Mann: „Ich weiß jetzt, was ich will. Ich möchte (e) .... Reichtum .... teure Kleidung. Ich möchte nur eins: Ich möchte sein wie Gott." Kaum hatte sie das ausgesprochen, da tat es einen großen Schlag und der Fischer und seine Frau saßen wieder vor ihrer alten Hütte. Sie hatten nun (f) .... ein großes Haus .... ein Schloss, sondern waren arm wie zuvor und lebten in ihrer Fischerhütte.

C3

19 Beschwerden. Ergänzen Sie.

~~ich musste leider zu Hause feststellen~~ ● Sie verärgert sind ● das hat mich schon etwas enttäuscht ● sehr geärgert ● leider gar keine Möglichkeit, außer ● persönlich darum kümmern

a ● Entschuldigen Sie, aber ..*ich musste leider zu Hause feststellen*.................................., dass auf meinem Jackett immer noch die Flecken sind. Das ist wirklich sehr ärgerlich, denn ich hätte es morgen gebraucht!

▲ Das gibt es ja gar nicht! Das tut mir wirklich sehr leid. Tja, aber ich sehe da eigentlich .... es noch einmal zu reinigen. Sie könnten es allerdings dann aber leider erst morgen abholen.

b ■ Herr Mutschler, ich bin wirklich häufig in Ihrem Restaurant, aber der Service heute Abend war einfach schlecht. Also, ich muss sagen, ... Das Essen war nicht gut, wir mussten lange warten und das Personal war außerordentlich unfreundlich. Ich habe mich ....

◆ Das tut mir wirklich leid. Ich kann natürlich verstehen, dass .... ! Ich werde mich natürlich sofort .... So etwas soll nicht mehr vorkommen, das verspreche ich Ihnen.

20 Ein Beschwerdebrief. Schreiben Sie den Brief anders.

Beginnen Sie mit den unterstrichenen Wörtern oder verbinden Sie die Sätze.

Hoppensen, den 2.04.20__

Sehr geehrter Herr Wenberg,

wir sind vor zwei Wochen aus unserem Urlaub in Brasilien zurückgekommen.
Wir buchen seit vielen Jahren unsere Urlaubsreisen bei Ihnen und waren immer sehr zufrieden, wie Sie wissen.
Wir hatten aber diesmal ein Erlebnis, das sehr unschön war.
Wir haben am 23.02. in Ihrem „Luxushotel" in Foz de Iguazú, Brasilien, übernachtet.
Wir wollten uns für den Abend frisch machen. Wir bemerkten einen Riesenfrosch in unserem Badezimmer. — *Als*
Meine Frau hatte solche Angst vor dem Tier! Das Servicepersonal entfernte den Frosch. — *Weil*
Meine Frau hatte einen Schock erlitten! Sie konnte die ganze Nacht kein Auge zumachen. — *Trotzdem / so dass*
Das lag aber nicht nur an dem Frosch, sondern auch daran, dass das ganze Hotel an einer sehr lauten Straße lag.
Die Möbel waren auch sehr veraltet und die Betten unbequem.
Kühlschränke waren auch nicht in manchen Zimmern.
Das Personal war sehr unfreundlich, das hat uns auch sehr gestört. — *Sehr gestört hat uns auch, dass*

Ich muss mich nun leider bei Ihnen beschweren.
Ich bin wirklich enttäuscht. Wir erwarteten aus Ihrer Beschreibung ein sauberes und ruhiges Hotelzimmer. Das war nun nicht so. — *denn*
Ich bin der Meinung, dass Sie uns mit dem Preis für die Übernachtung entgegenkommen sollten. — *Deshalb*

Mit freundlichen Grüßen

Hoppensen, den 2.04.20__

Sehr geehrter Herr Wenberg,
vor zwei Wochen sind wir aus unserem Urlaub in Brasilien zurückgekommen.
Wie Sie wissen,
...

21 Wählen Sie eine Situation und schreiben Sie einen Beschwerdebrief.

btraining

Versuchen Sie dabei, die Sätze nicht immer gleich zu beginnen.

a Situation 1

CD per Internet bestellen • lange Lieferfrist • 3 Wochen warten • CD auspacken – kleine Kratzer drauf • zurückschicken • sehr ärgerlich, da als Geburtstagsgeschenk planen • Geld zurück

......, den ....
Sehr geehrte Damen und Herren,
am 2.06. habe ich bei Ihnen ...

b Situation 2

Sie haben eine Zeitschrift abonniert, möchten diese aber nicht mehr lesen. Sie kündigen den Vertrag rechtzeitig. Trotzdem kommt die Zeitschrift weiterhin an Ihre Adresse und Sie bekommen eine Rechnung für das gesamte nächste Jahr.
Beschweren Sie sich beim Verlag und erklären Sie, dass Sie die Rechnung nicht bezahlen werden, weil Sie den Vertrag bereits gekündigt hatten.

Ich hab' aber keinen Schlüssel gefunden, **weder** am Frosch **noch** in der Verpackung.

C4

22 Lerntagebuch: Schön schreiben – schöner schreiben!

LERNTAGEBUCH

Wenn Sie einen Brief schön schreiben wollen, sollten Sie versuchen, die Satzanfänge zu variieren und die Sätze, wenn möglich, zu verbinden.

a **Ordnen Sie die Satzanfänge in dem Brief aus Übung 20.**

Zeit-/Ortsangaben	*Sätze*	*Wörter*
Vor zwei Wochen, …	*Wie Sie wissen, …*	*Diesmal …*

b **Blättern Sie doch noch einmal in *Schritte 5* und *6* und überfliegen Sie Briefe und E-Mails. Welche weiteren Satzanfänge finden Sie noch? Ergänzen Sie bei a.**

c **Probieren Sie es aus! Machen Sie eine Satzschlange.**
Schreiben Sie einen Satzanfang auf ein Stück Papier. Geben Sie das Papier Ihrer Nachbarin / Ihrem Nachbarn. Er soll den Satz ergänzen und einen weiteren Satzanfang darauf schreiben.
Schreiben Sie so eine Geschichte!

Ich saß in meinem Zimmer. Plötzlich …
kam mein Vater herein und fragte mich, ob …

C4 Phonetik
CD 3 | 21

23 Ein Restaurantbesuch

a **Hören Sie und markieren Sie die Satzmelodie.**

1 ● Es tut mir leid, dass ich das sagen muss, aber heute waren wir gar nicht zufrieden. ☐ ↗ ☒ ↘
▲ Vielen Dank für Ihren Besuch.
● Ich habe gesagt, wir waren heute nicht zufrieden. ☐ ↗ ☐ ↘
▲ Oh! Was war denn nicht in Ordnung?

2 ● Die Suppe war kalt. ☐ ↗ ☐ ↘
▲ Ah, die Suppe! Eine Spezialität unseres Hauses.
● Aber die Suppe war kalt! ☐ ↗ ☐ ↘
▲ Ach so? Hm! Das darf natürlich nicht passieren.

3 ● Und wir mussten sehr lang auf die Bedienung warten. ☐ ↗ ☐ ↘
▲ Die Hanna … meine zuverlässigste Angestellte!
● Aber wir mussten sehr lang auf sie warten! ☐ ↗ ☐ ↘

4 ● Ach ja, und die Musik hier ist viel zu laut. ☐ ↗ ☐ ↘
▲ Ah, Sie mögen Musik? Ich auch! Ich liebe Musik!
● Schön. Aber wie gesagt, es ist alles viel zu laut. ☐ ↗ ☐ ↘
▲ Ich hoffe, Sie besuchen uns bald wieder …

b **Beschweren Sie sich mit Ihrer Partnerin / Ihrem Partner beim Kellner.**
Sie müssen alles zweimal sagen. Beschweren Sie sich das erste Mal ruhig ↘, das zweite Mal ungeduldig ↗.

die Suppe – versalzen ● das Fleisch – zäh ●
das Gemüse – halb roh ● die Spagetti – zu weich ●
der Reis – zu hart ● der Wein – zu kalt ●
das Bier – zu warm ● die Teller – nicht sauber ●
die Tischdecke – hat Flecken ● der Kellner – zu langsam

● Die Suppe ist versalzen. ↘
▲ Schmeckt Ihnen die Suppe?
● Nein, sie ist versalzen! ↗
▲ Oh! Das …

24 Stiftung Warentest

a Überfliegen Sie den Text. Was ist die *Stiftung Warentest*? Kreuzen Sie an.

☐ Eine Firma, die elektrische Produkte entwickelt und ausprobiert.
☐ Ein Kaufhaus, in dem man günstig Elektrogeräte kaufen kann.
☐ Eine Organisation, die Produkte testet, um den Verbrauchern Informationen darüber zu geben.

Ein Schaufenster voller Staubsauger – und trotzdem wissen Sie Bescheid!

Berlin, im Dezember – Staubsauger stehen also heute auf dem Programm. Wenn die Stiftung Warentest Staubsauger testet, dann komplett. Der Staubsauger wird 10 000 mal über eine Türschwelle gezogen, 1000 mal an den Pfosten geknallt und dreimal aus einem halben Meter Höhe fallen gelassen. Sein Kabel wird 6000 mal aus- und eingezogen und sein Schlauch mit einem Gewicht beschwert 40 000 mal auf- und abgeschwenkt. Gut saugen sollte er natürlich auch.

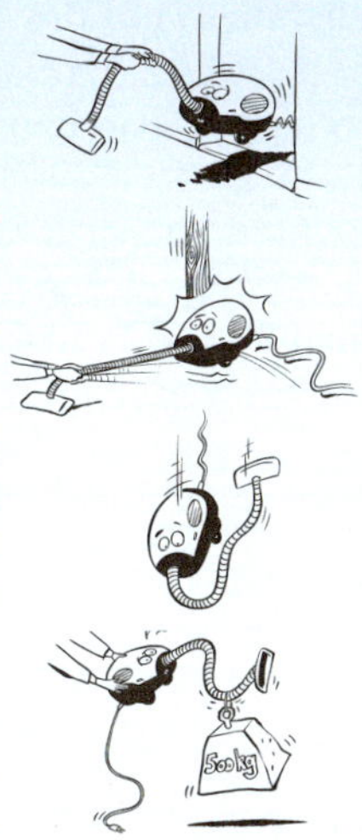

„Das Warenangebot wächst von Tag zu Tag. Ratlos stehen die Käufer vor vollen Schaufenstern.“ Mit diesen Worten stellte sich der Bundesrepublik im April 1966 eine neue Zeitschrift vor. Sie hieß *test* und wurde von einer Stiftung herausgegeben. Ziel war es (und ist es bis heute), Waren aus den Schaufenstern zu testen und den Käufern Informationen über die Produkte zu geben, die sonst nur der Hersteller hat.

In den Sechzigern testete die Stiftung vor allem Haushaltsgeräte, Kühltruhen, Waschmaschinen. In den Siebzigern Unterhaltungselektronik, Fernseher, Radios. In den Achtzigern noch mehr Unterhaltungselektronik, Video, CD-Player, die ersten Computer. In den Neunzigern kamen Dienstleistungen, Versicherungen, Geldanlagen hinzu. Seit der Jahrtausendwende geht es auch um Gesundheit, Lebensmittel, aber auch Seniorenheime.

Jedes Jahr muss die Stiftung vor Gericht, weil ein Hersteller mit den Testergebnissen nicht zufrieden ist. Noch nie aber hat sie einen Prozess verloren. Nach einer Umfrage glauben die Deutschen den Ergebnissen der Stiftung Warentest mehr als der Polizei und dem Roten Kreuz.

Einige Monate später werden die Staubsauger aus dem Labor abgeholt und in ein Berliner Auktionshaus gebracht. Da versteigert man sie, zusammen mit den anderen Produkten, die die Stiftung noch getestet hat. Leute werden sie anschauen, die Testzeitschrift in der Hand, weil sie wissen wollen, ob es ein guter Staubsauger ist. Was alles mit ihm gemacht wurde, können sie sich nicht einmal vorstellen.

b Lesen Sie den Text noch einmal und kreuzen Sie an: richtig oder falsch?

		richtig	falsch
1	Wenn die Stiftung Warentest ein Produkt testet, dann so lange, bis es kaputt geht.	☐	☐
2	Die Stiftung möchte, dass jeder weiß, wie gut ein Produkt wirklich ist.	☐	☐
3	Die Stiftung Warentest testet nur elektronische Produkte.	☐	☐
4	Manche Hersteller sind mit den Testergebnissen der Stiftung nicht einverstanden.	☐	☐
5	Viele Deutsche glauben den Ergebnissen der Zeitschrift und informieren sich vor dem Kauf eines Geräts.	☐	☐

Projekt

25 Dinge, die die Welt braucht!

a Finden Sie die besten Produkte!

Gehen Sie doch mal in ein Warenhaus und versuchen Sie, fünf Produkte zu finden, die *sehr gut* bis *gut* getestet worden sind! Sie erkennen das an einem roten Aufkleber auf den Produkten. Berichten Sie Ihre Ergebnisse im Kurs.

b Gibt es etwas, worüber Sie sich informieren möchten? Bilden Sie Gruppen und informieren Sie sich.

Möchten Sie wissen, welche Zahncreme die beste ist? Brauchen Sie eine Versicherung – oder einen neuen Staubsauger? Versuchen Sie, einmal einen Blick in die Zeitschrift der *Stiftung Warentest*, die auch in den Bibliotheken ausliegt, zu werfen oder sich im Internet unter www.stiftung-warentest.de über die verschiedenen Testergebnisse zu informieren.

E3 Prüfung **26** **Welche Anzeige passt zu welcher Situation? Lesen Sie die Anzeigen und ordnen Sie zu.**

Situation	1	2	3	4	5	6
Anzeige						

1 Sie möchten einen Tauchkurs machen, haben aber keinen Tauchanzug und keine Tauchausrüstung.
2 Da Sie sich für das Leben König Ludwigs II. interessieren, möchten Sie gerne in der Nähe eines seiner Schlösser ein Zimmer nehmen, um das Schloss in aller Ruhe besichtigen zu können.
3 Sie sind Single und haben kaum Freizeit. Deswegen möchten Sie gerne im Urlaub tanzen lernen.
4 Ihre Freundin ist Musikfan. Sie möchten ihr gerne zum Geburtstag eine Eintrittskarte für ein musikalisches Ereignis schenken.
5 Sie möchten mit Ihrem Partner einen Tanzkurs machen, bevor Sie Ende Oktober heiraten.
6 Sie suchen eine Tauchschule, in der ihre zehnjährige Tochter tauchen lernen kann.

a

b

c

d

e

f

Verschiedene Produkte

der Aufziehschlüssel, –
der Blechfrosch, ¨-e
das Blechspielzeug (nur Singular)
die Bürste, -n
der Camping-Kocher, –
das Einzelteil, -e
der Griff, -e
die Kundenkarte, -n
der Lautsprecher, –
das Pflaster, –
der Rabatt, -e
der Regalboden, ¨-
das Schaufenster, –
die Schraube, -n
der Schraubenzieher, –
das Warenhaus, ¨-er
die Zahncreme, -s

sich aus·denken, dachte … aus, hat ausgedacht
erfinden, erfand, hat erfunden
enttäuschen, enttäuschte, hat enttäuscht
fallen lassen, ließ fallen, hat fallen gelassen
hüpfen, hüpfte, ist gehüpft
(sich) schneiden, schnitt, hat geschnitten
um·tauschen, tauschte … um, hat umgetauscht
verärgern, verärgerte, hat verärgert
werben, warb, hat geworben

attraktiv
beweglich
elektrisch
farbig
(selbst) gebaut
geheimnisvoll

Sich beschweren

der Beschwerdegrund, ¨-e
der Fleck, -en
der Geschmack (nur Singular)
das Hauptproblem, -e
die Lieferfrist, -en
die Lieferzeit, -en
der Mangel, ¨-
die Verärgerung (nur Singular)

ab·machen, machte … ab, hat abgemacht
bedauern, bedauerte, hat bedauert
sich beschweren, beschwerte, hat beschwert
um·tauschen, tauschte … um, hat umgetauscht
zweifeln, zweifelte, hat gezweifelt

ärgerlich
defekt
roh
verärgert

Weitere wichtige Wörter

die Bibliothek, -en
der Bürgersteig, -e
die Darstellung, -en
der Einfluss, ¨-e
das Ergebnis, -se
die Feuerwehr (nur Singular)
das Gesetz, -e
der Kampf, ¨-e
das Kopfkissen, –
das Missgeschick, -e
der Reichtum, ¨-er
der Stern, -e
das Sternbild, -er
der Verleih, -e

blicken, blickte, hat geblickt
dar·stellen, stellte … dar, hat dargestellt
(sich) entschließen, entschloss, hat entschlossen
(einen Wunsch) erfüllen, erfüllte, hat erfüllt
erleben, erlebte, hat erlebt
nach·schauen, schaute … nach, hat nachgeschaut
schieben, schob, hat geschoben
schief·gehen, ging … schief, ist schiefgegangen
schmeißen, schmiss, hat geschmissen
schrumpfen, schrumpfte, ist geschrumpft

bescheiden
eingebildet
frech
geizig
gutmütig
muskulös
nüchtern
sommersprossig
winzig
zärtlich
zehnjährig

kürzlich
seltsamerweise
sobald
überall
vor kurzem

Sie **werden** jetzt **wegfahren**.

Wiederholung **1** **Ergänzen Sie.**

wird … rot ● werden … kalt ● wirst … Ärztin ● wird …. gebracht ● werden … verteilt ● ~~wird … dunkel~~ ● wird … gemacht

a Kinder kommt bitte ins Haus. Es wird schon dunkel.
b Ich glaube, Tim ist in dich verliebt. Er ………………… sofort …………………, wenn du ihn nur ansiehst.
c Hm, lecker. Wie ………………… denn diese Salatsoße ………………… ?
d Kommt bitte zum Essen, sonst ………………… die Nudeln ………………… .
e Du, hier würde ich nicht parken. Hier ………………… oft Strafzettel ………………………… .
f Du studierst Medizin? Das passt zu dir. Du ……………… bestimmt mal eine gute ……………… .
g Wenn ich keine Lust zum Kochen habe, rufe ich bei der Pizzeria an und dann ………………… das Essen 20 Minuten später ………………………… .

A1 **2** **Was wird nächste Woche passieren? Ihr Horoskop verrät es Ihnen. Ergänzen Sie in der richtigen Form**

Ihr Wochenhoroskop vom 30.7. bis 5.8.20..

21.04. – 20.05.

■ **Liebe:** Halten Sie die Augen auf! Bald werden Sie Ihre große Liebe finden (werden – finden)
■ **Geld:** Sie haben Glück. Ihre finanzielle Situation ……………… sich zunehmend ……………… (werden – verbessern)
■ **Beruf:** Gratulation. Beruflich machen Sie einen großen Schritt nach vorne.
■ **Freunde:** Vorsicht. Ein guter Freund ……………… Sie sehr ………………… (werden – enttäuschen)

21.05. – 21.06.

■ **Liebe:** Denken Sie daran. In der Liebe gibt es Höhen und Tiefen.
■ **Geld:** Achtung. Wenn Sie nicht aufpassen, ……………… Sie viel Geld ……………… . (werden – verlieren)
■ **Beruf:** Nutzen Sie die Chance. Man ……………… Ihnen einige interessante Personen ………………………. (werden – vorstellen)
■ **Freunde:** Nur Mut! Ihre Freunde unterstützen Sie bei Ihren Unternehmungen.

A2 **3** **Was wird morgen sein?**

a **Welche Wörter drücken die Zukunft aus? Lesen Sie und unterstreichen Sie.**

Unsere Freitagsumfrage (9)
Wie sehen Sie Ihre Zukunft?

Tanja

Nächstes Jahr bin ich mit der Schule fertig. Dann werde ich erst einmal für ein Jahr ins Ausland gehen.

Sebastian

Mit 45 Jahren arbeite ich nicht mehr. Ich werde mir dann ein Haus in der Toskana oder in der Provence kaufen, Golf spielen und in Ruhe mit meiner Frau das Leben genießen.

Unsere Freitagsumfrage (13)
Worauf freuen Sie sich gerade?

Webers

Wir feiern in zwei Monaten noch einmal ein rauschendes Fest – unsere Goldene Hochzeit. Es wird sicher eine wunderbare Feier werden.

Werner

Ich freue mich einfach auf meinen Urlaub. Ich fahre nämlich im Sommer nach Spanien. Da werde ich mich wieder einmal so richtig erholen: nur Sonne, Strand und Disko.

b Lesen Sie noch einmal und ergänzen Sie die Tabelle.

1	Nächstes Jahr	ist	Tanja	mit der Schule fertig.
2	Dann	......	sie	wohl für ein Jahr ins Ausland ....
3	Sebastian	......	......	nicht mehr.
4	Er	......	dann	ein Haus ....
5	Webers	......	......	ihre Goldene Hochzeit.
6	Es	......		sicher eine wunderbare Feier ....
7	Werner	......	......	nach Spanien.
8	Da	......	er	sich so richtig ....

4 Ordnen Sie zu.

Versprechen 1 ● Vorhersage 2 ● ~~Warnung~~ 3 ● Vorsatz 4

A

a [3] „Du wirst jetzt sofort dein Zimmer aufräumen, sonst gibt es großen Ärger."

B

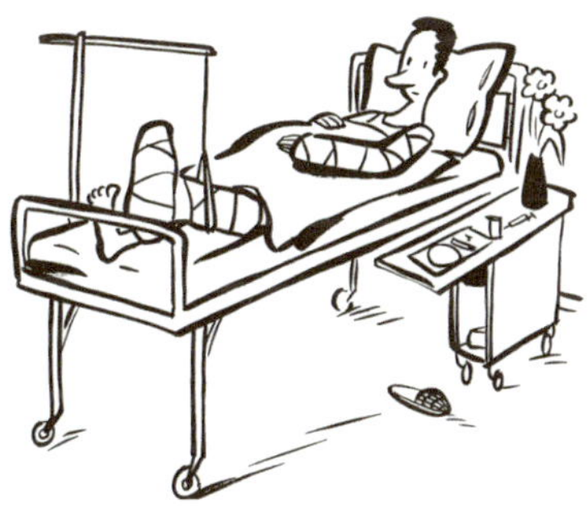

b ☐ „Ich werde nie mehr ohne Licht Fahrrad fahren."

C

c ☐ „Ich werde dich immer lieben."

D

d ☐ „Es wird bestimmt bald ein Gewitter geben."

5 Was willst du mir damit sagen? Kreuzen Sie an.

		Versprechen	Vorhersage	Warnung	Vorsatz
a	Wenn du mir im Garten hilfst, werde ich dir später ein Eis kaufen.	☒	☐	☐	☐
b	Wenn Sie nicht sofort weggehen, werde ich die Polizei rufen.	☐	☐	☐	☐
c	Du, ich komme heute wahrscheinlich später. Die Sitzung wird bestimmt lange dauern.	☐	☐	☐	☐
d	Das wird sicher ein toller Urlaub werden.	☐	☐	☐	☐
e	Ab morgen werde ich eine halbe Stunde früher aufstehen und joggen.	☐	☐	☐	☐
f	Keine Angst, wir werden gut auf euer Haus aufpassen.	☐	☐	☐	☐
g	Du wirst mich noch von einer anderen Seite kennen lernen.	☐	☐	☐	☐

A4 **6** **Was sagen die Personen? Schreiben Sie.**

a
- eine Woche lang jeden Tag abspülen und die Blumen gießen
- früher aufstehen und mit dem Hund spazieren gehen
- am Wochenende für alle das Frühstück machen
- …

Ich werde ganz sicher …

b
- sich einmal pro Woche mit Freundinnen treffen
- gesünder essen
- sich nicht mehr über den Chef ärgern
- einmal im Monat zur Kosmetikerin gehen
- zweimal pro Woche ins Fitnessstudio gehen

Ab nächstem Jahr …

A4 **7** **Zukunftsvisionen. Wählen Sie eine Situation und schreiben Sie Sätze.**

a *Wir werden …*

b *Ich werde heiraten und …*

A4 Phonetik **8** **Murphys Spezial-Zischel-Horoskop**

CD 3 22 **a** **Hören Sie das Horoskop.**

Dein Glücksstern zeigt dir, was passiert,
Wenn dich Murphys Gesetz regiert.

Wenn du was suchst, musst du verstehen:
Wo du ZULETZT schaust, wirst du's sehen.

Du willst mal schnell was reparieren?
STUNDEN wirst du damit verlieren!

Da, wo du bist, stehst du ganz lange:
Stets schneller ist die ANDERE Schlange!

Dein PC spinnt? Daten verliert er?
Beim Kundendienst, da funktioniert er!

Ich geb's dir schriftlich in 'nem Brief:
Was schief geh'n kann, geht sicher schief.

b **Lesen Sie das Gedicht laut vor, so schön wie möglich.**

9 Im Straßenverkehr

a Was passt? Ordnen Sie zu.

1	Buß-	schaft
2	Geschwindigkeits-	schein
3	Ordnungs-	geld
4	Führer-	widrigkeit
5	Ort-	kontrolle

b Ergänzen Sie die Wörter aus a.

1 Damit Autofahrer nicht zu schnell fahren, werden von der Polizei oft ……………… durchgeführt.

2 Bei einer Verkehrskontrolle muss man der Polizei seinen ……………… und seine Autopapiere zeigen.

3 Innerhalb einer ……………… darf man nicht schneller als 50 km/h fahren.

4 Das Telefonieren mit dem Handy auf dem Fahrrad ist eine ……………… und wird bestraft.

5 Wer als Fußgänger bei Rot über die Straße geht, muss mit einem ……………… von 5 € rechnen.

10 Der Ton macht die Musik

a Lesen Sie das Gespräch und ergänzen Sie.

keine Absicht • da haben Sie natürlich Recht • wirklich nicht in Ordnung • seien Sie doch bitte so nett • das tut mir leid • geht doch nicht • bestimmt nie wieder vorkommen • ein Auge zudrücken

- ● Ach, guten Abend, Herr Both.
- ▲ Guten Abend. Können Sie bitte die Musik ausmachen? Das ist ja ein furchtbarer Lärm.
- ● Oh, *das tut mir leid*, aber ich feiere heute mit Freunden meinen 30. Geburtstag.
- ▲ Alles Gute, aber müssen Sie denn in dieser Lautstärke feiern, dass wir gleich aus dem Bett fallen? Das ist ……………… .
- ● Oh, das war ……………… . Aber wissen Sie, man wird ja nur einmal im Leben 30. Und das muss doch richtig gefeiert werden, finden Sie nicht?
- ▲ Aber doch nicht so laut. Das ……………… . Man muss doch auch ein bisschen Rücksicht nehmen.
- ● Naja, ……………… . Aber es ist doch nur heute. Können Sie nicht ……………… ? Es wird dann auch ……………… .
- ▲ Also gut, dann ……………… und machen Sie die Musik wenigstens ein bisschen leiser. Wir müssen nämlich morgen früh aufstehen und arbeiten.
- ● Ja klar, und wenn es immer noch zu laut ist, sagen Sie bitte Bescheid. Oder Sie kommen und feiern einfach mit.
- ▲ Tja! Das ist auch eine gute Idee! Du, Klara, geh schon mal ins Bett. Ich komme gleich … . Also dann …

23 **b Hören Sie und vergleichen Sie.**

B3

11 Schreiben Sie ein Gespräch. Verwenden Sie die Redemittel aus dem Kursbuch, Seite 41, B3, b.

Frau beschwert sich. — Mann entschuldigt sich und erklärt: hat es eilig und nur zwei Sachen zu bezahlen.

Frau akzeptiert nicht. Sie hat es auch eilig. — Mann entschuldigt sich nochmal und gibt der Frau Recht. Lässt sie wieder vor.

Frau nimmt Entschuldigung jetzt an und lässt Mann vor. — Mann bedankt sich.

- *Entschuldigen Sie. Ich war hier zuerst. Stellen Sie sich bitte hinten an so wie alle anderen auch. …*

B3

12 Wie peinlich! Was ist passiert? Schreiben Sie zu jedem Bild ein Gespräch.

A

B

C

- *Ja, können Sie nicht aufpassen?*
- ▲ *Oh, Entschuldigung, das …*

B3

13 *Innerhalb* oder *außerhalb*? Ergänzen Sie.

a Sehen Sie nicht das Schild? *Außerhalb* der markierten Flächen ist das Parken verboten.
b Entschuldigen Sie, aber .... des gesamten Gebäudes ist das Rauchen verboten.
c Vielen Dank für Ihren Anruf. Leider rufen Sie .... unserer Sprechzeiten an.
d Es dauert nicht lange. Ich bin .... von 15 Minuten bei dir.
e Es tut mir wirklich leid, Herr Thun, aber dieser Auftrag liegt .... meiner Möglichkeiten.
f Sie wohnt .... der Stadt.
g .... eines Jahres war er fünf Mal krank.

Projekt **14** **Kleine Verkehrskunde**

a Lesen Sie den Text. Ergänzen Sie die Informationen zu Deutschland in der Tabelle in b.

In Deutschland darf man den Führerschein seit Sommer 2005 bereits mit 17 Jahren machen. Allerdings darf man das erste Jahr nur in Begleitung einer Person fahren, die den Führerschein seit mindestens drei Jahren hat. Wer sich nicht an diese oder an andere Verkehrsregeln hält, wird mit einem Bußgeld bestraft oder erhält zusätzlich Punkte, die zentral in einer Behörde in Flensburg gespeichert werden. Wenn man eine bestimmte Punktzahl erreicht hat, bekommt man ein Fahrverbot und muss den Führerschein für Wochen oder sogar Monate abgeben.

Anschnallpflicht: Man fährt auf der rechten Straßenseite und alle – Fahrer und Beifahrer – müssen angeschnallt sein. Kinder unter 12 Jahren müssen auf einem speziellen „Kindersitz" Platz nehmen.

Geschwindigkeit: In der Stadt gilt eine Höchstgeschwindigkeit von 50 km/h, in vielen Wohnquartieren und vor Schulen und Kindergärten 30 km/h, in Spielstraßen darf man nur Schrittgeschwindigkeit und auf Landstraßen höchstens 100 km/h fahren. Wenn nichts anderes angeschrieben ist, gilt auf Autobahnen die empfohlene Richtgeschwindigkeit von 130 km/h.

Alkohol: Höchstens ein Bier oder ein Glas Wein sind erlaubt, denn es gilt die 0,5 Promille-Grenze. Wer mehr Alkohol trinkt und Auto fährt, muss mit hohen Strafen rechnen.

Telefonieren: Wer im Auto mit dem Handy ohne Freisprechanlage telefoniert, muss 40 Euro Strafe zahlen und erhält einen Punkt in der „Flensburger Verkehrssünder-Datei". Übrigens: Wer auf dem Fahrrad telefoniert, muss immerhin 25 Euro Strafe zahlen!

b Vergleichen Sie die Verkehrsregeln in Deutschland mit denen in Ihrem Land.

	Deutschland	*Mein Land*
Alter für Führerschein	*mit 17 Jahren*	
Straßenseite		
Anschnallpflicht		
Kindersitzpflicht		
Höchstgeschwindigkeit		
– in Ortschaften		
– in Wohnquartieren		
– auf Landstraßen		
– auf Autobahnen		
Alkohol am Steuer		
Telefonieren im Auto		
Sonstiges		

c Präsentieren Sie Ihre Ergebnisse im Kurs.

C3

15 Leserbriefe

Der Gentleman ist wieder „in“

„Jede Frau träumt von einem Gentleman“, sagt Veronika Hauser – und sie

Ein Herr mit guten Manieren hilft der Dame beim An- und Ausziehen ihres Mantels oder ihrer Jacke. Dabei ist wichtig, dass ein langer Mantel nicht den Boden berührt, da er sonst schmutzig wird.

sen kurzen Gesprächen ist es ratsam, schwierige Themen wie Tod, Politik, Firmenklatsch oder Krankheiten zu vermeiden.
Wie sehen Sie das? Schreiben Sie uns Ihre Meinung

a Ergänzen Sie.

sehe ich das auch so ● ganz anderer Meinung ● meiner Meinung nach ● Ich bin der gleichen Ansicht ● ~~Ich finde~~ ● Ich glaube ● sehr wichtig ● ist das auch so ● Zusammenfassend möchte ich sagen ● ~~beziehe mich auf Ihren~~ Artikel

A

Sehr geehrte Damen und Herren,

ich *beziehe mich auf Ihren Artikel* „Der Gentleman ist wieder ‚in'“ in Ihrer letzten Ausgabe vom 26.8. ……………: Höflichkeit und gutes Benehmen sind ……………, im Privatleben, aber vor allem auch im Beruf. In unserer Firma ……………: Wenn jemand gute berufliche Qualifikationen hat, aber keine guten Umgangsformen, dann stellen wir ihn nicht ein. Stillose Menschen haben keine Chance bei uns.

Mit freundlichen Grüßen
S. Lindner
Personalchef

B

Sehr geehrte Damen und Herren,

ich nehme Bezug auf Ihren Artikel „Der Gentleman ist wieder ‚in'“
Ich finde ……………diese Benimm-Regeln, die dort präsentiert werden, total altmodisch. Ich bin da …………… .
Wenn sich bei mir ein Mann so verhalten würde, dann würde ich den „Gentleman“ auslachen. So ein Typ ist doch nur peinlich. ……………: Wer für so ein Seminar Geld ausgibt, ist selbst schuld.

Es grüßt Sie
Renate Liebig, Berlin

C

Sehr geehrte Damen und Herren,

mit großem Interesse habe ich Ihren Artikel „Der Gentleman ist wieder ‚in'“ in Ihrer letzten Ausgabe vom 26.08. gelesen. Gutes Benehmen ist wichtig? Ja, grundsätzlich …………… . Aber …………… hat das nichts mit Männern oder Frauen zu tun. Ich würde lieber sagen: „Gefragt sind wieder Menschen mit Stil“. Leider gibt es auch viele Mädchen und Frauen, die schlechte Manieren haben. Das finde ich als Mann auch nicht sehr attraktiv. ……………, dass schon die Eltern zu wenig auf die gute Erziehung ihrer Kinder achten.

Mit freundlichen Grüßen aus Hannover
P. Kölsch, Berufsschullehrer

b Welche Meinung passt zu welchem Leserbrief? Ordnen Sie zu.

1 ☐ Viele Menschen haben ein zu schlechtes Benehmen, sowohl Männer als auch Frauen.
2 ☐ Wer höflich ist und ein gutes Benehmen hat, der hat es leichter im Leben, beruflich wie privat.
3 ☐ Viele Benimm-Regeln sind lächerlich und passen nicht mehr in unsere Zeit.

otraining **16** Einen Leserbrief schreiben

a Überlegen Sie zuerst und machen Sie Notizen.

- Gibt es zu dem Thema „Gutes Benehmen – ist das noch aktuell?" aus dem Kursbuch, Seite 43, C5, a, eine These, die Ihnen gut gefällt oder die Sie ärgert?
- Warum finden Sie die These gut/richtig/schlecht/ärgerlich oder falsch?
- Haben Sie vielleicht Erfahrungen gemacht, die zu Ihrer Meinung passen?

b Denken Sie daran!

- Schreiben Sie Ort, Datum, Anrede und Gruß sowie einen passenden Einleitungs- und Schlusssatz.
- Variieren Sie die Satzanfänge mit: *Allerdings*, *Aber*, *Natürlich*, *Leider*, *Zum Glück*, *Wahrscheinlich*, *Vielleicht* oder *Als ich einmal* …, *Weil ich* … .

c Schreiben Sie jetzt Ihre Meinung.

> Bremen, den 5. Juli 20_
>
> Sehr geehrte Damen und Herren,
>
> ich beziehe mich auf Ihre Talkshow „Gutes Benehmen – ist das noch aktuell?" …

Phonetik 24-27 **17** Wie spricht man eigentlich *ch*?

24 **a Gesucht: Der *ich*-Laut. Hören Sie genau hin und unterstreichen Sie. (4x „ch", 1x „g")**

Unser Chef hat für mich einen Flug nach Brasilien und einen nach Indien buchen lassen. Da werde ich sicher viele Sehenswürdigkeiten besichtigen können!

25 **b Gesucht: Der *ach*-Laut. Hören Sie und unterstreichen Sie. (6x „ch")**

Unser Chef hat für mich einen Flug nach Brasilien und einen nach Indien buchen lassen. Aber in derselben Woche! Da habe ich doch einfach keine Chance, Sehenswürdigkeiten zu besichtigen!

26 **c Gesucht: Der *k*-Laut. Hören Sie und unterstreichen Sie. (3x „ch", 1x „k")**

Unser Chef ist ein chronischer Chaot. Jetzt hat er für mich einen Flug nach Brasilien und einen nach Indien buchen lassen. In derselben Woche! Da bleibt doch nicht genug Zeit, Sehenswürdigkeiten zu besichtigen! Ich glaube, ich wechsle demnächst in eine andere Branche.

27 **d Gesucht: Der *sch*-Laut. Hören Sie und unterstreichen Sie. (3x „ch", 1x „sch")**

Unser Chef hat für mich schon wieder einen Flug nach Brasilien und einen nach Indien buchen lassen. In derselben Woche! Ich habe keine Chance, Sehenswürdigkeiten zu besichtigen! Ich glaube, ich wechsle demnächst in eine andere Branche.

e Lesen Sie die Sätze so oft laut, bis Sie alle *ch* fehlerfrei aussprechen können.

Unser Chef ist ein chronischer Chaot. Jetzt hat er für mich einen Flug nach Brasilien und einen nach Indien buchen lassen. In derselben Woche! Da habe ich doch keine Chance, irgendwelche Sehenswürdigkeiten zu besichtigen! Dafür bleibt einfach nicht genug Zeit! Ich glaube, ich wechsle demnächst in eine andere Branche.

D2 **18** **Lesen Sie zuerst die Sätze a bis h. Wo steht das in dem Text „Andere Sitten" im Kursbuch, Seite 44, D2?**

a Kein Araber würde etwas Selbstgekochtes oder -gebackenes mitbringen, wenn er eingeladen ist. *Zeile(n)* 2-3

b In Damaskus isst man den ganzen Tag nichts, wenn man am Abend eingeladen ist. *Zeile(n)* ....

c Ein Gast muss zeigen, dass ihm das Essen schmeckt, d.h. er muss sehr viel davon essen. *Zeile(n)* ....

d Man kann nicht sagen, wie lange etwas kochen muss. Man kocht einfach so wie vor 500 Jahren. *Zeile(n)* ....

e Deutsche sind sehr genau mit dem, was sie sagen. *Zeile(n)* ....

f Wenn Deutsche mal jemanden zu einer Einladung mitbringen, der nicht eingeladen war, erzählen sie vorher, wie nett, sympathisch und lustig der Gast ist. *Zeile(n)* ....

g Araber verraten nie vorher, mit wie vielen Personen sie zu einer Einladung kommen. *Zeile(n)* ....

h Ich lebe seit über 22 Jahren in Deutschland und ich weiß, dass auch ich mich verändert habe. *Zeile(n)* ....

D2 **19** **Was passt? Ordnen Sie zu.**

a Vor fünf Jahren kam ich nach Deutschland,	da ich endlich Deutsch sprechen konnte.
b Anfangs fühlte ich mich fremd,	da ich in Berlin arbeiten wollte.
c Dann machte ich einen Deutschkurs und es ging mir besser,	da ich viele Freunde habe.
d Heute geht es mir richtig gut,	da alles neu für mich war.

Wiederholung **20** **Was passt? Kreuzen Sie an.**

a ● Mensch, Nina, du hier? Ich denke, du bist im Urlaub?
▲ Tja, das dachte ich auch. Aber dann ist mein Schwiegervater krank geworden. Naja, und ☐ denn ☒ aus diesem Grund ☐ weil mussten wir hier bleiben.

b ● Hallo, Hannes, ich rufe an, weil ich heute Nachmittag kurzfristig einen wichtigen Termin reinbekommen habe. ☐ Denn ☐ Weil ☐ Deshalb muss ich dir leider absagen.
▲ Ja, schade, aber da kann man nichts machen. Probieren wir es halt nächste Woche noch einmal, oder?

c ● Du, wir wollen heute Abend essen gehen. Kommst du mit?
▲ Heute geht's leider nicht, ☐ denn ☐ da ☐ deswegen ich noch total viel Arbeit im Büro liegen habe. Aber ein anderes Mal gerne.

d ● Fahrt ihr wieder mit dem Auto nach Kroatien?
▲ Nein, diesmal fahren wir mit dem Zug, ☐ weil ☐ denn ☐ da die Straßen sind immer so furchtbar voll. Den Stress wollen wir uns dieses Jahr nicht wieder antun.

e ● Hi, Sabine. Du, kann ich vielleicht einen Freund zu deiner Party mitbringen? Er ist gerade für eine Woche bei mir zu Besuch.
▲ Ja klar, kein Problem. Ich weiß sowieso nicht, wie viele Leute kommen, ☐ da ☐ denn ☐ deshalb schon einige abgesagt haben.

Prüfung **21**

Erfahrungen im Ausland

Lesen Sie den folgenden Text und kreuzen Sie für jede Lücke das richtige Wort (a bis n) an. Übertragen Sie den betreffenden Buchstaben dann in das Raster.

Liebe Johanna, lieber Michael,
vielen Dank für euren Brief. Ich habe mich sehr .... (0) gefreut.
Ich bin jetzt schon .... (1) sechs Wochen in Süd-Korea. Es ist sehr interessant, aber auch ganz schön anstrengend, ... (2) ich ja die Sprache nicht spreche. .... (3) ich mit dem Bus unterwegs bin, habe ich immer Angst, dass ich an der falschen Station aussteige, ... (4) die Schilder an der Haltestelle sind auf Koreanisch. Und ein Stadtplan hilft .... (5) natürlich auch nicht weiter. Die Menschen hier sind aber wahnsinnig gastfreundlich. Jeder möchte mir helfen. Auf der Straße, in der U-Bahn oder im Bus .... (6) ich oft einfach so angesprochen. Auf Englisch natürlich. Meistens fragen die Leute, wie ich heiße, ob ich verheiratet bin und welche Religion ich habe. Das ist hier ganz normal. Für uns Deutsche ist das natürlich sehr persönlich, ... (7) könnt ihr euch sicher vorstellen, wie verunsichert ich am Anfang war. So ihr Lieben, ich muss wieder weitermachen. Ich freue mich schon .... (8) euren nächsten Brief.
Viele liebe Grüße und alles Gute für euch,
eure Friederike

Beispiel: 0 ..c........

a	☐ mich	**h**	☐ denn	**0**	....
b	☐ deshalb	**i**	☐ wenn	**1**	....
c	☒ darüber	**j**	☐ mir	**2**	....
d	☐ bin	**k**	☐ werde	**3**	....
e	☐ dann	**l**	☐ da	**4**	....
f	☐ seit	**m**	☐ für	**5**	....
g	☐ auf	**n**	☐ wann	**6**	....

7 ....
8 ....

22

Lerntagebuch: Das will ich nicht vergessen!

LERNTAGEBUCH

Schreiben Sie doch mal Ihre Erlebnisse auf! Was war heute für Sie wichtig, interessant, neu oder einfach nur schön? Haben Sie nette Leute kennen gelernt, waren Sie an einem besonderen Ort? Haben Sie etwas Lustiges erlebt? Schreiben Sie – auf Deutsch natürlich.

27. Juni
Vormittags Deutschkurs → mittags mit Filiz und Kemal was gegessen → Stadt;
PEINLICH: Ich wollte zum Kaufhof und ein paar Kleinigkeiten kaufen. Da ist mir vielleicht was Komisches passiert. Gerade, als ich reingehen wollte …

23. Juli
Schon wieder lange nicht mehr geschrieben. Aber gestern Abend war's super! Mit Carla, Jenny und Selva in der Disko gewesen. Es war ein total schöner Abend und wir haben viel getanzt. Eine Sache war super lustig: Als wir alle auf der Tanzfläche waren, ….

2. August
Heute ist mir wieder in der U-Bahn aufgefallen, dass die Leute immer so ernst aussehen. Das ist bei uns ganz anders. Da wird laut geredet und gelacht. Vielleicht ist das so, weil …

E1

23 Ergänzen Sie.

das Ausland ● ~~ein nicht muttersprachliches Wort~~ ● nicht die Muttersprache ● der/die Unbekannte ● der Reiseführer ● ein Zimmer in einer Pension

a das Fremdwort
ein nicht muttersprachliches Wort

b die Fremdsprache
....

c das Fremdenzimmer
....

d der/die Fremde
....

e der Fremdenführer
....

f die Fremde
....

E4

24 Als Ausländer in Deutschland

a Welches Bild passt zu welchem Text? Überfliegen Sie die Texte und ordnen Sie zu.

A 

B 

C 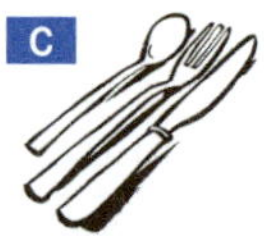

Bild	A	B	C
Text			

Unsere Reporterin Karin war wieder unterwegs und hat diesmal für unsere Kolumne „Was uns bewegt" Ausländer befragt zu dem Thema „Kulturelle Unterschiede – Missverständnisse – Kurioses. Was haben Sie erlebt?"

1
In Rumänien auf dem Land besuchen sich die Menschen oft und vor allem ohne Anmeldung. Die Türen sind immer offen und auf dem Herd steht immer ein großer Kochtopf mit Essen bereit. Es ist absolut unkompliziert. In Deutschland verabredet man sich: Man schaut in den Kalender und dann werden Tag und Uhrzeit ausgemacht. Einfach bei jemandem zu klingeln kommt eher nicht vor. Ich muss allerdings zugeben, dass das in meiner Heimat in der Stadt so ähnlich ist. Da arbeiten die Leute einfach mehr.
Rita P., Rumänien

2
Wenn man in Australien jemanden fragt, wie es ihm geht, antwortet man immer mit „Pretty good" – also „Ganz gut", egal, wie es der Person wirklich geht. In Deutschland habe ich das am Anfang auch gesagt, aber ich habe bald gemerkt, dass die Deutschen mehr erwarten. Ich wollte natürlich nicht unfreundlich sein, aber mehr zu sagen, fand ich zu persönlich. Hier erfährt man ja bei dieser Frage alles, was gerade los ist: „Meine Mutter liegt im Krankenhaus, mein Sohn hat die Windpocken und ich habe gerade meinen Job verloren." Wenn ich heute gefragt werde, wie es mir geht, muss ich mich richtig zusammenreißen. Ich möchte ja nicht unhöflich sein.
Davy K., Australien

3
Im Senegal ist die linke die unreine Hand. Es ist z. B. tabu, jemandem etwas mit links zu geben, denn das wäre eine Beleidigung. Auf keinen Fall darf man mit der linken Hand essen. Aber in Deutschland hält man die Gabel oft mit links, während man mit der rechten Hand schneidet. Am Anfang hat mich das sehr gestört. Ich bin auch immer noch etwas unsicher, wenn ich mit Messer und Gabel esse, denn bei uns im Dorf essen wir ja nur mit den Fingern. Mache ich alles richtig? Halte ich das Besteck korrekt in der Hand? Einmal hat mir meine Schwägerin erklärt, wie man das Besteck auf den Teller legen muss, damit der Gastgeber weiß, ob man mehr möchte oder genug gegessen hat. Das fand ich super, denn woher soll man solche kulturellen Regeln sonst wissen?
Amadou K., Senegal

b Was ist anders in Deutschland? Lesen Sie noch einmal und ergänzen Sie die Tabelle.

	Deutschland	anderes Land	mein Land
Verabredung	mit Termin	ohne Anmeldung	
Begrüßung			
Essen			

c Was ist in Ihrem Land anders? Finden Sie weitere Beispiele und erzählen Sie im Kurs.

Im Straßenverkehr

die Absicht, -en
die Autopapiere (nur Plural)
die Autotür, -en
das Bußgeld, -er
der Falschparker, –
der Führerschein, -e
die Genehmigung, -en
die (Höchst- / Schritt-) Geschwindigkeit, -en
der Gurt, -e
die (Geschwindigkeits- / Verkehrs-) Kontrolle, -n
die Landstraße, -n
die Nässe (nur Singular)
die Ortschaft, -en
die Ordnungswidrigkeit, -en
die (Anschnall- / Kindersitz-) Pflicht, -en
das Schritttempo (nur Singular)
die Sicht (nur Singular)
der Strafzettel, –
das Tempo (nur Singular)
das (Fahr- / Handy-) Verbot, -e
die Verkehrssicherheit (nur Singular)
die Warnung, -en
die Wartezeit, -en

(sich) an·schnallen, schnallte … an, hat angeschnallt
bestrafen, bestrafte, hat bestraft
blockieren, blockierte, hat blockiert
drohen, drohte, hat gedroht
hupen, hupte, hat gehupt
(in zweiter Reihe) parken, parkte, hat geparkt
überreden, überredete, hat überredet
sich verhalten, verhielt, hat verhalten
vor·kommen, kam … vor, ist vorgekommen
warnen, warnte, hat gewarnt
(ein Auge) zu·drücken, drückte … zu, hat zugedrückt

völlig
vorschriftswidrig

In der Fremde

das Ausland (nur Singular)
das Benehmen (nur Singular)
die Fremde (nur Singular)
der/die Fremde, -n
der Fremdenführer, –
die Fremdheit (nur Singular)
das Fremdsein (nur Singular)
die Fremdsprache, -n
das Fremdwort, ¨-er
der Gastgeber, –
der Gentleman, Gentlemen
die Heimat (nur Singular)
die Manieren (nur Plural)
das Missverständnis, -se
das Mitbringsel, –
die Pünktlichkeit (nur Singular)
der Respekt (nur Singular)
der Vortritt (nur Singular)

(sich) an·passen, passte … an, hat angepasst

hilfreich
schüchtern
unheimlich
zuvorkommend

Weitere wichtige Wörter

die Ansicht, -en
der Araber, –
das Argument, -e
die Armbanduhr, -en
die Ehre (nur Singular)
die Entstehung (nur Singular)
die Erziehung (nur Singular)
die Gegenwart (nur Singular)
das Geheimnis, -se
die Gesellschaft, -en
das Gewürz, -e
das Jahrhundert, -e
der Pensionär, -e
die Sitzung, -en
der Standpunkt, -e
der Treffpunkt, -e
das Versprechen, –
die Vorhersage, -n
der Vorsatz, ¨-e
das Wechselgeld (nur Singular)

beweisen, bewies, hat bewiesen
enden, endete, hat geendet
gewohnt sein, war, ist gewesen
hungern, hungerte, hat gehungert
verraten, verriet, hat verraten
vorher·sagen, sagte … vorher, hat vorhergesagt

arabisch
(selbst) gebacken
(selbst) gekocht
klassisch
verständlich

anfangs
aus diesem Grund
bereit
bloß
niemals
zur rechten Zeit

Ich habe so eine Wut, **seit** ich diesen Brief gelesen habe

A1 **1** **Kreuzworträtsel**

a **Welches Wort passt? Tragen Sie ein.**

1 In einer Wohnung leben, heißt: in einer Wohnung ...
2 Der Vermieter will mehr Geld für die Wohnung. Er verlangt eine ...
3 Ein Mietvertrag ist nur gültig, wenn man ihn ...
4 Eine Wohnung, die einem nicht gehört, muss man ...
5 Der Vermieter sagt, ich muss ausziehen. Er ... mir.
6 Wenn man Probleme mit dem Vermieter hat, kann man zum ... gehen.
7 Wenn ich eine neue Wohnung miete, muss ich vorher einen ... unterschreiben

Lösung:

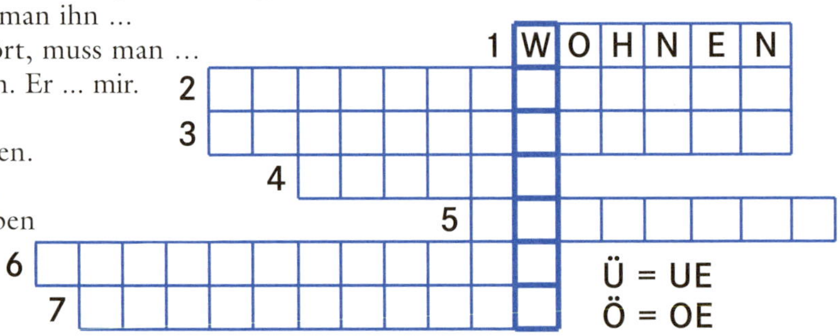

b **Wie heißt das Lösungswort?**

Wiederholung *Schritte 5 Lektion 1* **2** **Ergänzen Sie: *wenn* oder *als***

a ● Hallo, Paul. Ich habe dich aber lange nicht gesehen. Bist du umgezogen?
▲ Ja, schon im letzten Jahr. Ich bin in eine größere Wohnung gezogen, ... ich mit der neuen Arbeit bei Halske & Co. angefangen habe.

b ■ Mensch, Jutta, jetzt wohne ich schon drei Monate in meiner neuen Wohnung. Wann bringst du mir endlich die Bilder mit, die du mir versprochen hast?
▼ Ich bringe sie dir ganz bestimmt mit, ... ich das nächste Mal komme.
■ Na, da bin ich ja mal gespannt.

c ▲ Sag mal, wann seid ihr in das eigene Haus gezogen?
● Moment, da muss ich nachdenken. Wir sind eingezogen, ... ich acht war.

d ■ Du, Gertrud, habt ihr den Mietvertrag für die alte Wohnung denn jetzt gekündigt oder nicht?
◆ Nein, noch nicht. Wir wollen ihn erst dann kündigen, ... wir den Mietvertrag für die neue Wohnung unterschrieben haben.

e ● Du bist im Mieterverein? Das wusste ich gar nicht. Wann bist du denn eingetreten?
■ Ach, das ist schon lange her. Warte mal. Ich bin eingetreten, ... mein Vermieter die Miete erhöhen wollte. Das war vor drei Jahren.

A1 **3** **Heinz' Tag**

a **Was macht Heinz zuerst? Kreuzen Sie an.**

1 ☐ Heinz steht auf. ☒ Vorher macht er im Bett Gymnastik.
2 ☐ Heinz holt um 8 Uhr die Zeitung aus dem Briefkasten. ☐ Dann frühstückt er.
3 ☐ Heinz fährt zur Arbeit. ☐ Aber zuerst füttert er seinen Hund.
4 ☐ Als erstes schaltet Heinz den Computer ein. ☐ Dann streichelt er ihn.
5 ☐ Heinz gießt die Blumen im Büro. ☐ Er holt Wasser.

b **Schreiben Sie aus a Sätze mit *bevor*.**

1 *Bevor Heinz aufsteht, macht er im Bett Gymnastik.*
2 ....
3 ....
4 ....
5 ....

4 Hilfe, Familie Kunterbunt zieht ein.

A

B

a Was passt zu welchem Bild? Ordnen Sie zu.

1 [A] Man kann in Ruhe auf dem Balkon lesen.
2 ☐ Peter mag nicht mehr mit dem Rad fahren.
3 ☐ Aus der Wohnung kommt immer laute Musik.
4 ☐ Frau Sommer kann sich stundenlang in die Sonne legen.
5 ☐ Herr Schwarz ärgert sich über den Lärm und schlägt sein Buch zu.
6 ☐ Auf den Blumen wird Fußball gespielt.
7 ☐ Frau Müller pflegt mit viel Liebe ihren Blumengarten.
8 ☐ Der kleine Peter fährt allein mit dem Rad.

b Schreiben Sie Sätze zu Bild A. Beginnen Sie mit *Bevor Familie Kunterbunt eingezogen ist, ...*

Bevor Familie Kunterbunt eingezogen ist, konnte man auf dem Balkon in Ruhe lesen.

c Schreiben Sie Sätze zu Bild B. Beginnen Sie mit *Nachdem Familie Kunterbunt eingezogen war, ...*

Nachdem Familie Kunterbunt eingezogen war, konnte man auf dem Balkon nicht mehr in Ruhe lesen.

5 Was passt? Ordnen Sie zu.

a Sabine hat bei ihren Eltern gewohnt, — bis sie geheiratet hat.
b Sabine hat Vollzeit gearbeitet,
c Sabine und ihr Mann werden so lange eine neue Wohnung suchen,
d Sabine muss zur Miete wohnen,

bis sie eine schöne große gefunden haben.
bis sie geheiratet hat.
bis sie sich ein eigenes Haus leisten kann.
bis sie ihr erstes Kind bekam.

6 Jetzt geht es mir gut! Schreiben Sie Sätze. Beginnen Sie mit *Seit*.

a Ich rauche nicht mehr. Ich bekomme viel besser Luft.
Seit ich nicht mehr rauche, bekomme ich viel besser Luft. ....

b Ich bin geschieden. Ich streite mich nicht mehr mit meinem Mann.
....

c Ich habe einen Computer. Ich muss meine Briefe nicht mehr mit der Hand schreiben.
....

d Ich esse regelmäßig Obst. Ich bin nicht mehr so oft müde.
....

A3 **7** **Ergänzen Sie: *bis* oder *seit***

a ● Hallo Edith, wie geht es dir? Wir haben uns ja ewig nicht mehr gesehen.
▲ Ja, das stimmt. .... ich nach Köln umgezogen bin, komme ich nur noch selten hierher. Eigentlich nur, wenn ich meine Eltern besuche.

b ● Sag mal, wie lange müssen wir noch hier bleiben? Die Musik ist ja schrecklich.
▲ Lass uns wenigstens warten, ... es eine Pause gibt.

c ● Gerd, wie lange arbeitest du jetzt schon in der Firma?
▲ Oh, da muss ich nachdenken. Warte mal! Ich arbeite in der Firma, ... ich auch das neue Auto habe. Das sind jetzt zwei Jahre.

d ● Mama, wie lange kennt ihr euch eigentlich, du und Papa?
▲ Puh, sehr lange. Wir kennen uns, ... wir beide unsere Ausbildung bei Elektro-Müller angefangen haben. Das war 1995, also kennen wir uns seit zehn Jahren.

e ● Mein Gott, wie lange soll ich denn noch hier warten? Ich hatte für 15.00 Uhr einen Termin.
▲ Tja, Herr Schulze, es tut mir leid, aber sie müssen warten, ... Sie an der Reihe sind.

A3 **8** **Ergänzen Sie: *bis*, *seit* oder *bevor***

■ Hallo, Thomas. Ich habe gehört, du hast neue Nachbarn? Wie sind sie?
◆ Oh, *bis*............ (a) sie eingezogen sind, fand ich sie ganz nett. Aber .... (b) sie in der Wohnung über mir wohnen, habe ich keine ruhige Minute mehr.
■ Wie das?
◆ .... (c) sie eingezogen sind, sagten sie, sie hätten einen Hund. Mehr habe ich auch nie gesehen, wenn sie zum Renovieren kamen.
■ Aber ein Hund! Das ist doch nicht schlimm.
◆ Nein, mit einem Hund könnte ich leben. Aber sie haben fünf Hunde und vier Katzen, dazu drei Papageien. .... (d) die Papageien im Haus sind, habe ich keine Nacht mehr durchgeschlafen. Und wenn ich doch mal einschlafe, dann nur kurz. Ich wache jeden Morgen auf, ... (e) der Wecker klingelt, weil die Hunde schon wieder durch die Wohnung rennen.
■ Mein Gott, du Ärmster. Das ist wirklich unangenehm.
◆ Ja, und .... (f) ich mich beschwert habe, sprechen sie nicht mehr mit mir.
■ Was willst du jetzt machen?
◆ Ich bin gerade auf dem Weg zur Verbraucherberatung. Da gibt es eine Mieterberatung. Ich tue gar nichts mehr, ... (g) ich professionelle Tipps bekommen habe. Weißt du, gute Worte helfen manchmal eben nicht weiter.

A3 **9** **Zeit, Zeit, Zeit …**

a **Unterstreichen Sie alle Konjunktionen, die etwas mit Zeit zu tun haben.**

weil ● bevor ● während ● als ● wenn ● nachdem ● dass ● damit ● um zu ● seitdem ● falls ● indem ● da ● bis

b **Schreiben Sie zu jeder unterstrichenen Konjunktion aus a einen Beispielsatz über sich selbst.**

Bevor ich nach Deutschland gekommen bin, habe ich geheiratet.

c **Lesen Sie Ihre Sätze noch einmal. Tragen Sie dann die Konjunktionen in die Tabelle ein.**

gleichzeitig	Dauer	nicht-gleichzeitig
während		

28 **10 Ordnen Sie das Gespräch. Hören Sie dann und vergleichen Sie.**

- ☐ Ich weiß nicht. Ich glaube, beim Bäcker, ja, beim Bäcker habe ich einen Fünfzig-Euro-Schein aus meiner Brieftasche genommen.
- ☐ Sind Sie sicher, dass es beim Bäcker war? Überlegen Sie noch einmal.
- ☐ Ja, ich bin mir sicher, danach war sie weg.
- ☐ Beruhigen Sie sich doch. Wann haben Sie die Brieftasche denn zum letzten Mal in der Hand gehabt?
- 1 Das darf doch nicht wahr sein! Wo ist denn … Wo habe ich denn …
- ☐ Was haben Sie denn? Was ist denn passiert?
- ☐ Meine Brieftasche ist weg. Wenn ich die nicht zurückbekomme, dann weiß ich nicht, was ich tun soll.
- ☐ Dann gehen wir doch einfach zurück zum Bäcker. Bis wir da sind, müssen Sie Geduld haben.
- ☐ Ja, das wird wohl das Beste sein. Vielen Dank. Hoffentlich liegt sie noch da. Mein Gott, ich darf gar nicht daran denken, das ganze Geld, die Kreditkarte …

Phonetik **11 Wenn man aufgeregt ist, spricht man schnell.**

29 a **Hören Sie und markieren Sie die Betonung / .**

Ich wóhne da, seit ich in Déutschland bin!
Ich kann doch jetzt nicht umziehen!
Ich habe so eine Wut, seit ich diesen Brief gelesen habe.
Ich weiß nicht, was ich machen soll.
Ich kann schon gar nicht mehr schlafen!
Aber ich mag keine Vereine! Lieber zahle ich eine Mieterhöhung, bevor ich in einen Verein gehe.
Mein Gott, wie lange soll ich denn noch hier warten?

b **Sprechen Sie die Sätze so schnell wie möglich. (Vorgabe: 16 Sekunden)**

Phonetik **12 Wenn man jemanden beruhigen will, spricht man langsam.**

30 a **Hören Sie und markieren Sie die Betonung / und die Pausen |.**

Berúhigen Sie sich doch.
Das kann doch jedem | mal passieren.
Jetzt erzählen Sie erst mal, was passiert ist.
Sie müssen einfach etwas Geduld haben.
Wir werden schon eine Lösung finden.

b **Sprechen Sie die Sätze langsam. (Vorgabe: 20 Sekunden)**

B2 **13** **Rund um den Verein**

a **Lesen Sie die Wörter laut. Wie heißen die Wörter richtig?**

1 Mtgldschft = *Mitgliedschaft*
2 Mtrvrn = ...
3 Jhrsbtrg = ...
4 Btrtt = ...
5 Brbtngsgbhr = ...
6 Mtgld = ...
7 Gbhrn = ...

CD 3 31 **b** **Hören Sie dann und vergleichen Sie.**

B2 **14** **Was passt nicht? Streichen Sie durch.**

a in einem Verein: sein – ~~gehen~~ – mitarbeiten
b Mitglied: bekommen – werden – sein
c den Jahresbeitrag: bezahlen – betragen – überweisen
d als Mitglied: sein – aufgenommen werden – mitarbeiten
e sich in einem Verein: engagieren – nützlich machen – Mitglied werden

B2 **15** **Wie erreichen Sie Ihr Ziel?**

a **Was passt? Ordnen Sie zu.**

1 Deutsch lernen	die Straßenbahn nehmen
2 Arbeit finden	regelmäßig zum Deutschkurs gehen
3 mehr verdienen	keine Zigaretten mehr kaufen
4 bei Regen trocken zur Schule kommen	alle Freunde und Bekannten nach offenen Stellen fragen
5 besser sehen können	Brille regelmäßig tragen
6 mit dem Rauchen aufhören	viele Nebenjobs haben

b **Schreiben Sie Sätze mit *indem*.**

1 *Ich lerne Deutsch, indem ich regelmäßig zum Deutschkurs gehe.*
2 ...

Wiederholung *Schritte 5 Lektion 6* **16** **Warum wird Herbert Mitglied im Mieterverein?**
Schreiben Sie Sätze mit *damit* oder *um ... zu*. Benutzen Sie, wenn möglich, *um ... zu*.

Herbert wird Mitglied im Mieterverein,

a *damit der Mieterverein ihm sofort helfen kann.* (der Mieterverein ihm sofort helfen können)
b ... (sich gegen die Mieterhöhung wehren)
c ... (Hilfe von Fachleuten bekommen)
d ... (der Verein ihm beim Wohngeldantrag helfen)
e ... (für Hilfe keine Gebühren zahlen müssen)

B2 **17** ***ohne dass – ohne ... zu***
Wo kann ich auch *ohne ... zu* benutzen. Kreuzen Sie an.

1 ☒ Peter geht zur Schule, ohne dass er ein Pausenbrot mitnimmt.
2 ☐ Elvira heiratet Bernd, ohne dass sie ihn liebt.
3 ☐ Franz kauft ein Auto, ohne dass seine Frau davon weiß.
4 ☐ Meine Freundin ist umgezogen, ohne dass sie mir ihre neue Adresse mitgeteilt hat.
5 ☐ Gerda isst jeden Morgen Müsli, ohne dass es ihr schmeckt.
6 ☐ Ich werde Mitglied im Mieterverein, ohne dass ich ein Problem mit meinem Vermieter habe.

b **Schreiben Sie die Sätze, die Sie in a angekreuzt haben, mit *ohne ... zu*.**

1 *Peter geht zur Schule, ohne ein Pausenbrot mitzunehmen.*
2 ...

18 Was ist richtig? Kreuzen Sie an.

a Sie können Mitglied in unserem Verein werden, ☒ indem ☐ ohne dass Sie einen Mitgliedsantrag ausfüllen.
b Der Fußballverein leiht dir keine Fußballschuhe und keinen Ball, ☐ indem ☐ ohne dass du Mitglied bist.
c Der Mieterverein hilft deiner Freundin, ☐ indem ☐ ohne dass sie Mitglied ist? Das glaube ich nicht.
d Ich spiele Volleyball in einer Mannschaft, ☐ indem ☐ ohne dass ich in einem Verein bin.
e Ich bin im Schachclub Mitglied geworden, ☐ indem ☐ ohne dass meine Freundin mich einfach angemeldet hat.
f Ich kann mich auch für die Natur engagieren, ☐ indem ☐ ohne dass ich Mitglied in einem Verein bin.

19 Alles ganz alltäglich. Aber wie tun Sie das? Schreiben Sie je einen Satz mit *indem* und *ohne dass*.

a den neuen Fernseher anschließen
Ich schließe den neuen Fernseher an, indem ich einfach den Stecker in die Steckdose stecke.
Ich schließe meinen neuen Fernseher an, ohne dass ich die Bedienungsanleitung lese.

b einen neuen Computer aussuchen
....
....

c ein Fenster blitzblank putzen
....
....

d einen guten Kaffee kochen
....
....

e ein großes Familienfest vorbereiten
....
....

20 Ergänzen Sie die Sätze.

Tanzen am Wochenende – der Verein für alle, die fit bleiben wollen

Bleiben Sie fit, indem .... (a).
„Aber ich kann gar nicht tanzen!“, sagen Sie. Natürlich haben wir auch einen Tanzlehrer.
Leider kann er Ihnen nicht helfen, ohne dass .... (b).
Ihren Mitgliedsbeitrag können Sie bezahlen, indem .... (c).
Indem Sie gleich für das ganze Jahr bezahlen, ... (d).
Gegenüber dem Monatsbeitrag ist der Jahresbeitrag um 100 € günstiger.
Der Verein bietet Ihnen auch spezielle Tanzschuhe. Sie können sie testen, ohne dass .... (e).
Sie sind aber allein? – Kein Problem! Der Verein bietet Ihnen einen Tanzpartner-Service, ohne dass .... (f).
Na, wer kann da noch nein sagen? Melden Sie sich gleich an, indem .... (g).
Die Nummer 130 130 130 ist immer für Sie da.

B5 **21** **Ein Interview mit Jens bei der freiwilligen Feuerwehr. Was passt? Ergänzen Sie in der richtigen Form.**

mitmachen ● helfen ● unterstützen ● begeistern ● sich ~~engagieren~~ ● erklären

Schritte: Jens, du engagierst dich ...... seit vier Jahren für die freiwillige Feuerwehr. Warum?
Jens: Mir macht es Spaß, Menschen zu ...., wenn sie in Not sind. Außerdem finde ich es gut, irgendwo aktiv .... Das ist für mich eine gute Freizeitgestaltung. Ich wollte etwas machen, nicht nur rumhängen.
Schritte: Und wie bist du gerade auf die Feuerwehr gekommen?
Jens: Ja, das liegt bei uns in der Familie. Mein Vater und mein Großvater sind bei der Feuerwehr. Und mein Vater hat schon früh versucht, mich für die Technik, also für Feuerwehrautos und so, zu ...., indem er mich oft mitgenommen hat und mir vieles gezeigt und .... hat.
Schritte: Und die Berufsfeuerwehr? .... die freiwillige Feuerwehr die Berufsfeuerwehr oder wie ist das?
Jens: Also, Gemeinden mit weniger als 100.000 Einwohnern haben in der Regel keine Berufsfeuerwehr sondern nur eine freiwillige Feuerwehr, die nicht ständig im Feuerwehrhaus präsent ist, sondern nur für den Einsatz zusammen kommt.
Schritte: Trotzdem hoffe ich, dass es heute nicht brennt. Vielen Dank für dieses Gespräch.

B6 **22** **Lerntagebuch: Ich trau' mich nicht ... Das freie Sprechen** LERNTAGEBUCH

a **Beantworten Sie die Fragen.**

1 In welchen Situationen sprechen Sie gern und oft Deutsch?
- ○ Im Deutschkurs
- ○ Mit meinen Nachbarn
- ○ ....

2 In welchen Situationen sind Sie schon recht sicher, wenn Sie Deutsch sprechen?
- ○ Beim Einkaufen
- ○ Wenn ich Freunden von meinem Wochenende erzähle
- ○ ....

3 In welchen Situationen sind Sie eher unsicher, wenn Sie Deutsch sprechen?
- ○ Auf Ämtern und Behörden
- ○ Wenn ich mit einem Deutschen rede
- ○ ....

4 Was sind Ihre Hauptprobleme beim Sprechen?
- ○ Die Aussprache
- ○ Mir fehlen oft die richtigen Wörter.
- ○ ....

5 Was ist Ihr Ziel? Was möchten Sie auf Deutsch können?

....

b **Sprechen Sie mit den anderen im Kurs, wie Sie das freie Sprechen üben können.**

> Ich lerne Sätze, die ich oft brauche, auswendig.

> Ich lese zu Hause Texte, die mir gefallen, laut vor.

> Ich schreibe Situationen auf, in denen ich unsicher war. Dann frage ich jemanden, wie ich das sagen könnte.

> Manchmal spreche ich mit mir selbst, erzähle mir, was ich gerade tue oder zähle die Dinge auf, die ich gerade sehe.

Unsicher beim Sprechen? Angst vor Fehlern? Hören Sie doch einmal genau zu! Auch andere machen Fehler! Hauptsache, die anderen verstehen, was Sie meinen! Deshalb sagen Sie, was Sie zu sagen haben. Auch in Ihrer Muttersprache haben Sie Situationen erlebt, in denen Menschen sich nicht verstehen. Was tun sie dann? Sie reden, reden, reden. Machen Sie es in der Fremdsprache genauso.

23 Und jetzt reden Sie! Überreden Sie Ihren Partner, Mitglied in einem der folgenden Vereine zu werden:

a Verein der Kaffeetrinker
b Verein der Bierflaschensammler
c Verein für überzeugte Nichtschwimmer
d Verein der Buchhasser
e …

Schaffen Sie es, drei Minuten auf Ihre Partnerin / Ihren Partner einzureden?

Phonetik 24 Seltsame Vereine

a **Lernen Sie eines der Gedichte auswendig und tragen Sie es vor.**

1 Treten Sie ein
in einen Verein,
wo Deutsche und Iren
sich engagieren
für Engagements
in Restaurants
in der Provence.
Das ist Ihre Chance
für eine Revanche
in der Gaststättenbranche …
Sie möchten nach Haus?
Dann treten Sie aus!

2 Im Verein der freien Sprecher
sprechen alle immer frecher.
Alle sprechen frech und frei,
und sie finden nichts dabei.
Alle reden, reden, reden …
Reden ist ein Spaß für jeden!
Doch was jeden Sprecher stört:
Jeder spricht, doch keiner hört!
Das ist fast nicht zu ertragen;
und man hört die Sprecher fragen:
„Warum gründet denn kein Schwein
einen Sprecher-HÖR-Verein?!" –
Der Verein wird nie gegründet.
(Weil man keine Hörer findet …)

32 | **b** **Hören Sie die Gedichte.**

C3 CD 3 33

25 Berufswunsch verwirklichen oder den Familienbetrieb übernehmen?

a Hören Sie die Interviews und ergänzen Sie die Tabelle.

Hörer	Familienbetrieb	Berufswunsch
Bernd	*kleiner Bauernhof*	
Herr Mayer		
Frau Pelzer		

CD 3 33

b Hören Sie noch einmal. Was ist richtig? Kreuzen Sie an.

1
- ☐ Bernds Vater meint, dass der Betrieb zu klein ist. Bernd soll einen anderen Beruf wählen.
- ☐ Jetzt können Bernd und seine Eltern noch gut von dem Hof leben.
- ☐ Bernd träumt davon, den Hof später zu erweitern.

2
- ☐ Herr Mayer durfte selbst entscheiden, ob er Bäcker wird oder nicht.
- ☐ Heute ist Herr Mayer glücklich mit der Entscheidung.
- ☐ Herr Mayer musste sich spezialisieren, sonst würde es den Betrieb heute nicht mehr geben.

3
- ☐ Frau Pelzer hat ihre Ausbildung als Erzieherin abgeschlossen.
- ☐ Nach dem Tod ihres Vaters musste Frau Pelzer die Schreibwarenhandlung ihrer Eltern übernehmen.
- ☐ Frau Pelzer ist glücklich mit ihrer Entscheidung, weil sie trotzdem viel mit Kindern und für Kinder macht.

C3 Prüfung

26 Gespräch über das Thema „Beruf"

1

2

a Betrachten Sie die Fotos. Welche Informationen zum Thema „Berufe" bekommen Sie?

- Einigen Sie sich zuerst mit Ihrem Partner, wer etwas zu Foto 1 und wer etwas zu Foto 2 sagt.
- Beschreiben Sie Ihrer Partnerin / Ihrem Partner dann, was Sie auf Ihrem Foto sehen.
- Sprechen Sie als nächstes über die berufliche Situation der Leute. (Wo arbeiten sie? Wie arbeiten sie? Wie sind die Arbeitszeiten? usw.)

b Sprechen Sie mit Ihrer Partnerin / Ihrem Partner über Ihre persönliche Situation.
Was haben Sie selbst für einen Beruf? Wo und wie haben Sie gearbeitet/arbeiten Sie? Welche beruflichen Pläne haben Sie? Was tun Sie dafür?

27 **Große Vorbilder aus Politik, Geschichte, Kultur ...**

a **Ein großes Vorbild für viele Menschen ist Mutter Teresa. Lesen Sie die Kurzbiographie und ergänzen Sie dann den Steckbrief.**

Mutter Teresa

Eigentlich heißt Mutter Teresa Agnes Gonxha Bojaxhio. Sie wurde am 26. August 1910 in Skopje geboren. Der Name „Gonxhe" kommt aus dem Türkischen und bedeutet „Blütenknospe". Agnes Gonxha wuchs in einer reichen und streng katholischen Familie auf. Bereits als sie 12 Jahre alt war, stand es für sie fest, dass sie Nonne werden wollte. Mit 18 ging sie ins Kloster und wurde Nonne. Der Orden schickte sie zuerst nach Irland. Doch bereits zwei Monate später reiste sie nach Kalkutta, um dort 17 Jahre als Lehrerin und später als Direktorin an der St. Mary's School zu arbeiten.
Seit 1946 kämpfte sie dafür, dass sie den Ärmsten der Armen in Kalkutta helfen durfte. Seit 1948 lebte Mutter Teresa in den Slums von Kalkutta. 1971 erhielt sie als erste den Friedenspreis des Papstes. Der Friedensnobelpreis wurde ihr 1979 verliehen. Mutter Teresa starb am 5. September 1997 in Kalkutta.

Mutter Teresa	
1910	*geboren am 26. August in Skopje* ....
1922	*Entschluss* ....
1928	....
1928 – 1946	.... und später als ....
seit 1946	....
seit 1948	....
1971	....
1979	....
5. September 1997	....

Projekt

b **Schreiben Sie einen Steckbrief oder eine kurze Biografie über eine große Persönlichkeit Ihres Landes, die für viele Menschen ein Vorbild ist. Stellen Sie diese Person im Kurs vor.**

Wenn Sie noch Informationen brauchen, schauen Sie doch mal ins Internet. Eine gute Adresse ist z. B. www.wikipedia.de.

Mahatma Gandhi
geboren am 2. Oktober 1869 in Indien

Japan
Satō Eisaku
- Politiker
- hat 1974 als erster Asiate den Friedensnobelpreis bekommen

Martin Luther King

Bei uns in Japan haben viele Jugendliche Popstars als Vorbilder. Wir verehren aber auch Baseballspieler oder Sumo-Ringer, weil viele Japaner sportbegeistert sind. Und Sumo und Baseball sind Sportarten, die bei uns total beliebt sind.
Aber ein ganz großes Vorbild ist für mich ein Politiker …

D4

28 Nächstenliebe: Geschichten, die das Leben schrieb

a Zu welcher Überschrift passen die Stichwörter?

1 **50-Jährige spendet Niere für Nachbarin**

2 **Junge rettet Katze vom Hausdach**

3 Junger Mann lernt wegen der Liebe in 6 Monaten perfekt Deutsch

4 **Junge Frau pflegt 90-jährige Nachbarin bis zum Tod**

- [1] Krankenhaus drei Monate nach Spender suchen
- [ ] durch das Dachfenster klettern
- [ ] Kurs besuchen
- [ ] Tier ängstlich aussehen
- [ ] den ganzen Tag nur Deutsch sprechen
- [ ] doch Angst haben vor Operation
- [ ] einsame, alte Frau leid tun
- [ ] „Ich liebe dich" auf Deutsch sagen wollen
- [ ] sich gut festhalten müssen
- [ ] nicht mehr selbst einkaufen und die Wohnung machen können
- [ ] mit einer Niere auch leben können
- [ ] sonst ins Altersheim müssen

b Wählen Sie eine Überschrift aus a und schreiben Sie die Geschichte.

Junge rettet Katze vom Hausdach

*Dahn – 4. Oktober – Es war ein ganz besonderer Tag für Arthur.
Der 10-Jährige fuhr wie immer mit dem Rad zur Schule, als er plötzlich …
…*

Tja und so hatte Dahn einen ganz besonderen Helden. Arthur, glücklich und zufrieden. Und das Kätzchen Mirzl! … Beide zu sehen in der Pirmasenser Tageszeitung.

c Welche Person aus a könnte für Sie ein Vorbild sein? Warum? Schreiben Sie.

Für mich ist …ein Vorbild. • Ich finde, … • Deswegen meine ich … • Ich finde es toll, wenn … • Ich bewundere Menschen, die … • Ich weiß nicht, ob ich das könnte, aber …

D4

29 Ihre Vorbild-Biografie

Im Laufe eines Lebens ändern sich die Vorbilder. Welche Vorbilder hatten Sie, als Sie jünger waren? Überlegen Sie und schreiben Sie.

*Als ich 7 Jahre alt war, war meine Lehrerin mein Vorbild, weil sie auf jede Frage eine Antwort wusste.
Mit 10 wollte ich wie meine Tante sein. Sie war immer modern gekleidet und hatte eine tolle Frisur.
…*

erholung **30** **Eine Diskussion führen**

a **Was passt? Tragen Sie die Wendungen in die Tabelle ein.**

Ich bin mir nicht sicher, … ● Ich glaube, dass … ● Das denke ich auch. ● Was meinen Sie dazu? ● Das kann schon sein, aber … ● Ja, ganz genau! ● Meine Meinung ist … ● Ich finde/denke, dass … ● Das finde ich überhaupt nicht. ● Und du? Was denkst du darüber? ● Aber da bin ich ganz anderer Meinung ● Wie ist Ihre Meinung? ● Ich bin derselben Meinung. ● Ich weiß es nicht genau.

seine Meinung vertreten	unsicher sein	zustimmen	widersprechen	andere nach ihrer Meinung fragen
	Ich bin mir nicht sicher, …			

b **Kennen Sie noch weitere Wendungen? Tragen Sie sie in die Tabelle ein.**

31 **Was passt nicht? Streichen Sie durch.**

a eine Meinung: haben – verteidigen – diskutieren – ~~sein~~
b zusammen über ein Thema: reden – diskutieren – erzählen – sprechen
c eine Lüge: erzählen – lügen – verteidigen – glauben
d Nachteile: lügen – sehen – haben – fürchten
e die Wahrheit: sagen – schönreden – verteidigen – helfen

32 **Hilfe von Frau Edelgart**

a **Lesen Sie den Brief.**

Liebe Frau Edelgart,

ich schreibe Ihnen, weil ich nicht weiß, was ich tun soll. Ich habe eine Freundin, die ich schon über zehn Jahre kenne. Vor ca. drei Jahren habe ich ihr 1000 Euro geliehen. Sie wollte sich ein Auto kaufen, das sie brauchte, um zur Arbeit zu fahren. Obwohl wir vereinbart hatten, dass sie mir monatlich 100 Euro zurückgibt, habe ich das Geld nie bekommen. Sie hatte jedes Mal eine neue Ausrede, bis sie nichts mehr dazu sagte. Weil sie meine beste Freundin ist, habe ich geschwiegen.

Aber gestern kam sie wieder zu mir, um Geld zu leihen. Diesmal braucht sie 500 Euro für einen neuen Computer. Sie sagt, dass sie den unbedingt für ihren Beruf braucht. Eigentlich möchte ich ihr das Geld nicht geben, aber sie ist doch meine Freundin und ich möchte sie nicht verlieren.

Ihre Jutta Müller-Polat

b **Welches Problem hat Frau Müller-Polat? Ergänzen Sie.**

Sie hat ihrer .... Freundin vor .... Jahren .... Die Freundin hat mit dem Geld ...., damit sie zur Arbeit .... Die Freundin sollte jeden Monat .... Aber Frau Müller-Polat hat .... Jetzt möchte die Freundin .... für .... leihen.

E3

33 Rat von Frau Edelgart

a Welcher Satz passt zu welchem Brief? Kreuzen Sie an.

A *Liebe Frau Müller-Polat,*

da haben Sie wirklich ein großes Problem. Aber ist diese Frau wirklich Ihre Freundin, oder sucht sie ihren eigenen Vorteil? Heißt Freundschaft nicht, ehrlich und fair zu sein? Ich an Ihrer Stelle würde mit Ihrer Freundin offen sprechen. Erinnern Sie sie daran, dass Sie ihr schon einmal Geld geliehen haben, das Sie nicht zurückbekommen haben. Warten Sie ab, wie Ihre Freundin reagiert. Auf alle Fälle sollten Sie zuerst Ihr Geld zurückverlangen, bevor Sie ihr wieder etwas leihen.

B *Liebe Frau Müller-Polat,*

eine schwierige Gewissensfrage, die Sie mir da stellen. Geldfragen sind immer eine große Belastung für Freundschaften. Aber Sie sollten auch die Probleme Ihrer Freundin sehen. Ich glaube schon, dass Sie Ihnen das Geld zurückzahlen möchte. Aber manchmal ist das Leben sehr schwierig und wir können nicht so, wie wir gerne wollen. Vielleicht ist ihre Freundin wirklich in einer schwierigen Situation. Ich würde an Ihrer Stelle die Freundschaft an die erste Stelle setzen.

		Brief **A**	Brief **B**
1	Frau Müller-Polat soll mit Ihrer Freundin über das Problem sprechen, statt ihr sofort das Geld zu geben.	☒	☐
2	Es könnte sein, dass Frau Müller-Polats Freundin in Schwierigkeiten ist. Darum sollte sie ihr helfen.	☐	☐
3	In einer Freundschaft ist Ehrlichkeit sehr wichtig.	☐	☐
4	Die Freundschaft ist wichtiger als das Geld.	☐	☐

b Was ist Ihre Meinung? Soll Frau Müller-Polat der Freundin das Geld geben oder nicht? Sammeln Sie Argumente für Ihre Meinung.

E3 Schreibtraining

34 Brief an Frau Edelgart

a Wählen Sie ein Thema und schreiben Sie einen Brief.

1 Sohn der Nachbarin im Supermarkt beobachten, als Packung Kaugummi einstecken, nicht bezahlen, Junge versprechen, nie wieder tun, mit der Nachbarin reden?
2 Freundin, sehr dick, gerne Miniröcke tragen, nicht gut aussehen, ihr sagen?
3 neue Arbeitskollegin, freundlich und hilfsbereit, riecht immer nach Schweiß, ihr sagen?

b Tauschen Sie die Briefe im Kurs aus und schreiben Sie eine Antwort.

Liebe / Lieber …

das ist wirklich nicht einfach.
Ich finde, Sie …

Der Mieterverein

der Berater, –
der (Jahres- / Monats-)Beitrag, ¨-e
der Beitritt, -e
die Beitrittserklärung, -en
der Fachmann, ¨-er
die Mieterhöhung, -en
der Mieterverein, -e
das Mietproblem, -e
das Mietverhältnis, -se
das Mitglied, -er
der Mitgliedsantrag, ¨-e
die Mitgliedschaft (nur Singular)
die Not, ¨-e
die Streitigkeit, -en
die Vereinbarung, -en
der Widerspruch, ¨-e

bei·treten, trat … bei, ist beigetreten
durch·lesen, las … durch, hat durchgelesen
(sich) informieren, informierte, hat informiert
protestieren, protestierte, hat protestiert
verhindern, verhinderte, hat verhindert
sich wehren, wehrte, hat gewehrt
sich wenden (an), wendete, hat gewendet
zwingen, zwang, hat gezwungen

Engagement und Beruf

das Berufsziel, -e
die Einstellung, -en
das Engagement (nur Singular)
der Erfolg, -e
der Familienbetrieb, -e
die Landwirtschaft (nur Singular)
der Mut (nur Singular)
der Tierschutzverein, -e
der Traumjob, -s
die Überlegung, -en
die Überzeugung, -en
die Umwelt (nur Singular)
die Wiege, -n

(sich) begeistern (für), begeisterte, hat begeistert
(sich) ein·setzen (für), setzte … ein, hat eingesetzt
(sich) engagieren (für), engagierte, hat engagiert
kämpfen, kämpfte, hat gekämpft
(bei etwas) mit·machen, machte … mit, hat mitgemacht
pflegen, pflegte, hat gepflegt
realisieren, realisierte, hat realisiert
unterstützen, unterstützte, hat unterstützt

überzeugt
unerwartet
größtmöglich

Weitere wichtige Wörter

die Belohnung, -en
die Bevölkerung (nur Singular)
das Bürgerbüro, -s
die Fledermaus, ¨-e
der Frieden (nur Singular)
das Fundbüro, -s
die Gemeinde, -n
der Gewinn, -e
die Karikatur, -en
die Nächstenliebe (nur Singular)
der Nichtschwimmer, –
der Paradeiser, – (österreichisch für Tomate)
der Reisepass, ¨-e
der Schweiß (nur Singular)
die Sorge, -n
der Spender, –
der Streifenwagen, –
die Umwelt (nur Singular)
das Vorbild, -er
der Zoll, ¨-e

an·bauen, baute … an, hat angebaut
durch·sagen, sagte … durch, hat durchgesagt
durch·schlafen, schlief … durch, hat durchgeschlafen
ernten, erntete, hat geerntet
fest·halten, hielt … fest, hat festgehalten
pflanzen, pflanzte, hat gepflanzt
pflegen, pflegte, hat gepflegt
pflücken, pflückte, hat gepflückt
schön·reden, redete … schön, hat schöngeredet
schwer·fallen, fiel … schwer, ist schwergefallen
es fällt mir schwer
spenden, spendete, hat gespendet
zurück·verlangen, verlangte … zurück, hat zurückverlangt

fair
heimatlich
heutig
katholisch
verzweifelt
vorläufig

heuer (österreichisch für: in diesem Jahr)
im Laufe der Jahre

Sie sind doch sicher auch für **schönere** Spielplätze!

Wiederholung
Schritte 4
Lektion 9

1 **Ergänzen Sie.**

a klein *kleiner* .... *am kleinsten* .... **e** gut ....
b jung .... **f** nett ....
c alt .... **g** gern ....
d gesund .... **h** viel ....

A1

2 **Europa der Superlative. Ergänzen Sie in der richtigen Form.**

a **Welche Jeans war bisher auf der Welt** *am teuersten* .... **(teuer)?**
Die „Genius Jeans" vom italienischen Modedesigner Gucci war die *teuerste* (teuer) Jeans. Sie war völlig zerfetzt, aber mit Perlen und Federn bestickt. Sie kostete in Mailand 3.427 €.

d **Wo findet die Automobilausstellung statt, die weltweit** .... **(groß) ist?**
In Frankfurt am Main findet jährlich die ....*e* (groß) internationale Automobilausstellung (IAA) statt.

b **Welcher Straßentunnel liegt** .... **(tief) unter dem Meeresspiegel und ist 5,6 km lang?**
Der Hitra-Tunnel in Norwegen ist der ....*e* (tief) Tunnel der Welt. Er verbindet das Festland mit der Insel Hitra und führt bis in eine Tiefe von 264 m unter dem Meeresspiegel.

e **Wo steht das Hotel, das weltweit** .... **(kalt) ist?**
In Schweden, 200 km nördlich des Polarkreises, liegt das ....*e* (kalt) Hotel der Welt. Es ist komplett aus Eis und wird jedes Jahr wieder aufgebaut. Die Gäste liegen auf Eisbetten und die Innentemperatur schwankt um -6°C.

c **Welche Band verdiente noch im Jahr 2000 mit ihrer Musik** .... **? (viel)**
Trotz ihrer Auflösung im Jahr 1970 waren die Beatles zur Jahrtausendwende immer noch die ....*en* (reich) Musiker.

f **Welche Schauspielerin war von allen** .... **(alt), als sie in dem Film „Vincent und ich" mitspielte?**
Die Französin Jeanne-Louise Calmen war mit 114 Jahren die ....*e* (alt) Schauspielerin der Welt, als sie in dem Film über Vincent van Gogh sich selbst und ihre Begegnung mit dem Künstler spielte.

A2

3 **Wussten Sie schon, dass ...? Ergänzen Sie in der richtigen Form.**

groß • lang • gut • hoch • ~~viel~~

Wussten Sie schon, dass ...

a ... Nordrhein-Westfalen die *meisten* .... Einwohner Deutschlands hat, nämlich 18 Millionen, und somit mehr Einwohner als die Schweiz und Österreich zusammen?
b ... das .... Drehrestaurant der Welt im Schweizer Wallis auf 3.500 m liegt?
c ... der von den Naturfreunden Österreichs entwickelte „Kulturweg Alpen" mit seinen gut 1.800 km Länge der .... Wanderweg Österreichs ist?
d ... der Bayerische Wald mit einer Größe von 240.000 km² der .... Nationalpark Deutschlands ist?
e ... der deutsche Michael Schumacher mit sieben Weltmeistertiteln und den meisten Grand-Prix-Siegen als der .... Formel-1-Pilot aller Zeiten gilt?

4 **Vergleiche. Ergänzen Sie.**

höheres ● ~~mehr~~ ● besseres ● schnellere ● weniger

a In Irland und Frankreich werden *mehr* Kinder geboren als im Rest Europas.

b Es ist bewiesen, dass Japaner durch ihre Ernährungsweise ein .... Lebensalter erreichen als Menschen in der Europäischen Union.

c Angeblich gibt es in Süddeutschland immer .... Wetter als in Norddeutschland.

d Seit der Erfindung des Internets ist eine noch .... Kommunikation möglich als das vorher der Fall war.

e Aufgrund von vielen Gesundheitskampagnen rauchen in Europa immer .... Menschen. Vor 20 Jahren haben z.B. noch etwa 50% der Männer geraucht, heute sind es knapp unter 40%.

5 **Schlagzeilen. Ergänzen Sie in der richtigen Form.**

a **Die Post steht vor ihrer** *größten* .... (groß) **Investition in ihrer Geschichte.**

b **Oktoberfest. Wie Sie sich auf die** .... (schön) **Jahreszeit vorbereiten.**

c **Klinikärzte verlangen 30%** .... (viel) **Gehalt.**

d **Mode. Die** .... (neu) **Trends für Herbst und Winter sind da.**

e **Mitsubishi erwartet** .... (hoch) **Verkaufszahlen in Europa als bisher.**

f **Beunruhigend! Deutschland hat mit 8,7 Geburten auf 1000 Einwohner die** .... (niedrig) **Geburtenrate in Europa.**

g **Dieses Jahr auf der Internationalen Automobilausstellung.** .... (groß) **Autos mit** .... (wenig) **Spritverbrauch.**

6 **Was ist richtig? Kreuzen Sie an.**

a Die Wiedervereinigung 1990 war wohl der ☒ wichtigste ☐ wichtigere Tag in der jüngsten Geschichte Deutschlands.

b In den letzten Jahren gab es die ☐ höchsten ☐ höheren Arbeitslosenzahlen seit 60 Jahren.

c Viele Deutsche sind der Meinung, dass es für Europa keinen ☐ besten ☐ besseren Weg geben kann als die Erweiterung der Europäischen Union.

d In der letzten Zeit hat es in der deutschen Politik ☐ das interessanteste ☐ kein interessanteres Ereignis gegeben als die Bundestagswahl.

7 **Was ist oder war für Sie besonders schön, schlimm oder interessant in Ihrem Leben? Schreiben Sie Sätze. Folgende Wörter helfen Ihnen.**

mit dem Rauchen aufhören ● Tod ● Reise ● Hochzeit/Heiraten ● Geburt ● arbeiten ● am Wochenende ausschlafen ● mit meinen Kindern spielen ● joggen/Sport machen ● im Wald spazieren gehen ...

schön ● traurig ● interessant ● schlimm ● glücklich ● lang ● groß ● gut ● langweilig ● lustig ● ...

Tag ● Stunden ● Erfolg ● Zeit ● Erlebnis ● Entscheidung ● Fehler ● Hobby ● Freund ● ...

Es war mein größter Erfolg, mit dem Rauchen aufzuhören. Ich habe 15 Jahre geraucht.
Es gibt kein schöneres Hobby als ...
Die Geburt meiner/meines ...

A4

8 Brauchen wir ein Rauchverbot?

a Lesen Sie den Text und ergänzen Sie.

genausc hoch ● ~~Verglichen~~ mit ● gibt es .... strengere Gesetze ● nicht besser ● die besten Lösungen ● Das Wichtigste ● Im Gegensatz dazu ● noch nicht so streng

Mehr als 660.000 Bürger der Europäischen Union (EU) sterben jedes Jahr an den Folgen des Rauchens. Ärzte fordern schon seit langem von Politikern effektivere Maßnahmen im Kampf gegen das Nikotin. In Deutschland gibt es seit 2003 immerhin rauchfreie Bahnhöfe und das Recht auf einen rauchfreien Arbeitsplatz. *Verglichen mit*...... anderen Ländern ist das allerdings nur „ein Tropfen auf den heißen Stein." In vielen Ländern der Welt .... wesentlich .... In Singapur, Jakarta oder auch im Königreich Bhutan im Himalaya ist das Rauchen auf allen öffentlichen Plätzen oder in öffentlichen Verkehrsmitteln streng verboten. Wer in Jakarta beim Rauchen in der Öffentlichkeit erwischt wird, muss mit einer Geldstrafe von ca. 4.200 € oder einer 6-monatigen Gefängnisstrafe rechnen. Irland ist das erste europäische Land, in dem das Rauchen in der Öffentlichkeit, in Restaurants, Kneipen oder am Arbeitsplatz fast .... bestraft wird. Satte 3.000 Euro kann hier die unerlaubte Zigarette kosten. In Italien drohen seit dem 10. Januar 2005 Strafen zwischen 220 und 2.200 Euro. .... ist das Bußgeld in den USA noch „bezahlbar": Ungefähr 500 $ kostet dort das wiederholte Rauchen an öffentlichen Plätzen. In Europa ist es sonst im Allgemeinen .... wie auf anderen Erdteilen. Trotzdem zeigt sich jetzt auch in vielen Ländern Europas ein Trend zum stärkeren Nichtraucherschutz. Allerdings ist auch der Erfolg in Ländern mit Nichtraucherregelungen begrenzt. In Frankreich z.B. wird in Cafés und Bars fröhlich weitergeraucht, obwohl es seit 1992 ein Nichtrauchergesetz gibt, dass das Rauchen an öffentlichen Plätzen unter Strafe stellt. Auch in Belgien oder Bulgarien sieht es .... aus. Man kann also nicht sagen, welches Land .... hat. .... ist sicher immer noch, junge Menschen über die Gesundheitsrisiken aufzuklären und die Tabakpreise hochzuhalten – wie in Norwegen: da kostet eine Schachtel Zigaretten acht Euro.

b Ergänzen Sie die Informationen aus Übung a in der Tabelle.

Wo?	Was?	Bußgelder/Strafen
Deutschland	*Rauchfreie Bahnhöfe und Arbeitsplätze*	*/*
Singapur, Jakarta, Bhutan		
Jakarta		
...		

A4 Phonetik CD 3 34

9 Diesmal ist wirklich Schluss!

a Hören Sie.

Ich glaube, ich sterbe.
Mein Puls geht schneller
von Stunde zu Stunde.
Mein Blutdruck wird höher
mit jeder Sekunde.

Die Hände zittern.
Ich weiß es, ich ende
mitten im Leben.
Ein heißes Gefühl, dann
wieder ein kühlerer
Druck in der Brust.

Ich huste voll Schmerz,
mein Herz macht Sprünge,
kürzere, längere,
weitere, engere.
Jede Minute
kann es verstummen.

Die Knie werden weicher,
ich achte auf jedes
Zeichen der Schwäche,
ich breche zusammen,
es wird gleich vorbei sein,
nur eins kann mich retten:

ein Streichholz und eine
von deinen Zigaretten.

CD 3 34

b Hören Sie noch einmal und sprechen Sie leise mit.

Am Ende der CD (Track 58) finden Sie auch eine Karaoke-Version.

erholung
te 3
n 1

10 Fast alles erledigt! Ergänzen Sie in der richtigen Form.

Wir müssen noch ...

Das ist alles schon erledigt!

Getränke kaltstellen
Tische und Stühle putzen
Buffet aufbauen
Raum dekorieren
Nachbarn informieren

a Ich habe die Getränke schon *kaltgestellt* .
b Die Tische und Stühle haben Birte und ich schon ....
c Das Buffet haben Gerlinde und Eva schon ....
d Den Raum haben Sabine und ich gestern ....
e Ich habe die Nachbarn .... Aber es waren nicht alle zu Hause.

11 Letzte Vorbereitungen. Ergänzen Sie die Verben aus Übung 10.

a Tina, kannst du bitte kurz bevor die Gäste kommen die *kaltgestellten* Getränke aufs Buffet stellen?
b Birte und Tina, könnt ihr dann schon mal die .... Tische und Stühle in der Turnhalle aufstellen?
c Macht doch mal ein Foto von dem .... Buffet. Das sieht so toll aus.
d Passt bitte auf, dass noch keiner den .... Raum betritt.
e So, das war's dann. Ach, nur noch eins. Die von mir .... Nachbarn waren sehr freundlich und sie wünschen uns viel Spaß für unser Fest.

12 Unser Kindergarten. Ergänzen Sie die Endungen.

a **Sommerfest am 22. Juli ab 15 Uhr**
Liebe Eltern,
*bitte tragen Sie sich in die Listen ein, wenn Sie zu unserem Fest einen selbst gemacht*en* Kuchen, Salat oder etwas anderes mitbringen können.*
Danke!

b **Wussten Sie schon?**
Bei uns gibt es fast nur biologisch-dynamisch angebaut.......... und täglich frisch zubereitet.......... Essen. Wenn Sie Fragen zum Essen haben, besuchen Sie uns in der Küche.
Wir freuen uns auf Sie.

c *Achtung!*
Bitte Ihre ausgeliehen.......... Bücher jeweils montags zwischen 7:00 - 8:30 Uhr oder 13:00 – 14:00 Uhr im Personalzimmer abgeben.

d Bitte denken Sie immer an frisch gewaschen.......... Wäsche für Ihre Kinder. Danke!

e **Interessiert.......... Eltern von unseren Kindern können auch mal einen Tag in der jeweiligen Gruppe hospitieren.**
Sprechen Sie uns an!

f **Ausflug zum Starnberger See**
Endlich sind die nachbestellt.......... Fotos von unserem gemeinsamen Ausflug da. Bitte in den Gruppen abholen.

Wo sind die **versprochenen** Einrichtungen für Kinder?

B3

13 Basisdemokratie

a Wer sagt das? Lesen Sie die Texte in Übung b und ordnen Sie zu.

		Text
1	Nur durch unser persönliches Engagement konnten wir eine Katastrophe in unserem Ort verhindern.	☐
2	Es ist wichtig, sich politisch zu engagieren, auch wenn man viel Zeit investieren muss.	☐
3	Man kann auch in der Schule politisch aktiv werden.	☐

b Ergänzen Sie in der richtigen Form.

Kurz vor den Bundestagswahlen sind wir auf die Straße gegangen und wollten mal von den Bürgern wissen, ob und wie sie sich eigentlich politisch engagieren. Erstaunlich war, dass sehr viele in der einen oder anderen Weise politisch aktiv sind. Drei Aussagen haben wir hier für Sie abgedruckt.

A

Marianne S., 38 Jahre
Ich bin seit zwei Jahren im Elternbeirat tätig. So lange ist meine 3-jährige Tochter auch schon in dieser Einrichtung. Wir sind acht ...*engagierte*......... (engagieren) Mütter und Väter, die von den Eltern gewählt wurden. Ich finde es einfach wichtig, dass man politisch aktiv wird – auch im Kindergarten. Klar, so was kostet viel Zeit und Nerven. Aber die von uns bisher .... (planen) und .... (organisieren) Aktionen wie z. B. der Besuch bei der Polizei, der Schikurs für die größeren Kinder und das Sommerfest haben viel Spaß gemacht.

B

Sven K., 16 Jahre
Ich war schon öfter Klassensprecher und dieses Jahr bin ich mit zwei anderen auch Schulsprecher geworden. Wir sind die von allen Klassensprechern .... (wählen) Verbindung zwischen Schülern, Lehrern und dem Elternbeirat. Das heißt, ich nehme aktiv an der Schulpolitik teil. Unsere Aufgaben? Neben dem üblichen Weihnachtsbazar und Flohmarkt hat die SMV z. B. in den letzten Jahren ein Streitschlichterprogramm eingeführt und für die 9. Klassen wurde ein Praktikum in Firmen durchgesetzt. Natürlich gibt es auch unsere immer gut .... (besuchen) Mittel- und Oberstufenpartys. Ich möchte übrigens eine Lesenacht organisieren. Die gab's bisher noch nicht.

C

Klaus G., 61 Jahre
Ich habe mich im letzten Jahr zusammen mit anderen .... (betreffen) Mitbürgern sehr stark in einer Bürgerinitiative engagiert. In unserer Gemeinde sollte auf einer wunderschönen Wiese ein riesiger Sportplatz mit Turnhallen und 200 Parkplätzen entstehen. Das wäre eine große ökologische Katastrophe für uns geworden. Tagelang haben wir unsere selbst .... (schreiben) Infoblätter verteilt und haben uns mit unserem Infostand vor Supermärkten aufgestellt. Es war wirklich harte Arbeit. Aber am Ende hat sich unser Einsatz gelohnt: Mit 60% haben die Bürger im Bürgerentscheid gegen den Bau gestimmt. Sie können sich nicht vorstellen, wie glücklich und stolz wir auf unsere .... (leisten) Arbeit waren.

B3

14 Was ist richtig? Kreuzen Sie an.

a Der Politiker hat die Menschen überzeugt.
Die ☒ überzeugten ☐ überzeugt ☐ überzeugte Menschen wählen den Politiker.

b Ein Mann hat eine Brieftasche gefunden.
Er gibt die ☐ gefunden ☐ gefundene ☐ gefundenen Brieftasche bei der Polizei ab.

c Die Werkstatt hat das Auto repariert.
Der Besitzer holt sein ☐ repariertem ☐ repariertes ☐ reparierten Auto am Nachmittag ab.

d Die Schule hat die Eltern benachrichtigt.
Die ☐ benachrichtigten ☐ benachrichtigt ☐ benachrichtigte Eltern fahren ihr krankes Kind zum Arzt.

e Sie hat das Fenster geöffnet.
Sie schläft immer bei ☐ geöffnet ☐ geöffnetem ☐ geöffnetes Fenster.

15 **Schreiben Sie Schlagzeilen.**

verzweifeln • verlieben • betrinken • suchen • vermissen • finden • langweilen • ...

Hausfrau • Rentnerin • Weihnachtsmann • Postbote • Polizist • Kinder • Ehemann • Hund • Katze • Lehrer • Ärztin • Nachbar • ...

Verzweifelter Postbote wirft 1000 Briefe weg.
Verliebte Rentnerin heiratet 100-Jährigen.

Projekt **16** **Zeitungslandschaft in Deutschland**
Beantworten Sie die Fragen und sammeln Sie Ihre Ergebnisse an der Tafel. Machen Sie eine kleine Collage mit Ihren Lieblingszeitungen bzw. -zeitschriften.

a **Welche deutschsprachigen Tages- und Wochenzeitungen in Deutschland kennen Sie?**
Gehen Sie in eine Bahnhofsbuchhandlung, eine Stadtbücherei oder einen Supermarkt und sehen Sie nach, welche Zeitungen dort verkauft/verliehen werden.

b **Wo steht was in Ihrer Zeitung? Suchen Sie sich eine deutsche Zeitung aus und ergänzen Sie in der Tabelle.**
Schreiben Sie auf, welche Rubriken (Politik, Sport, Lokales, ...) die Zeitung hat. Wo finden Sie z.B. Weltnachrichten? Wo regionale Nachrichten? Wo finden Sie das Kinoprogramm und wo steht, wer beim letzten Formel-1-Rennen gewonnen hat?

c **Welche Zeitung(en) und Zeitschrift(en) lesen Sie am liebsten? Warum?**
d **Welche Informationen sind Ihnen in Ihrer Zeitung wichtig? Sprechen Sie.**

Zeitungen/Zeitschriften aus Deutschland	Was steht da?	Wo steht das? (Rubrik)	Unsere Lieblingszeitung / -zeitschrift:
Bild, Süddeutsche Zeitung, ... Stern, ...	*Weltnachrichten,*	*Politik*	

Phonetik **17** **Öffentlich sprechen**
35-37

a **Hören Sie drei Redner.**
b **Was fällt Ihnen an den Rednern auf? Was ist besonders gut oder schlecht? Welcher würde Sie am meisten überzeugen? Diskutieren Sie.**
c **Üben Sie mit Ihrer Partnerin / Ihrem Partner die Rede ein: ein Partner die ersten beiden Absätze, der andere die letzten beiden Absätze.**
Erinnern Sie sich daran, was Sie an den Rednern gestört hat. Versuchen Sie es besser zu machen und geben Sie sich beim Üben gegenseitig Tipps.

Meine Damen und Herren,
wie Sie wissen, gibt es in unserer Stadt immer weniger Arbeitsplätze. Deshalb zahlen immer weniger Einwohner Steuern, und deshalb ist immer weniger Geld in der Stadtkasse. Das ist nicht schwer zu verstehen.
Die Stadt muss also sparen. Und wie will sie das machen? Sie will im nächsten Herbst unsere Tobelbach-Grundschule schließen! Und das ist schwer zu verstehen! Nein, meine sehr geehrten Damen und Herren; das ist überhaupt nicht zu verstehen!

Die Grundschule ist unsere wichtigste Investition in die Zukunft. Die Zukunft dieser Stadt hängt davon ab, dass die Kinder eine Schule haben, in der sie sich wohlfühlen, mit der sie sich identifizieren können. Eine Schule, die zur Nachbarschaft gehört, von der man zu Fuß wieder nach Hause gehen kann, bei der man sich auch am Nachmittag zum Spielen treffen kann.
Um das unseren Stadtvätern klar zu machen, schlage ich vor, dass wir gegen diese geplante Schließung der Tobelbachschule protestieren. Und zwar laut und deutlich sichtbar! Ich mache den folgenden Vorschlag: ...

C5

18 Wenn ich Kanzler wäre … . Lesen Sie die Postkarten. Über welche Themen schreiben die Menschen? Ordnen Sie zu.

a Ich wünsche mir von Ihnen, dass es keine Kriege gibt und dass keine Bomben explodieren. Bitte sorgen Sie dafür, dass die Menschen in den armen Ländern genug Geld haben.
Flavio, 5 Jahre, Berlin

b Sehr geehrter Herr Bundeskanzler, können Sie nicht einen autofreien Sonntag im Jahr einführen und die Innenstädte freihalten von Autos? Kann man die Rechte für Radfahrer und Fußgänger nicht noch mehr stärken?
Karl-Heinz Beier, Lübeck

c Wir bitten Sie für unsere Kinder und Enkelkinder: Sorgen Sie dafür, dass unsere Luft sauber bleibt und dass mehr Rücksicht auf die Natur genommen wird!
Anna Heinzeler, Berlin

d Ich erwarte von Ihnen, dass die Bildung wieder im Mittelpunkt der Politik steht. Bildung ist das Wichtigste, um im Leben Erfolg zu haben, und auch, um Deutschland voran zu bringen. Ich bitte Sie: Tun Sie etwas dafür!
Jens Harter, Köln

e Bitte sorgen Sie dafür, dass alle Bürger nach Einkommenshöhe Steuern bezahlen. Außerdem fordere ich von Ihnen, dass die Rente der Bürger nicht angetastet wird. Wenn weiterhin Betriebe ins Ausland verlagert werden, dann kann es mit unserer Wirtschaft ja nicht bergauf gehen.
Rita Schöller, Vechta

f Warum können Sie nicht dafür sorgen, dass jeder, der eine Ausbildung macht, auch einen Job bekommt???
Markus Groll, Berlin

g Vielen Dank, dass Sie es vielen Ausländern ermöglichen, in Deutschland ein neues Leben zu beginnen. Manchmal würde ich mir aber noch mehr Toleranz und Akzeptanz von den Deutschen wünschen.
Aynur Derin, Berlin

		Text
1	Finanzen und Steuern	e
2	Arbeit und Arbeitslosigkeit	☐
3	Bildung	☐
4	Integration	☐
5	Frieden	☐
6	Umwelt	☐
7	Verkehr	☐

C5

19 Post für unsere Politiker

a Lesen Sie den Text und kreuzen Sie an: richtig oder falsch?

Post für unsere Politiker

Endlich dürfen die Wähler und Wählerinnen einmal sagen, was ihnen unter den Nägeln brennt. Sie sitzen auf Hockern mitten in der Kölner Fußgängerzone und diktieren einer Frau im roten 50er-Jahre-Kostüm ihre politischen Ansichten. Die „Sekretärin" ist die 39-jährige Sheryl Oring. Mit einer schwarz glänzenden Schreibmaschine tippt sie die Wünsche und Beschwerden der Passanten auf Postkarten. Die gehen dann direkt an den Bundeskanzler. Eines der wichtigsten Themen ist die Arbeitslosigkeit. Frau Oring gibt keine Formulierungshilfe, auch wenn sich die Leute oft mühen, die richtigen Worte zu finden. „Es sind immer die Ideen der Menschen, nicht meine Gedanken." Bis Ende August tourt sie durch Deutschland. Bislang hat sie schon einige hundert Postkarten geschrieben.

		richtig	falsch
1	Frau Oring schreibt Postkarten, weil sie sich über die Politiker ärgert.	☐	☐
2	Die Leute auf der Straße sagen Frau Oring, was sie den Politikern schreiben soll.	☐	☐
3	Die Leute interessieren sich nur für das Thema Arbeitslosigkeit.	☐	☐
4	Beim Schreiben der Briefe hilft sie den Leuten nie, die richtigen Worte zu finden.	☐	☐
5	Frau Oring macht diese Briefaktion jedes Jahr in Deutschland.	☐	☐

…training

b **Welche Fragen, Wünsche oder Forderungen würden Sie Frau Oring diktieren? Schreiben Sie an einen Politiker Ihrer Wahl – in Deutschland oder Ihrem Heimatland. Sie können diese Redemittel benutzen.**

Wünsche	Forderungen	Fragen	Allgemeines
Ich wünsche mir, dass … Bitte sorgen Sie dafür, dass … Wir bitten Sie, …	Ich fordere von Ihnen, … Wenn Sie nicht … , dann … Ich erwarte von Ihnen, dass …	Warum gibt es …? Wir verstehen nicht, warum … Können Sie nicht …?	Wir sind sehr enttäuscht von … , Vielen Dank, dass Sie …

Sehr geehrte/r Frau/Herr …

Prüfung 38-42

20 Hören Sie die Interviews und kreuzen Sie an: richtig oder falsch?

Sie hören fünf kurze Texte. Zu jedem Text gibt es eine Aufgabe. Sie hören jeden Text einmal.

		richtig	falsch
a	Die Sprecherin wählt die Grünen, weil es ihrer Meinung nach keine andere Partei gibt, die sich so für den Frieden und die Ökologie einsetzt wie sie.	☐	☐
b	Die Sprecherin wird wahrscheinlich die SPD wählen, weil sie nicht die selbe Partei wie ihr Vater wählen will.	☐	☐
c	Der Sprecher will dieses Jahr wählen, weiß aber noch nicht welche Partei.	☐	☐
d	Die Sprecherin wählt dieses Jahr die CDU und vielleicht das nächste Mal die SPD.	☐	☐
e	Der Sprecher wählt die FDP, weil seiner Meinung nach keine andere Partei in wirtschaftlichen Fragen ein so gutes Programm hat wie sie.	☐	☐

21 Lerntagebuch: Bewusstes Hinhören und Hinsehen

LERNTAGEBUCH

a **Hören Sie und sehen Sie genau hin! Lesen Sie die Sätze und kreuzen Sie an.**

	Testen Sie sich!	Ja	Nein
1	Ich lese Werbeplakate auf der Straße oder in der U-Bahn.	☐	☐
2	Ich lese die Infowände im Supermarkt.	☐	☐
3	Ich lese deutsche Zeitschriften, z.B. im Wartezimmer beim Arzt.	☐	☐
4	Ich höre unauffällig zu, wenn sich Deutsche im Bus, Supermarkt oder Café unterhalten.	☐	☐
5	Ich stelle zu Hause einen deutschen Radiosender ein.	☐	☐
6	Ich sehe deutsches Fernsehen.	☐	☐
7	Ich höre deutsche Musik.	☐	☐
8	Ich lese Schlagzeilen in Zeitungen und Zeitschriften.	☐	☐

b **Im Supermarkt, in der U-Bahn, in der Apotheke, beim Arzt. Überall gibt es Möglichkeiten „nebenbei" die Deutschkenntnisse zu verbessern. Nutzen Sie die Chancen, die sich Ihnen überall bieten!**

- Was sagen die Leute und wie sagen sie es? Was fällt Ihnen auf?
- Überlegen Sie sich: Was würden Sie in der gleichen Situation in Ihrer Sprache sagen?
- Gibt es ähnliche Redewendungen oder sagen Sie in diesen Situationen etwas ganz anderes? Probieren Sie es aus: Wenn Sie eine interessante Redewendung lesen, dann schreiben Sie sie auf und übersetzen Sie sie in Ihre Sprache.

Auf Deutsch	In meiner Sprache
Wie geht es dir?	*How are you?*
Ist dir kalt?	*Hai freddo?*

Wiederholung Schritte 5 Lektion 3

22 Ergänzen Sie.

wird .... gezeigt ● werden … gemacht ● wird … erzählt ● werden … gekauft ● werden … besichtigt ● werden … gestellt

Auf einer Stadtrundfahrt …

a *wird* .... den Touristen die Stadt *gezeigt* ....
b .... viele Fragen ....
c .... von historischen Ereignissen in der Stadt ....
d .... Sehenswürdigkeiten ....
e .... Fotos ....
f .... Souvenirs ....

D2

23 Was ist richtig? Kreuzen Sie an.

a Am 8. Mai 1945 wurde der 2. Weltkrieg ☐ begonnen ☒ beendet.
b 1949 wurden zwei deutsche Staaten ☐ gegründet ☐ gewählt.
c 1961 wurde die Mauer ☐ zerstört ☐ errichtet.
d Die Mauer wurde quer durch Berlin ☐ erbaut ☐ gestellt.
e Deutschland wurde von den Alliierten in vier Besatzungszonen ☐ geschnitten ☐ aufgeteilt.
f Am 9. November 1989 wurde von der Regierung der DDR die Mauer ☐ geschlossen ☐ geöffnet.
g Am 3. Oktober 1990 wurde zum ersten Mal der Tag der deutschen Einheit ☐ gefeiert ☐ unterschrieben.

D3

24 Reportage: Zonenkinder

a Lesen die den Buchtitel und den Textanfang. Was ist richtig? Kreuzen Sie an.

Zonenkinder

Am 9. November 1989 fiel die Mauer, die Ost- und Westdeutschland getrennt hatte. Das sozialistische System war am Ende. Über Nacht änderten sich Kindheit, Alltag und die ganze Zukunft für viele Menschen in Ostdeutschland. Auch für die Schriftstellerin Jana Hensel (25), die in der DDR groß wurde. Sie beschreibt heute ihre Gefühle in einem Buch. Jana Hensel war 13, als die Mauer fiel. Heute ist sie 25. Sie hat in ihrem Buch „Zonenkinder" darüber geschrieben, wie sich damals ihr Leben veränderte.

„Zonenkinder" sind

☐ Kinder, die zuerst in der DDR und nach der Wiedervereinigung im vereinten Deutschland aufgewachsen sind.
☐ nur die Kinder, die direkt an der Berliner Mauer aufgezogen wurden, also in der Zone um die Berliner Mauer herum.

b Lesen Sie weiter und kreuzen Sie an: richtig oder falsch?

„Für mich war dieses Buch einfach der Wunsch, meine verlorene Kindheit festzuhalten. Etwas, was mir über Nacht weggenommen worden ist. Der 9.11., der Fall der Mauer, war nur ein Bruchstück von vielen. Für mich war es, als ob jeden Tag kleine Mauern fallen würden. Alles war auf einmal anders. In der Schule wurde der Kapitalismus von Lehrern erklärt, die vorher den Sozialismus über alles gelobt hatten. Die *Kaufhalle* hieß plötzlich *Supermarkt*, Luxusprodukte aus dem Westen hielten Einzug in die Regale. Unsere Generation musste sich schon sehr anstrengen, den neuen Lebensstil zu imitieren, die Klamotten, die Gesten. Wir sind dann trotzdem als ‚Ossi' erkannt worden. Das war wirklich schrecklich für uns."

		richtig	falsch
1	Jana Hensel schreibt in ihrem Buch über ihre Kindheit.	☐	☐
2	Nach dem Fall der Mauer hat sich vieles geändert.	☐	☐
3	Jana war es egal, wenn die Leute gemerkt haben, dass sie aus der ehemaligen DDR stammt.	☐	☐

c **Markieren Sie die Sätze wie in dem Beispiel in Übung b und ergänzen Sie in der Tabelle.**

Meine Kindheit	ist	mir	über Nacht	weggenommen	worden
In der Schule	wurde	der Kapitalismus	von Lehrern	...	
Wir	...	dann trotzdem	als ‚Ossi'	...	...

25 Bekannte deutsche Persönlichkeiten: Ergänzen Sie in der richtigen Form und ordnen Sie die Texte den Fotos zu.

A 
Helmut Kohl

B 
Konrad Adenauer

C 
König Ludwig II

D 
Willy Brandt

1 Wer ist ... zum 1. Bundeskanzler der Bundesrepublik gewählt ... worden ... (wählen)
[B] und regierte diese 14 Jahre?

2 Welchem bedeutenden deutschen Politiker ... 1971 der Friedensnobelpreis
[ ] ... ... (verleihen)?

3 Wer ... in Deutschland viermal zum Bundeskanzler ... ... (wählen)
[ ] und wird heute auch der „Einheitskanzler" genannt?

4 Von wem ... die Schlösser Neuschwanstein, Linderhof und Herrenchiemsee
[ ] in Bayern ... ... (erbauen)?

26 Hätten Sie's gewusst? Lesen Sie die Sätze und schreiben Sie jeweils zwei Fragen wie im Beispiel.

a Von wem ist der Eiffelturm gebaut worden? ... ?
Von wem wurde ... ?
Gustave Eiffel hat 1889 den Eiffelturm gebaut.

b Von wem ... ?
... ?
J.F. Kennedy sagte den berühmten Satz „Ick bin ein Berliner".

c Wo ... ?
... ?
Den Film „7 Jahre in Tibet" mit Brad Pitt hat man in Österreich gedreht.

d Wann ... ?
... ?
1894 hat man die Tower Bridge für den Verkehr geöffnet.

27 Länderquiz

Bilden Sie Gruppen und schreiben Sie ein Quiz über Interessantes, Kurioses ... aus Ihrem Land / Ihren Ländern.

Welches Bauwerk ist ca. 6.800 km lang und wird somit das größte Bauwerk der Welt genannt?

E2

28 Das politische System der Bundesrepublik Deutschland

a Betrachten Sie das Schaubild.

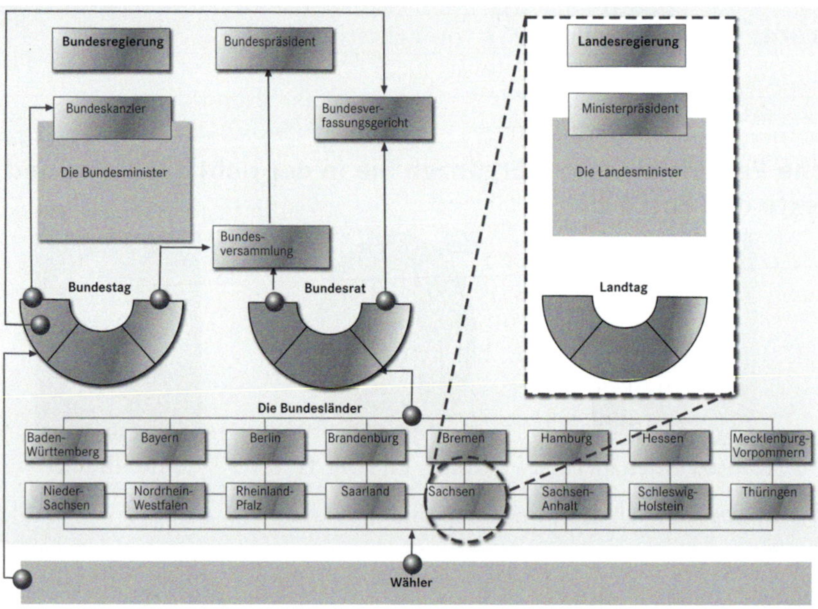

b Lesen Sie die Erklärungen und ergänzen Sie das Kreuzworträtsel mit Begriffen aus dem Schaubild in Übung a oder aus dem Kursbuch, Seite 66, E2.

1. So wird das Parlament genannt, das in der Hauptstadt Berlin arbeitet und vom Volk gewählt wird. Etwa 600 Abgeordnete aus verschiedenen Parteien sitzen dort.
2. Deutschland ist politisch aufgeteilt in 16 …
3. So heißt die Chefin / der Chef einer Landesregierung.
4. Die Parteien, die nicht regieren, aber im Parlament sitzen.
5. Sie/Er hat die politische Macht und ist Chefin/Chef der Bundesregierung. Sie/Er wird vom Bundestag gewählt und bestimmt, welche Politik gemacht wird.
6. Die Partei mit den meisten Sitzen im Bundestag hat die …
7. Hier sitzen die Vertreter aus den Bundesländern.
8. Das Parlament eines Bundeslandes heißt …
9. In ihr sind der Bundeskanzler und seine Minister vertreten.
10. Sie/Er ist zwar die erste Frau / der erste Mann im Staat, hat aber keine politische Macht. Zu ihren/seinen wichtigsten Aufgaben gehört es, Deutschland zu repräsentieren.

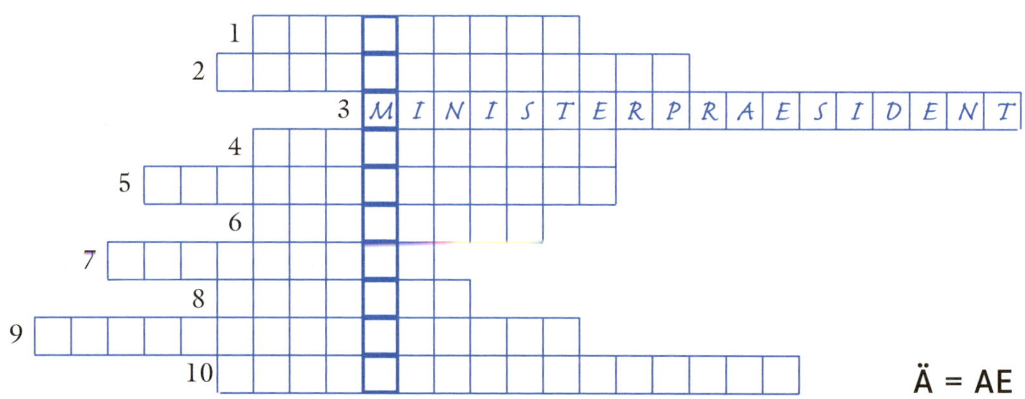

Ä = AE

c Wie heißt das Lösungswort?

Die Parteien

Bündnis 90 / Die Grünen
die CDU (Christlich-Demokratische Union)
die CSU (Christlich-Soziale Union)
die FDP (Freie Demokratische Partei)
die Linkspartei
die SPD (Sozialdemokratische Partei)
die Koalition, -en
die Opposition (nur Singular)
die Partei, -en
das Parteimitglied, -er
die Umweltpartei, -en

kommunistisch
konservativ
liberal
sozialdemokratisch

Wahlen und politische Mitbestimmung

der Bürger, –
das Bürgerbegehren, –
der Bürgerentscheid, -e
die Bürgerin, -nen
die Bürgerinitiative, n
die Demokratie, -n
die Demonstration, -en
das Flugblatt, ⸚er
das Frauenwahlrecht (nur Singular)
der Kandidat, -en
die Kandidatin, -nen
die Mehrheit (nur Singular)
die Mitbestimmung, -en
die Öffentlichkeit (nur Singular)
der Protest, -e
die Protestunterschrift, -en
die Rede, -n
der Stimmzettel, –
die (Europa- / Bundestags- / Landtags- / Kommunal- / Bürgermeister-) Wahl, -en
die Wahlbeteiligung (nur Singular)
das Wahlergebnis, -se
die Wahlprognose, -n
das Wahlprogramm, -e
der Wähler, –
die Wählerin, -nen
die Wählerstimme, -n

(eine Stimme) ab·geben, gab … ab, hat abgegeben
unter den Nägeln brennen, brannte, hat gebrannt
demonstrieren, demonstrierte, hat demonstriert
(Wahlen) durch·führen, führte … durch, hat durchgeführt
fordern, forderte, hat gefordert
wählen gehen, ging wählen, ist wählen gegangen

geheim
kämpferisch
überparteilich
unabhängig
wahlberechtigt

Das politische System

die (Schul-) Behörde, -n
der Bundeskanzler, –
die Bundeskanzlerin, -nen
das Bundesland, ⸚er
der Bundespräsident, -en
die Bundespräsidentin, -nen
die Bundesregierung (nur Singular)
der Bundestag (nur Singular)
die Landesregierung, -en
der Landtag (nur Singular)
der Minister, –
die Ministerin, -nen
der Ministerpräsident, -en
die Ministerpräsidentin, -nen
das Parlament, -e
der Politiker, –
die Politikerin, -nen
die Regierung, -en
der Senat, -e
der Senator, -en
die Senatorin, -nen
der Stadtrat, ⸚e
die Stadträtin, -nen
das System, -e
die Verwaltung, -en
die Verfassung, -en

demokratisch
politisch

Geschichte und Symbole

die BRD (Bundesrepublik Deutschland)
die DDR (Deutsche Demokratische Republik)

die Besatzungszone, -en
das Ereignis, -se
die Freiheit (nur Singular)
der Gastarbeiter, –
die Kapitulation (nur Singular)
die Mauer, -n
der Nationalfeiertag, -e
die Nationalflagge, -n
die Nationalhymne, -n
das Reichstagsgebäude (nur Singular)
die Revolution, -en
das Volk, ⸚er
die Wiedervereinigung (nur Singular)

ab·schaffen, schaffte … ab, hat abgeschafft
(in Besatzungszonen) auf·teilen, teilte … auf, hat aufgeteilt
flüchten, flüchtete, ist geflüchtet
sich vereinen, vereinte, hat vereint

bedingungslos
bevölkerungsreich
bewegend
demokratisch
friedlich
gesamtdeutsch

Weitere wichtige Wörter

die Bombe, -n
der Druck (nur Singular)
der Gegensatz, ⸚e
der Hocker, -
die Macht (nur Singular)
das Streichholz, ⸚er

bauen, baute, hat gebaut
beeinflussen, beeinflusste, hat beeinflusst
blühen, blühte, hat geblüht
schaden, schadete, hat geschadet

bisherig
brüderlich
unentschieden
wesentlich

Blick nach Süden über die Alpen

A6

1 Die Schweiz und Österreich.

a Betrachten Sie die Karten und lesen Sie die Texte.

A

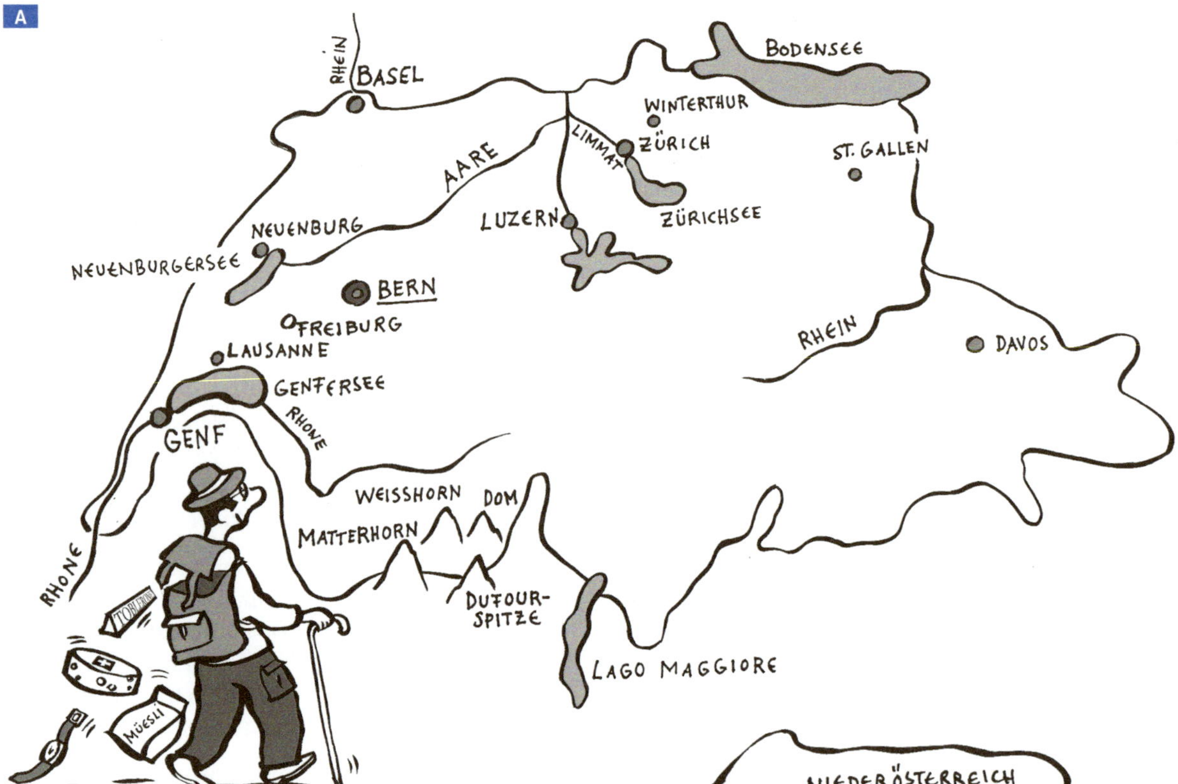

B

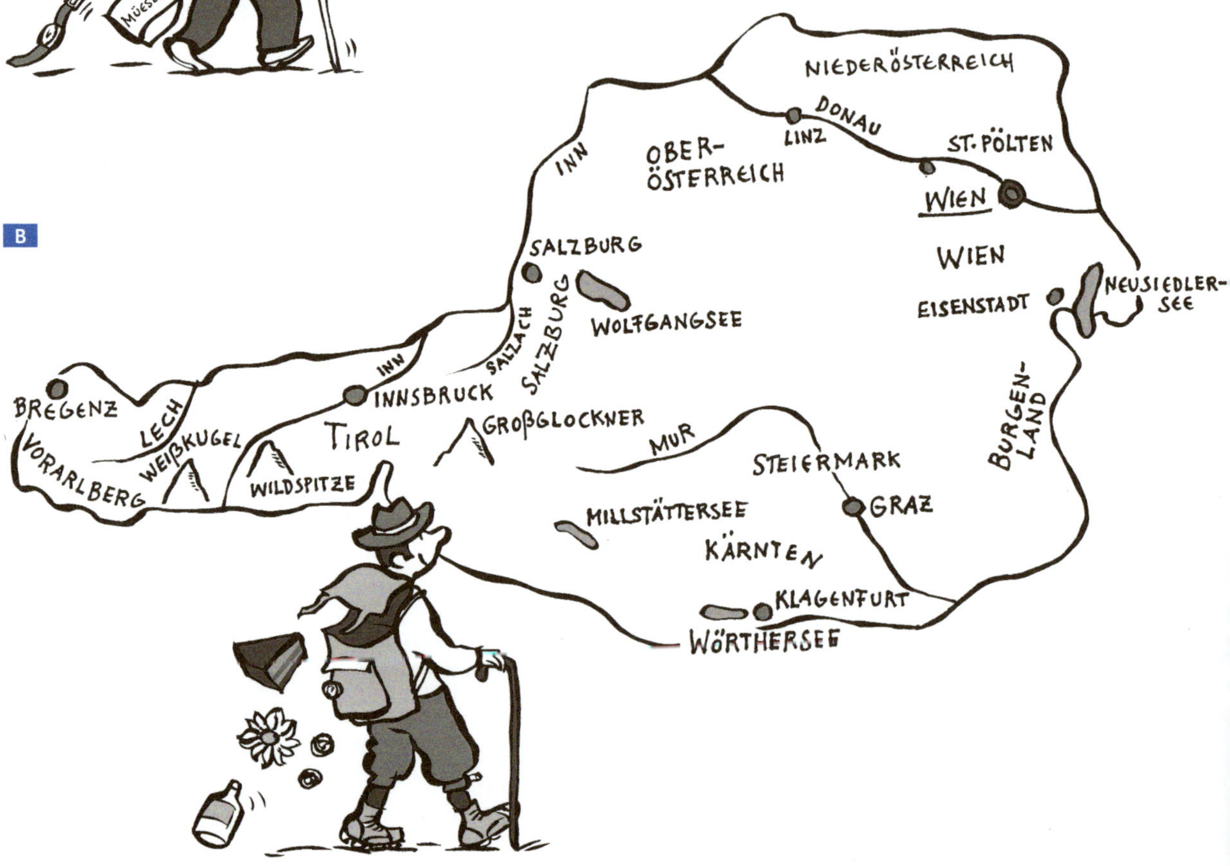

A

Die Schweiz (*CH = Confœderatio Helvetica*) ist ein kleines Land mit vielen Unterschieden. Seine Einwohnerzahl beträgt ca. 7 300 000. Im Westen grenzt es an Frankreich, im Norden an Deutschland, im Osten an Österreich und das Fürstentum Liechtenstein und im Süden an Italien. Trotz des hohen Anteils des Landes an Hochgebirge sind 43% Wiesen und Weiden. Die höchsten und bekanntesten Berge sind die Dufourspitze im Monte-Rosa-Massiv (4634 m) an der italienischen Grenze, der Dom (4545 m), das Weißhorn (4507 m) und das Matterhorn (4477 m). Politisch ist die Schweiz in 20 Vollkantone und 6 Halbkantone mit jeweils eigener Verfassung, Parlament und Regierung aufgeteilt. Die Schweiz hat natürlich auch eine Bundesregierung, aber keinen Regierungschef; alle Bundesräte (Minister) sind gleichberechtigt. Die Schweiz ist nicht Mitglied der Europäischen Union.

B

Die Republik Österreich (*A = Austria*) grenzt im Norden an Deutschland und Tschechien, die Slowakei und Ungarn im Osten, Slowenien und Italien im Süden und die Schweiz und Liechtenstein im Westen. Es hat ca. 8,2 Mio Einwohner und ist doppelt so groß wie die Schweiz (84 000 km²). Von der Gesamtfläche Österreichs entfällt nur etwa ein Viertel auf Tief- und Hügelländer. Nur 32 % liegen tiefer als 500 m. Die höchsten Berge sind der Großglockner (3797 m), die Wildspitze (3768 m) und die Weißkugel (3739 m). Österreich ist in 9 Bundesländer gegliedert. Die Regierung führt der Bundeskanzler. Das Land ist seit 1995 in der Europäischen Union.

b **Ergänzen Sie die Informationen in den Steckbriefen.**

	Schweiz	Österreich
Nachbarländer:	*Frankreich*	
Einwohnerzahl:		
Größe in km² (ca.):		
Autokennzeichen:		*A*
Hauptstadt:		
Einige Städte:		
Einige Berge:		
Einige Flüsse:		
Einige Seen:		
Politische Gliederung in:		
Staats- und Regierungschef:	*keinen*	
Mitglied der EU?		

A6

2 Sprache(n) in der Schweiz

a Welche Sprachen werden in der Schweiz gesprochen? Lesen Sie den Text und kreuzen Sie an.

> ***Esperanto**, künstliche, leicht erlernbare Sprache, die statt des Englischen der internationalen Kommunikation dienen sollte.*

☐ Portugiesisch ☐ Italienisch ☐ Spanisch ☐ Französisch ☐ Deutsch ☐ Esperanto ☐ Rätoromanisch

Kein Schweizer isst Müsli

Die Schweiz ist zwar nicht das Land mit den meisten Sprachen, aber immerhin aus einer der spannendsten Kreuzungen Europas. Von jedem Nachbarland nahm sich die Schweiz ein Stück weg. (...) Die offiziellen Landessprachen sind Italienisch, Französisch und Deutsch und außerdem seit 1939 noch das Rätoromanische. Man spricht es in Teilen Graubündens, und es klingt wie eine Mischung aus Portugiesisch und Esperanto. (...) Italienisch und Französisch sind kein größeres Problem, wenn man diese Sprachen spricht. Anders das Deutsche! (...) Des Schweizers gesprochenes Deutsch ist nämlich Schweizerdeutsch, oder *Schwiizerdüütsch*. (...) So schwierig ist es aber nicht. Drei Tipps sollen den Zugang erleichtern:

- Das *K* hat sich oft zum *CH* (wie in Da*ch*) verwandelt: Das Wort *Küche* wird so zur *Chuchi*.
- Wo der Schweizer ein langes *u* spricht (*Muus, Huus*), steht im Deutschen meist ein *au* (*Maus, Haus*).
- Dafür sprechen die Schweizer allerdings, dort wo die Deutschen ein langes *u* sagen (*Tuch*, *Mut*), ein für die deutschen Zungen unmögliches *uä* (*Tuäch*, *Muät*).

Daraus erklärt sich ein in Deutschland weit verbreitetes Missverständnis: Wenn Sie in der Schweiz ein *Müsli* bestellen, grinsen Ihre Gastgeber in sich hinein, denn Sie scheinen eine kleine Maus verspeisen zu wollen (*M**ü**sli* = Verkleinerung von *Muus*). Die in der Schweiz entwickelte Frucht-Joghurt-Getreidemischung ist hierzulande ein *M**üe**sli*.
Würden Sie ein knappes halbes Jahr in der Schweiz leben, Sie könnten (fast) jedes Wort verstehen.

b Was ist das? Lesen Sie noch einmal und ergänzen Sie.

.... ist im Schweizerdeutschen eine kleine Maus (= Mäuschen).

.... ist im Schweizerdeutschen eine Mischung aus trockenen Früchten, Joghurt und Getreide.

A6

3 Müsli oder Müesli?

a „Übersetzen" Sie ins Deutsche.

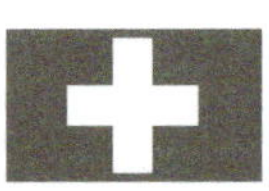   

1	Chuchi	Küche........	**5**	Muät	....
2	Muus	....	**6**	Müsli	....
3	Huus	....	**7**	Müesli	....
4	Tuäch	....			

CD 3 43

b Hören Sie und vergleichen Sie.

4 Gut aufgepasst! In der Schweiz und in Österreich sagt man anders: Was möchten die Leute? Ordnen Sie zu.

a Im Restaurant

~~Kartoffeln~~ ● Tomaten ● Bohnen ● (2x) Sahne ● Aprikosen- ● Quark- ● Eis

1	**A** Entschuldigen Sie bitte, wir hätten den Schweinsbraten gern mit *Erdäpfeln*. Geht das?	die *Kartoffeln*
2	Wir haben heute frische *Marillen*knödel als Nachspeise.	die ....
3	Ich hätte gern den grünen Salat mit *Paradeisern*, bitte.	die ....
4	Ich möchte statt des Spinats gern die *Fisolen*, bitte.	die ....
5	Und danach bitte einen *Topfen*strudel mit *Schlagobers*.	der .... die ....
6	**CH** Für mich bitte zum Dessert eine *Glace* mit *Rahm*.	das .... die ....

b Wohnen

Kühlschrank ● Sessel ● ~~Klingel~~ ● Briefträger ● Hausmeister ● Aufzug

1	**A** Drück doch noch mal auf die *Glocke*? Die müssten doch zu Hause sein.	die *Klingel*
2	Haben wir noch Bier im *Eiskasten*? – Ich glaube nicht.	der ....
3	**CH** Schaust du mal bitte nach, ob der *Pöstler* schon da war, wenn du rausgehst? Ich warte auf einen wichtigen Brief.	der ....
4	Ich habe heute den *Abwart* noch gar nicht gesehen. Normalerweise ist der doch recht früh unterwegs.	der ....
5	Komm, wir nehmen den *Lift*. Die wohnen ja im fünften Stock!	der ....
6	**A** Das ist ja ein schöner *Fauteuil*! Und so bequem! **CH** Woher habt ihr den denn?	der ....

c Unterwegs

Führerschein ● Fahrrad ● Haltestelle ● Gehweg ● Straßenbahn ● Fahrkarte ● Vorfahrt

1	**CH** ● Und? Hast du die *Führerausweis*-Prüfung bestanden? ▲ Nein, ich habe jemandem den *Vortritt* genommen.	der .... die ....
2	Komm, lass uns mit dem *Velo* fahren, die *Tram* ist immer so voll.	das .... die ....
3	Also, dass die ihre Autos immer auf dem *Trottoir* parkieren.	der ....
4	Zeigen Sie mir doch mal Ihr *Billet*, bitte!	die ....
5	**A** An der nächsten *Station* müssen wir aussteigen. Lass uns schon einmal aufstehen.	die ....

d Einkaufen

Rock ● Kiosk ● Hörnchen ● Kaufhaus ● Streichhölzer ● Erdgeschoss

1	**A** Entschuldigung, können Sie mir sagen, wo ich hier **CH** *Zündhölzer* bekomme?	die ....
2	**A** ● Entschuldigung, wo kann ich Zigaretten kaufen? ▲ In der *Trafik*.	der ....
3	Bringst du mir bitte ein *Kipferl* vom Bäcker mit?	das ....
4	**CH** Komm, lass uns ins *Warenhaus* gehen. Da ist die Auswahl größer.	das ....
5	Ich möchte mir gern einen neuen *Jupe* kaufen. Kommst du mit?	der ....
6	Hüte und Strümpfe finden Sie im *Parterre*.	das ....

W Wiederholungsstationen

Wo steigen Sie ein? Was möchten Sie noch üben? Wählen Sie aus.

1 ***Arrogant – die Arroganz.*** **Ordnen Sie in Gruppen.**

arrogant ● gemütlich ● gesund ● anstrengend ● sympathisch ● spannend ● tolerant ● sportlich ● langweilig ● berühmt ● selbstständig ● beliebt ● interessant ● fantasievoll

-ung	- e	-anz	-ie	-keit	-heit
die	die	die Arroganz	die	die Gemütlichkeit	die

2 **Menschen sind ganz verschieden, z.B.** ***humorvoll – humorlos.*** **Sagen Sie es anders.**

Sie ist ein Mensch mit ...		**Er ist ein Mensch mit ...**	
viel Fantasie	fantasievoll	wenig Fantasie	....
viel Humor	....	wenig Geduld	....
wenig Gefühl	....	und wenig Rücksicht	....
aber viel Geduld	....	aber viel Liebe	....
und Toleranz	....	und Respekt	....

Trotzdem lieben sie sich!

3 **Kleinanzeigen. Ergänzen Sie in der richtigen Form.**

a Welcher stürmische...... Mann will mit mir gemeinsam......... Stunden verbringen?

b Einsam......... Student sucht nett......... Abwechslung.

c Gelangweilt......... Hausfrau sucht abwechslungsreich......... Nebenjob.

d Modern......... Unternehmen sucht engagiert......... Mitarbeiter für unser Lager.

4 ***Eine kleinere Wohnung!*** **Ergänzen Sie in der richtigen Form.**

teuer ● jung ● lustig ● ~~klein~~ ● langweilig ● gut ● neu ● viel ● ~~billig~~ ● langweilig

a Weißt du schon, dass Carla umgezogen ist? Sie hat sich nach der Trennung von ihrem Mann eine kleinere....... und billigere...... Wohnung gesucht.

b Und hast du das gehört? Maria ist jetzt mit einem 20 Jahre .... Mann zusammen. Unglaublich - oder? Und das in ihrem Alter!

c Na ja, vielleicht besser als dieser Ralf. Der ist vielleicht langweilig. Mit dem kann man nur die .... Gespräche führen. Ich kenne keinen .... Mann als ihn!

d Und Ingrid hat sich schon wieder etwas Neues zum Anziehen gekauft. Immer nur die .... Klamotten! Dass sie so viel Geld hat!

e Kennst du eigentlich Marlon? Mit dem kann man immer so wunderbar lachen. Ich finde einfach, dass er der .... in der Clique ist!

f Und Jan hat mir erzählt, dass er jetzt einen viel .... Job hat als vorher und noch dazu .... Geld verdient als in seiner letzten Stelle. Na ja, ob das wohl stimmt?

g Und Katrin. Sie weiß immer den .... Tratsch! Unglaublich. Hat sie nichts Besseres zu tun als nur über andere Leute zu reden?

5 Ein *gelungener* Tag!? Ergänzen Sie in der richtigen Form.

a Gestern habe ich mich geärgert über ...

1 den verspätet*en*.. Bus.
2 meinen tropfend........ Wasserhahn.
3 schreiend........ Kinder.
4 ein falsch geparkt........ Auto.
5 eine nicht bezahlt........ Rechnung.
6 meinen verloren........ Geldbeutel.

b Heute freue ich mich über ...

blühen ● planen ● singen ● aufräumen ● ~~lachen~~ ● decken ● erledigen ● aufgehen

7 .*lachende*............... Kinder.
8 die .... Sonne.
9 den Duft .... Blumen.
10 einen schön .... Tisch.
11 eine .... Wohnung.
12 den .... Vogel an meinem Fenster.
13 die .... Arbeit.
14 den schon lange .... Urlaub.

6 Ergänzen Sie die Endungen wo nötig.

a ● Guten Tag, hier Rotraud Krautloher.
▲ Wie bitte, d*en*.... Nachname*n*... habe ich leider nicht verstanden.

b ● Hast du schon unser........ neu.......... Kollege....... gesehen? Sieht der nicht unsympathisch aus?
▲ Na ja, jetzt lerne ihn doch erst mal kennen.

c ● Und wie war's im Zoo?
▲ Wir haben Pinguine........ gesehen und die Affe.......... waren so lustig. Und am besten fand ich die kleine Giraffe....... .

d ● Ich war gestern bei mein........ Nachbar........ Paul zum Essen eingeladen. Ist das nicht nett?
▲ Du Glückliche. Ich habe ständig Streit mit meinen Nachbar........ .

e Meine Dame...... und Herr............ . Ich begrüße Sie herzlich zu unserem jährlichen Silvestertreffen. Und möchte wie immer Frau......... Dr. Peterson und Herr....... Weller als unsere Vorsitzenden ganz herzlich begrüßen.

f Selbstverständlich versuchen wir immer, unseren Kunde....... so schnell wie möglich zu helfen.

g ● Wie geht's denn deinem Bekannt......? Wie heißt er noch mal? Der, mit dem du letzte Woche im Kino warst?
▲ Du meinst Paul? Das ist ein guter Freund........ . Keine Ahnung. Ich habe seitdem nichts mehr von ihm gehört.

7 Die Beschreibung *unvergesslicher Momente*. Ergänzen Sie.

a Die Geburt d*es*......... ersten Kind*es*.........
b Das Gefühl d........... ersten Kuss..............
c Augenblicke ein.......... wunderschönen Urlaub.......
d Die Hochzeit d........... eigenen Kind..................
e Ein liebevolles Geschenk ein........... Freund............
f Der Tod ein............ geliebten Mensch............

8 ***Eine Taube, die ...*** **. Was ist was? Ergänzen Sie.**

bei dem ● wo ● ~~die~~ ● in dem ● an dem ● in der ● was

Eine Brieftaube	ist eine Taube, *die*.......... Briefe transportiert.
Eine Schatzkiste	ist eine Kiste, ... ein Schatz liegt.
Mein Lieblingsplatz	ist der Platz, ... ich mich am liebsten aufhalte.
Ein Liebesbrief	ist ein Brief, ... steht, wie sehr ich jemanden mag.
Ein Glückstag	ist ein Tag, ... mir alles gelingt.
Ein Glücksbringer	ist etwas, ... mir Glück bringt.
Ein Pechvogel	ist jemand, ... alles schief geht.

9 **Der perfekte Arbeitsplatz,** ***an dem ...*** **! Ergänzen Sie.**

Ich wünsche mir ...

a ... eine Stelle, *die*......... mir Spaß macht.
b ... eine Arbeit, *in der*..... ich mich selten langweile.
c ... einen Chef, ... ich mich nur manchmal ärgere.
d ... einen Kollegen, ... ich abends auch weggehen kann.
e ... Kollegen, ... immer hilfsbereit sind und .... ich auch mal lachen kann.
f ... eine Kollegin, ... ich vertrauen kann.
g ... ein Büro, ... gemütlich ist.
h ... überall, ... ich hinsehe, viele Pflanzen.
i ... eine Couch, ... ich manchmal schlafen kann.
j ... einen Schreibtisch, ... immer aufgeräumt ist.
k ... einen Computer, ... meine Fehler korrigiert.
l ... eine Kantine, ... es leckeres Essen gibt.
m Das ist alles, ... ich brauche!
n Dann gibt es nichts, ... ich vermisse.

10 ***Irgend ...*** **Ergänzen Sie.**

irgendetwas ● irgendwelchen ● ~~irgendjemand~~ ● irgendwohin ● irgendwann ● Irgendwie

a Du, Carla, *irgendjemand*...... hat für dich angerufen. Ich weiß nicht, wer es war. Er hat seinen Namen nicht gesagt.

b ● Du, lass uns in Urlaub fahren!
▲ Gute Idee. Wohin?
● Egal, ... ! Hauptsache weg!

c Also, ... stimmt nicht mit ihr. Sie ist heute so ruhig. Normalerweise redet sie die ganze Zeit.

d ▲ Wo ist Paul?
● Ich weiß nicht. Er ist mit .... Freunden ins Kino gegangen.

e Also, dann tschüss. Ich melde mich .... nächste Woche. Dann können wir etwas ausmachen.

f Ich weiß nicht. .... gefällt mir der Pullover doch nicht. Ich überlege es mir noch mal.

11 Wie war *es* im Urlaub? Ergänzen Sie.

Es hat ... geregnet ● war ~~es ...~~ schön ● war es ... kalt ● Es gab ... Streit ● hat es ... gefallen ● klingelt es ● habe es ... eilig ● es gibt ... zu sehen ● es ist ... einfach

a Na ja, die meiste Zeit *war es*... sehr *schön*.................. .

b Das Wetter war meistens gut. .... kaum .... Nur manchmal .... ein bisschen ....

c Du weißt ja, ... nicht immer .... mit Peter. .... auch manchmal .... Na, wie das eben so ist. Aber dann war auch alles wieder in Ordnung.

d Aber das Land ist toll. Die Leute sind nett und .... ja so viel ....

e Also, im Großen und Ganzen .... mir gut ....

f Du jetzt .... an der Tür. Also, ich mach dann Schluss.

g Ich muss sowieso gleich los. Arzttermin. Ich .... total .... Also, dann. Ich ruf dich heute Abend an. Tschüs.

12 *Das Wetter* oder *es*? Was ist richtig? Ergänzen Sie.

a Gestern hat *es*.................... geregnet. (das Wetter/ es)

b Aber heute scheint .... ! (die Sonne / es)

c .... reicht mir! Ich gehe! (Du / Es)

d .... reichen, damit kannst du genug Bonbons kaufen. (5 Euro / Es)

e .... gibt mir jeden morgen einen Kuss. (Fernando / Es)

f .... geht ihm gut, er hat einen neuen Job. (Er / Es)

g .... geht normalerweise zu Fuß zur Arbeit. (Er / Es)

13 Der verlorene Sohn. Was ist passiert? Erzählen Sie die Geschichte in der Vergangenheit.

Der Sohn (a) *spielte*.... (spielen) in der Wohnung Fußball. Dabei (b) .... er ein Fenster .... (kaputt schießen). Der Vater (c) .... (rennen) hinter dem Sohn her, aber er (d) .... (können) ihn nicht fangen. Dann (e) .... (warten) der Vater auf seinen Sohn. Zuerst .... (sein) er sehr wütend. Mit der Zeit .... (werden) er immer ängstlicher und .... (bekommen) Angst, dass dem Sohn etwas passiert sein könnte. Als der Vater vor seiner Haustür .... (auf- und ablaufen), ... (fliegen) ein zweites Mal der Ball durch ein Fenster. Überglücklich .... (schließen) der Vater seinen Sohn in die Arme.

14 *Ich hatte es versprochen*! Antworten Sie.

a ● Warum hast du gestern keinen Kuchen mehr gebacken? (es versprochen)
▲ Ich weiß, *ich hatte es versprochen*...................., aber ich musste so lange im Büro bleiben.

b ● Und warum musstest du so lange im Büro bleiben? (mein Chef mich darum gebeten)
▲ Weil ....

c ● Und warum hast du nicht danach den Kuchen gebacken? (die Zutaten nicht eingekauft)
▲ Weil ich ....

d ● Und warum hast du nicht dann noch eingekauft? (die Geschäfte schon geschlossen)
▲ Weil ....

e ● Und warum hast du nicht deine Nachbarn gefragt? (Nachbarn schon ins Bett gegangen)
▲ Weil ....
Und warum hast du eigentlich keinen Kuchen gebacken?

15 **Ergänzen Sie *werden* in der richtigen Form.**

a Ich verspreche euch hiermit, dass ich nie wieder lügen *werde*.
b Sobald sie können, ... sie uns besuchen.
c Du .... jetzt sofort dein Zimmer aufräumen, sonst kannst du was erleben!
d Machen Sie sich keine Sorgen. Ich bin überzeugt, dass wir eine Lösung finden ....
e Ich bin mir ganz sicher, dass es euch dort bestimmt gut gefallen ....
f Das war wirklich keine Absicht und .... bestimmt nicht mehr vorkommen.

16 **Unerfüllte Wünsche. Ergänzen Sie.**

a Klaus hat so ein tolles Fahrrad. Ach, *hätte ich doch auch so ein Fahrrad*!
b Linas Puppe hat super Kleider. Ach, wenn ....!
c Peter ist vier Wochen am Meer. Ach, wenn ....!
d Sven kann schon richtig gut schwimmen. Ach, ...!
e Morgen muss ich zu meiner Tante. Ach, wenn ....!

17 **Hinterher weiß man alles besser! *Hätte ich doch ...* Schreiben Sie.**

a Sie kommen zu spät in die Arbeit. (früher aufstehen) *Wäre ich doch früher aufgestanden*!
b Sie haben den Bus verpasst. (Auto nehmen) ....!
c Sie werden nass. (Regenschirm mitnehmen) ....!
d Sie haben Kopfschmerzen (früher ins Bett gehen) ....!
e Sie haben den Geburtstag ihres besten Freundes vergessen. (ihn in meinen Kalender aufschreiben) ....!

18 ***Wenn du das machen würdest, dann könnten wir ...!* Schreiben Sie Sätze.**

nicht lernen müssen auf den Mond fliegen können Clown sein zaubern können noch nie im Ausland gewesen keine anderen Sprachen gelernt	du das schönste Leben auf Erden haben. das Leben ziemlich langweilig sein einen super Astronautenanzug kaufen nicht mit anderen Menschen sprechen jedem Zuschauer eine rote Rose schenken immer noch davon träumen

Wenn ich nicht lernen müsste, wäre das Leben ziemlich langweilig.
...

19 ***Wenn ich ... wäre.* Was denken die fünf Personen übereinander? Schreiben Sie.**

Ein Kind, eine Marktfrau, eine Hausfrau, ein Student und ein Geschäftsmann stehen an der Bushaltestelle und warten.

a *Kind:* Marktfrau – nicht in die Schule gehen – den ganzen Tag im Freien sein
Ach, wäre ich doch eine Marktfrau! Wenn ich Marktfrau wäre, dann müsste ich nicht in die Schule gehen und könnte den ganzen Tag im Freien sein.

b *Marktfrau:* Hausfrau – nicht bis spät arbeiten – mehr Zeit zu Hause bei den Kindern sein
....
....

c *Hausfrau:* Student – nicht immer putzen und kochen – viele nette Leute kennen lernen

....

....

d *Student:* Geschäftsmann – nicht in einer WG wohnen – viel Geld haben

....

....

e *Geschäftsmann:* Kind – nicht so viele Sorgen haben – jeden Tag in die Schule gehen

....

....

20 ***Er tut so, als ob ..., aber in Wirklichkeit ...* Schreiben Sie Sätze.**

			aber in Wirklichkeit ...
a	es scheint:	Drucker – drucken	nichts auf dem Papier stehen
b	es hört sich so an:	Staubsauger – saugen	alles noch dreckig sein
c	es sieht so aus:	Peter – sich gut eingelebt	seine Familie vermissen
d	der Lehrer hat geklungen:	er – ziemlich wütend sein	nur wenig Zeit haben
e	er tut so:	er – wichtigen Termin haben	Kaffee trinken gehen

a *Es scheint, als ob der Drucker drucken würde. Aber in Wirklichkeit steht nichts auf dem Papier.*

b ....

c ....

d ....

e ....

21 **Ein Tag im Leben des Werner P. Schreiben Sie Sätze mit *untersuchen*, *röntgen*, *operieren*, *versorgen*.**

1 untersuchen ● 2 röntgen ● 3 operieren ● 4 versorgen

a **Werner hat sich sein Bein gebrochen. Was passiert mit ihm? Ergänzen Sie.**

1 Zuerst *wird* er vom Arzt *untersucht*.
2 Dann .... er ....
3 Danach .... er ....
4 Zum Schluss .... er mit einem Gipsverband ....

b **Was sagen die Ärzte am nächsten Tag? Ergänzen Sie.**

1 Gestern *wurde* der Patient zuerst .... Diagnose: Beinbruch.
2 Dann .... der Knochen ....
3 Der Patient .... sofort ....
4 Zum Schluss .... er mit einem Gipsverband ....

c **Was erzählt seine Frau? Ergänzen Sie.**

1 Stell dir vor, Werner *hatte* gestern einen Unfall. Wir sind sofort zum Arzt. Dort *ist* er gleich .... Und: Er hatte sich das Bein gebrochen. So ein Pech.
2 Dann .... der Knochen ....
3 Weil der Bruch so kompliziert war, ... er sofort ....
4 Dann .... Werner mit einem Gipsverband ....

22 ***Das Bein muss geschont werden.* Wie geht es weiter? Schreiben Sie die Sätze anders.**

a Werner muss das Bein noch schonen. Das Bein *muss noch geschont werden* .
b Er darf das Bein noch nicht bewegen. Das Bein ....
c Man kann den Gips in drei Wochen entfernen. Der Gips ....
d Danach sollte Werner einen Spezialschuh tragen. Danach ....

23 ***über / unter / auf ...* Was ist richtig? Markieren Sie.**

a Ich ärgere mich oft über / an / für das schlechte Programm.
b Können wir uns nun endlich über / für / zu eine Sendung entscheiden?
c Ich interessiere mich am meisten für / an / auf Dokumentarfilme.
d Ich habe mich halb totgelacht von / über / bei diese Komödie.
e Wir freuen uns jeden Tag über / zu / auf unsere Lieblingssendung.
f Meine kleine Schwester ist ganz verliebt mit / in / für den Schauspieler aus der „Sendung mit der Maus".
g Erinnerst du dich noch an / für / auf die Serie mit Brad Pitt?

24 ***Ich freue mich schon darauf!* Ergänzen Sie.**

a Heute Abend schaue ich wieder meine Lieblingsserie. Ich freue mich schon *darauf* .
b Du, ich habe leider keine Zeit. Ich bin mit Paul zum Kino verabredet. Ich treffe mich .... um 20 Uhr.
c Der Krimi war so spannend. Ich konnte kaum schlafen. Und als ich endlich eingeschlafen war, habe ich die ganze Nacht .... geträumt.
d Die Kandidaten bei dem Quiz! Sie haben gar nichts gewusst. Ich musste so .... lachen.
e Ich kann den Film einfach nicht vergessen. Ich muss die ganze Zeit .... denken.
f Erinnerst du dich noch an den Sänger? Ich könnte mich heute noch .... aufregen, weil er so schlecht war.

25 ***Es macht keinen Spaß!* Ergänzen Sie.**

Es wäre mir am liebsten • Ich finde es total langweilig • Ich habe ~~keine Lust~~ • Es ist schrecklich • keinen Spaß

1 *Ich habe keine Lust* , den ganzen Abend in der Küche zu stehen und Kuchen zu backen.
2 Es macht mir ...., Leute einzuladen.
3 ...., meine Ruhe zu haben. Aber ich muss arbeiten.
4 ...., schon wieder ins Kino zu gehen. Können wir nicht mal ins Theater?
5 ...., so früh aufzustehen.

26 Schon wieder Geburtstag ... wie schön! Ergänzen Sie in der richtigen Form.

bekommen ● schreiben ● feiern ● ~~planen~~ ● zubereiten

1 Ich fange schon Monate vorher an, das Fest *zu planen* .
2 Ich finde es schön, hübsche Einladungskarten ....
3 Es macht mir Freude, das Geburtstagsessen ....
4 Am schönsten ist es, viele Geschenke ....
5 Ich habe jedenfalls vor, jedes Jahr meinen Geburtstag .... !

27 Mit oder ohne *zu*? Ergänzen Sie.

a Erlaubst du uns heute ins Kino *zu* gehen?
b Musst du jeden Tag diese Schuhe an............ziehen? Sie sehen fürchterlich aus.
c Wir haben schon angefangen, für die Prüfung .... lernen.
d Gestern hat es endlich mal für ein paar Stunden aufgehört, in Strömen .... regnen.
e Ich vergesse bestimmt nicht, dort an........rufen. Du brauchst mich nicht ständig daran .... erinnern.
f Können wir später kurz .... telefonieren? Ich muss jetzt leider gleich los.

28 *Nein, Sie brauchen nicht zu ...* Die zu fleißige Praktikantin. Antworten Sie.

a ● Kann ich für Sie die Blumen gießen?
▲ Nein, danke. Sie *brauchen* die Blumen nicht *zu gießen* .
b ● Soll ich die Angebote kopieren?
▲ Nein, Sie .... keine Angebote ....
c ● Kann ich für Sie die Post holen?
▲ Nein, Sie .... die Post nicht ....
d ● Soll ich ans Telefon gehen?
▲ Nein, Sie .... nicht ans Telefon ....
e ● Soll ich die Rechnungen schreiben?
▲ Nein, Sie .... keine Rechnungen ....

29 Was ist richtig? Kreuzen Sie an: *wenn* oder *als*

		als	wenn	
a	Ich habe viel mit Puppen gespielt,	☒	☐	ich noch ein Kind war.
b	Wir bringen euch etwas mit,	☐	☐	wir das nächste Mal nach Portugal fahren.
c	Sie haben dort immer gewohnt,	☐	☐	sie auf die Insel gefahren sind.
d	Für mich war es ziemlich überraschend,	☐	☐	ich das zum ersten Mal gesehen habe.
e	Wir haben immer tolle Feste gefeiert,	☐	☐	wir meinen Geburtstag gefeiert haben.
f	Ich habe gerade am Computer gesessen,	☐	☐	er zur Tür hineingelaufen kam.

30 Die Flugblatt Aktion. Ergänzen Sie: *während* oder *nachdem*

a Nachdem .... wir uns auf einen Text geeinigt haben, kannst du die Flugblätter schreiben.
b Wir lassen die Flugblätter drucken, ... du sie geschrieben hast.
c .... du im Kopierladen bist, überlegen wir, wer sie wo verteilt.
d .... wir alle Flugblätter unter uns aufgeteilt haben, gehen wir los.
e Wir müssen versuchen, mit den Leuten ins Gespräch zu kommen, ... wir die Flugblätter verteilen.

31 Gewohnheiten. Was ist richtig? Markieren Sie.

a Nachdem/Als/Während er aufgestanden ist, macht er erst mal eine halbe Stunde Gymnastik.
b Bis/Seit/Bevor sie aus dem Haus geht, schaut sie nach, ob der Herd ausgeschaltet ist.
c Während/Bevor/Immer wenn sie nach Hause kommt, wäscht sie sich als Erstes die Hände.
d Als/Jedes Mal wenn/Nachdem seine Freundin mit dem Zug wegfährt, wartet er am Gleis, bis/bevor/nachdem der Zug abgefahren ist.
e Bis/Bevor/Seit ich sie kenne, arbeitet sie in der Firma und fährt jeden Morgen mit dem Bus.
f Nur einmal musste sie mit dem Auto fahren, während/als/seit die öffentlichen Verkehrsmittel gestreikt hatten.

32 Wasser im Motor. Schreiben Sie Sätze.

● Schatz, dein Porsche hat Wasser im Motor ...
▲ Ach ja? Wie ist das denn passiert?
● Heute wollte ich ja zu Anna fahren, aber dort, wo sie wohnt, gibt es keine Busse.

a Daher musste ich ....
(daher/ ich/ mit dem Auto fahren müssen)
b Mein Wagen ist aber kaputt, und ....
(deswegen/ ich/ mit deinem Auto fahren)
c In Annas Straße waren keine freien Parkplätze, ...
(deshalb/ ich/ an einem Hang parken müssen)
d Ich habe mich sehr gefreut, Anna wiederzusehen, ...
(weil/ ich/ so lange nicht gesehen)
e .... (darum/ ich/ vergessen, Handbremse zu ziehen)
f .... (da/ ich/ Auto an einem Hang parken), ist der Wagen runtergerollt.
g Und jetzt hat dein Porsche Wasser im Motor, ...
(denn/ unten am Hang ein großer See sein)

▲ Wie bitte? Das darf doch nicht wahr sein! Aber, mein Porsche ...

33 Wo möchten Sie wohnen? Ergänzen Sie: *obwohl – trotzdem – deshalb – weil*

a Ich möchte, dass unsere Kinder das Angebot in der Stadt nützen können. ..Deshalb.............. wohnen wir im Zentrum.

b .... ich ein richtiger Stadtmensch bin, haben wir uns ein Häuschen außerhalb gekauft. Das Angebot war einfach zu gut.

c Ich liebe es, am Abend noch eine Runde im Wald spazieren zu gehen. .... wohne ich in der Stadt.

d Wir leben in einem kulturell vielfältigen Viertel, ... wir gerne am Abend ins Theater oder in eine nette Kneipe gehen.

e Unsere ganze Familie und unsere Freunde wohnen hier auf dem Land. .... kann ich es mir nicht vorstellen, irgendwo anders zu wohnen.

34 Engagement für eine bessere Welt. Was passt? Ordnen Sie zu.

a Ich setze mich für den Naturschutz ein,
1 indem ☑ c
2 da ☐
3 um ☐
a ich den Schutz der Natur sehr wichtig finde.
b für meine Kinder eine bessere Welt zu erhalten.
c ich regelmäßig Geld spende.

b Sie werden Mitglied in einem Tierschutzverein,
1 denn ☐
2 obwohl ☐
3 indem ☐
a Sie möchten diese Arbeit unterstützen.
b Sie dieses Formular ausfüllen.
c Sie selber kein Haustier haben.

c Ich möchte in einen Sportverein eintreten,
1 deshalb ☐
2 um ☐
3 falls ☐
a etwas Sinnvolles zu tun.
b habe ich heute im Vereinsbüro angerufen.
c es nicht zu teuer ist.

d Es ist wichtig, schon Kinder für den Umweltschutz zu begeistern
1 , indem ☐
2 und ☐
3 , damit ☐
a ihnen ein gutes Vorbild zu sein.
b sie sich daran gewöhnen.
c z.B. Projekttage in den Schulen angeboten werden.

35 Lernen lernen. Schreiben Sie Sätze mit *um ... zu* oder *damit*.

a Die Lehrerin hat viele Lerntipps gegeben. Ihr Kurs soll das Zertifikat bestehen.
Die Lehrerin hat viele Lerntipps gegeben, ..damit ihr Kurs das Zertifikat besteht.......................... .

b Carol schreibt zum Beispiel alle Wörter auf. Sie will sie sich so merken.
Carol schreibt zum Beispiel alle Wörter auf, .um sie sich so zu merken.. .

c Philipp schreibt Briefe auf Deutsch. Er möchte sein Deutsch verbessern.
Philipp schreibt Briefe auf Deutsch, ...

d Alle Kursteilnehmer unterhalten sich nur auf Deutsch. Sie möchten ihre Sprachkenntnisse erweitern.
Alle Kursteilnehmer unterhalten sich nur auf Deutsch, ...

e Carols Deutschlehrerin macht viele Übungen. Die Schüler sollen sich auf die Prüfung vorbereiten.
Carols Deutschlehrerin macht viele Übungen, ...

36 Gemeinsam wohnen. Was passt wo? Schreiben Sie Sätze mit *um ... zu – statt ... zu – ohne ... zu*.

a Man kann nicht miteinander wohnen, ohne... Rücksicht .zu.. nehmen.
b Ab 22 Uhr sollte man in der Wohnung weiterfeiern, ... im Garten Lärm .... machen.
c Die Müllcontainer sind dafür da, ... den Müll da hinein und nicht auf die Treppe .... werfen.
d Man darf keine Haustiere halten, ... den Vermieter um Erlaubnis .... fragen.
e Bei Problemen sollten Sie sich zunächst bei Ihren Nachbarn direkt beschweren, ... dem Hausmeister alles .... erzählen.
f Auf dem Speicher gibt es Möglichkeiten, ... die Wäsche auf..........hängen.

37 Ja gerne, *falls* ... Schreiben Sie Sätze.

a Sagst du Susanne schöne Grüße von mir? (überhaupt – sie – treffen)
Ja gerne, falls ich sie überhaupt treffe...
b Bringst du mir bitte Zucker mit? (einkaufen – heute – gehen – noch)
Ja gerne, ...
c Kannst du mir am Sonntag beim Umzug helfen? (nicht arbeiten müssen)
Ja gerne, ...
d Machst du ein Fest? (bestehen – Prüfung – haben)
Ja gerne, aber nur, ...
e Besuchst du uns? (anderen Pläne – keine – haben)
Ja gerne, ...

38 Schwierige Entscheidungen. Ergänzen Sie: *zwar ... aber – entweder ... oder – weder ... noch – sowohl ... als auch – je ... desto*

a .Je......... länger ich darüber nachdenke, ... besser gefällt mir deine Idee!
b .... du gibst mir bald das Geld zurück .... ich leihe dir nie wieder etwas.
c Die Schuhe sind .... total schön und billig, ... ich kann mich nicht entscheiden, ob ich sie nehmen soll.
d Ich habe dieses Jahr so viel Geld ausgegeben. Ich kann .... in Urlaub fahren .... ein neues Auto kaufen.
e Die Wohnung ist .... riesengroß .... billig. Die nehmen wir!

39 Kreuzen Sie an.

		außerhalb	während	wegen	innerhalb	
a	Sie müssen die Rechnung	☐	☐	☐	☒	eines Monats bezahlen.
b	Die Straße wurde	☐	☐	☐	☐	eines Unfalls gesperrt.
c	Sie können auch	☐	☐	☐	☐	der Sprechstunden einen Termin ausmachen.
d	Es fand ein großes Fest	☐	☐	☐	☐	seines 60. Geburtstags statt.
e	Sie schaute die ganze Zeit	☐	☐	☐	☐	des Gesprächs zur Tür.

40 *Wegen eines Problems?* Was passt? Ordnen Sie zu und schreiben Sie.

a Wegen / Problem (das)
b Wegen / Mieterhöhung (die)
c Trotz / Garantie (die)
d Wegen / Vertrag (der)
e Trotz / Reparaturen

würde ich mal bei der Gewerkschaft nachfragen.
wenden Sie sich am besten an den Mieterverein.
funktioniert das Faxgerät immer noch nicht.
hat das Kaufhaus das Spielzeug nicht zurückgenommen.
würde ich an deiner Stelle mal einen Arzt fragen.

Wegen des Problems würde ich an deiner Stelle mal einen Arzt fragen.
....
....
....
....

41 Eine verrückte Familie! *Außer* oder *nur*? Schauen Sie die Tabelle an und ergänzen Sie dann die Sätze.

Sie/Er …	Vater	Mutter	Sohn Julian	Tochter Sarah	Oma Marta	Opa Albert
ist ordentlich.	x	x	x		x	x
fährt gerne Motorrad.						x
liebt Katzen.	x	x		x		x
isst gerne Spiegeleier mit Marmelade.	x					
vergisst immer den Hausschlüssel.		x				

a Außer der Tochter .... sind alle ordentlich.
Alle sind ordentlich. Nur die Tochter .... ist unordentlich.

b Außer .... fährt niemand gerne Motorrad.
Nur .... fährt gerne Motorrad.

c .... und .... lieben alle Katzen.
Alle lieben Katzen. .... und .... nicht.

d .... isst niemand gerne Spiegeleier mit Marmelade.
.... isst gerne Spiegeleier mit Marmelade.

e .... vergisst niemand den Hausschlüssel.
.... vergisst immer den Hausschlüssel.

Zertifikat Deutsch – Die Prüfung

Schriftliche Prüfung

	Teil		Punkte	Gewicht	Minuten
Leseverstehen	1	Kurze Texte	25	25 %	90
	2	Ein längerer oder zwei kurze Texte	25		
	3	Anzeigen	25		
Sprachbausteine	1	Brief o. Ä.	15	10 %	s. Leseverstehen
	2	Brief o. Ä.	15		
Hörverstehen	1	Kurze Gespräche/Interviews	25	25 %	circa 30
	2	Längeres Gespräch	25		
	3	Nachrichten/Ansagen/Durchsagen	25		
Schriftlicher Ausdruck		Brief (persönlich oder halbformell)	45	15%	30
					gesamt circa 150

Mündliche Prüfung

	Teil		Punkte	Gewicht	Minuten
	1	Kontaktaufnahme	75	25%	circa 15
	2	Gespräch über ein Thema			
	3	Gemeinsam eine Aufgabe lösen			

Zertifikat Deutsch – Die schriftliche Prüfung

Die schriftliche Prüfung besteht aus vier Teilen: *Leseverstehen*, *Sprachbausteine*, *Hörverstehen* und *Schriftlicher Ausdruck*. Zwischen den beiden ersten und den beiden letzten Teilen ist eine Pause vorgesehen.
Für die ersten beiden Teile *Leseverstehen* und *Sprachbausteine* haben Sie insgesamt 90 Minuten Zeit. Diese Zeit können Sie sich zwar frei einteilen, aber Sie sollten daran denken, dass Sie für das *Leseverstehen* etwa 60 Minuten brauchen und für den Teil *Sprachbausteine* etwa 30 Minuten.

Tipp

Vor der Prüfung

In der Originalprüfung müssen Sie Ihre Antworten mit Bleistift in einen Computerbogen eintragen. Lassen Sie sich von Ihrer Kursleiterin / Ihrem Kursleiter einen solchen Antwortbogen zeigen.

Tipp

Nach den Prüfungsteilen

Kontrollieren Sie nach jedem Prüfungsteil noch einmal, ob Sie alle Aufgaben beantwortet haben. Vergessen Sie möglichst keine Lösung. Denn bewertet wird nur das, was auf dem Antwortbogen steht. Sie haben aber einen Text oder eine Aufgabe nicht richtig verstanden? Antworten Sie trotzdem. Vielleicht ist Ihre Lösung ja richtig!

Leseverstehen – Teil 1

Die Prüfung *Leseverstehen* hat drei Teile. In *Teil 1* lesen Sie fünf kurze Texte zu verschiedenen ganz allgemeinen Themen. Aus zehn Überschriften sollen Sie die passende zu jedem Text herausfinden und damit zeigen, dass Sie die zentrale Aussage des Textes verstehen.

Tipp

Lesen und Lösen

- Lesen Sie zuerst die Überschriften; vielleicht hilft es Ihnen, die wichtigen Wörter darin zu markieren.
- Lesen Sie dann die Texte und suchen Sie darin nach Informationen, die in den Überschriften genannt werden. Meistens stehen im Text andere Wörter als in der Überschrift.

Lesen Sie die 10 Überschriften [a] – [j]. Welche Überschrift passt zu welchem Text? Ordnen Sie zu.

- [a] Marathon auf Rollen immer beliebter
- [b] Die Nordsee kommt zu Ihnen – Info-Stand bei Grüner Woche in Berlin
- [c] Senioren ins Internet!
- [d] Hannover: Veranstaltungen zum Goethe-Jahr
- [e] Von ganz weit oben
- [f] Marathon-Läufe in Deutschland: Übersicht
- [g] Die größte „Sandkiste" der Welt
- [h] Auf literarischen Spuren
- [i] Die höchsten Kirchen Deutschlands
- [j] Internet wird zur ersten Informationsquelle

1 Der Marathon für Skater und Handbiker zwischen Hannover und Celle hat sich zum Dauerbrenner entwickelt. Start ist um 10 Uhr am Hotel „Der Föhrenhof" in Hannover-Lahe. In maximal drei Stunden kann dann die landschaftlich schöne und schnelle Strecke über Burgdorf, Wathlingen und Nienhagen zurück gelegt werden. In einer Umfrage der Fachzeitschrift "skate-IN" belegte der Streckenmarathon Hannover-Celle unter 21 bewerteten deutschen Veranstaltungen einen Spitzenrang. Im vergangenen Jahr nahmen 1.425 Skater und Handbiker teil. Die Startgebühr beträgt bis 1. September 31 Euro, danach 35 Euro. Der Bustransfer retour nach Hannover kostet nur zwei Euro. Weitere Auskünfte unter Telefon ...

2 Welche berühmten Persönlichkeiten wurden in Hannover geboren, haben hier gelebt und gewirkt und erlangten selbst oder durch die Feder Dritter literarischen Ruhm? Folgen Sie ca. 2 Stunden ihren Spuren in der Stadt Hannover. Der Dichter geistlicher Lieder, Spitta, gehört zu ihnen wie die Brüder von Schlegel. Hinweise auf Hermann Löns, Kurt Schwitters und Joachim Ringelnatz begegnen uns bei diesem Rundgang ebenso wie Erinnerungen an Leibniz oder Goethes „Lotte" aus dem Roman „Die Leiden des jungen Werther".

3 12 Kilometer lang und bis zu 2000 m breit, angefüllt mit feinstem, weißen Sand, so groß wie 2.000 Fußballfelder. Wo gibt es das weltweit noch einmal? St. Peter-Ording bietet das große Strand-Erlebnis an der Nordsee. Weit schiebt sich der Strand ins Meer hinaus, ein beeindruckendes Naturbild von Dünen, Strand und Meer mit atemberaubender Himmelslandschaft. Das ist schon einzigartig, wenn man hier Urlaub macht. Die Kombination von Meerwasser und Salzluft ist die reinste Klimakur. Sie können tief durchatmen und bekommen Ihren Kopf wieder frei. Und nichts ist schöner und gesünder für Ihre Kinder, als hier zu spielen, zu buddeln, zu baden und so richtig rumzumatschen.

4 Älteren Menschen den Zugang zum Internet zu erleichtern, hat sich das nordrhein-westfälische Kompetenznetzwerk Senioren OnLine (SOL) zum Ziel gesetzt. Unter www.senioren-online.net sind Adressen von Internet-Cafés und Organisationen zu finden, die spezielle Schulungen für Ältere anbieten. Dazu gibt es auf den SOL-Seiten Antworten auf oft gestellte Fragen zum Internet, eine Service-Telefonnummer für Computer-Notfälle und Schulungsmaterialien. Einige davon können Einsteiger auch selbstständig nutzen, etwa die Tipps zum Umgang mit der Maus oder die Lernseiten über Bildbearbeitung.

5 Der schönste Blick auf Stadt und Land? Den hat man meistens vom Kirchturm. Kein Wunder also, dass es immer mehr Webcambilder von Kirchtürmen herab auf Stadt und Land gibt. Zum Beispiel in Rostock: Unter www.petrikirche-rostock.de zeigt eine Kamera einen Panoramablick über ganz Rostock. In Hamburg-Blankenese hat Pastor Helmut Plank gleich ein ganzes Archiv von Bildern mit seiner Webcam angelegt, darunter auch den Rundblick von der Kirche am Markt. Einen Überblick über Webcambilder finden Sie unter ...

Text	1	2	3	4	5
Überschrift					

Leseverstehen – Teil 2

In *Teil 2* lesen Sie einen längeren oder zwei kurze Zeitungstexte. Sie sollen diese Texte genau lesen und zeigen, dass Sie alle Informationen richtig verstehen.

Tipp

Lesen und Lösen

- Lesen Sie zuerst die Aufgaben und dann den Text. Dann wissen Sie, was Sie im Text suchen sollen.
- Die Reihenfolge der einzelnen Aufgaben folgt nicht immer der inhaltlichen Reihenfolge des Textes.
- Lesen Sie nun das Beispiel (Aufgabe 0). Sehen Sie sich dazu den Text „Helfen am Tisch" genau an. Wo finden Sie im Text die Sätze für Aufgabe 0? Markieren Sie im Text.

Lesen Sie die Texte 1 und 2 und lösen Sie die Aufgaben 6 – 10. Welche Aussage stimmt? Kreuzen Sie an: a, b oder c.

1

Helfen am Tisch

Rundumservice im „Hotel Mama"

Tisch decken, abräumen, spülen – Arbeiten, die meist an den Eltern, oft auch nur an der Mutter hängen bleiben. Dabei machen Familienberater seit langem und immer wieder darauf aufmerksam: Für Kinder und Eltern ist es sinnvoll – und außerdem kann es noch Spaß machen –, wenn alle bei den alltäglichen Hausarbeiten mitmachen. Doch davon, dass wirklich alle zu Hause mit anpacken, ist die deutsche Familie weit entfernt. Nach einer jetzt veröffentlichten Studie der Deutschen Gesellschaft für Ernährung lässt die Mithilfe von Kindern und Jugendlichen im Haushalt deutlich nach: Halfen 1991 noch 42 Prozent der 12- bis 15-jährigen Jungen mit, so taten dies 2001 nur noch 27 Prozent (Mädchen 1991: 56 Prozent, 2001: 39 Prozent). Besonders auffällig ist der Rückgang bei den weiblichen 15- bis 20-Jährigen: 1991 halfen 63 Prozent für durchschnittlich 23 Minuten pro Tag mit, zehn Jahre später halfen nur noch 42 Prozent, und dies auch nur noch für 16 Minuten. Welche Erfahrungen haben Sie zu diesem Thema? Wer hilft – und wie lange – bei Ihnen zu Hause mit? Mehr Infos und eine Online-Umfrage zur Hausarbeit in Familien finden Sie unter ...

Beispiel

0 **Im Haushalt**

- a haben früher Jungen genauso viel geholfen wie Mädchen.
- b helfen in den letzten Jahren eigentlich nur noch Kinder unter 15 Jahren mit.
- [x] c helfen Kinder und Jugendliche heute nicht mehr so viel mit.

6 **In Deutschland**

- a entfernen sich Eltern und Kinder in der Familie immer mehr voneinander.
- b sagen Familienberater immer wieder, dass doch die Alltagsarbeiten zu Hause von allen gemeinsam erledigt werden sollten.
- c werden Familien regelmäßig von der Deutschen Gesellschaft für Ernährung untersucht.

7 **Die mit den Mahlzeiten verbundenen Arbeiten**

- a erledigen meistens die Eltern.
- b machen den Kindern keinen Spaß.
- c werden immer von allen Familienmitgliedern erledigt.

2

Wo das Glück wohnt

Wo sind die Menschen am glücklichsten? Resultat aller Länderstudien: Man ist dort am glücklichsten, wo Reichtum und Armut relativ gleichmäßig verteilt sind. Im Glücksvergleich der Rotterdamer Erasmus-Universität liegt Deutschland im Mittelfeld. Weltmeister des Glücks sind den Umfragen zufolge die Mexikaner. Als Mexikaner Europas dürfen die Dänen gelten. 70 Prozent der Dänen behaupten von sich, „sehr glücklich" zu sein. Sogar 95 Prozent der Dänen sagen, sie seien „sehr oder ziemlich glücklich". Zum Vergleich: Bei den Griechen waren zum Zeitpunkt der Umfrage nur 76 Prozent „sehr oder ziemlich glücklich". Die Umfrage fand vor dem Gewinn der Fußball-Europameisterschaft statt. Das subjektive Glücksempfinden der Dänen ist umso erstaunlicher, als die Lebenserwartung der Dänen verglichen mit anderen Industrieländern relativ gering ist. Zudem raucht und trinkt der Durchschnittsdäne zu viel. Dafür lebt man in Dänemark zumeist in überschaubaren ländlichen Gegenden und ist sozial gut abgesichert – was offensichtlich sehr glücklich macht.

8 Nach einer Umfrage

a sind reiche Menschen glücklicher als arme.
b behaupten sowohl die Mexikaner, als auch die Dänen, die glücklichsten Menschen auf der Welt zu sein.
c sind die Mexikaner die glücklichsten Menschen der Welt.

9 Im europäischen Vergleich

a halten sich die meisten Dänen für sehr glücklich.
b liegt Deutschland weit hinten.
c waren 76 % der Griechen erst nach dem Gewinn der Fußball-Europameisterschaft glücklich.

10 Die Dänen sind sehr zufrieden,

a weil sie meistens auf dem Land leben und wenig Kontakte haben.
b weil sie vom Leben nicht viel erwarten.
c obwohl sie nicht so lange leben wie andere Europäer.

Leseverstehen – Teil 3

In *Teil 3* lesen Sie zwölf Anzeigen aus Zeitungen, Zeitschriften oder dem Internet. Zu diesen Anzeigen gibt es zehn Aufgaben. Personen suchen zum Beispiel Informationen rund ums Rad oder um die Zeitung. Es passt immer nur eine Anzeige zu einer Aufgabe.

Tipp

Lesen und Lösen

- Lesen Sie zuerst die Aufgaben und unterstreichen Sie die wichtigen Wörter. Suchen Sie dann in den zwölf Anzeigen gezielt nach diesen Informationen.
- Sie können jede Anzeige nur einmal verwenden. Streichen Sie deshalb die Anzeige, die Sie bereits verwendet haben, durch.
- Es ist auch möglich, dass Sie das, was Sie suchen, nicht finden.
- Lesen Sie das Beispiel (Aufgabe 0). Welche Anzeige passt hier? a, f und l passen nicht, weil es dort um andere Dinge rund ums Fahrrad geht. Bei k sieht man zwar einen Fahrradboten, es geht aber um das Thema Zeitung. d passt, weil hier Stadtfahrten mit dem Fahrrad angeboten werden und auch noch auf die Schnelligkeit hingewiesen wird (Expressprofi).

Lesen Sie die Anzeigen [a] – [l] und die Aufgaben 11 – 20. Welche Anzeige passt zu welcher Situation? Für eine Aufgabe gibt es keine Lösung. Markieren Sie an dieser Stelle den Buchstaben X.

Beispiel

0 Für Ihre Firma sollen Sie eine Möglichkeit finden, ein paar Unterlagen noch heute zu einem Büro am anderen Ende der Stadt bringen zu lassen.

11 Ihre Lieblingsschuhe sind kaputt, Sie brauchen einen Schuhmacher.

12 Ihr Sohn sucht eine Wohnung und möchte eine Anzeige in der Zeitung aufgeben.

13 Sie suchen eine zusätzliche Tätigkeit, um noch ein bisschen mehr Geld zu verdienen.

14 Sie möchten sich im Urlaub Ihre Zeitung nachschicken lassen.

15 Sie finden es langweilig allein Fahrrad zu fahren und möchten Kontakte zu anderen Radsportlern.

16 Für eine zweiwöchige Fahrradreise suchen Sie Hotels, in denen Fahrradfahrer willkommen sind.

17 Sie haben meistens Probleme passende Schuhe zu finden, weil Sie sehr große Füße haben.

18 Sie suchen nach Vorschlägen für kurze Fahrradtouren.

19 Ihre 7-jährige Tochter braucht schon wieder neue Turnschuhe. Sie suchen nach einer billigen Möglichkeit.

20 Es ist Ihnen unangenehm, dass Sie nicht Fahrrad fahren können, aber Sie möchten es trotzdem lernen.

Situation	0	11	12	13	14	15	16	17	18	19	20
Anzeige	*d*										

a

http://www.fahrrad-hannover.de

Rendezvous ▾ Apple .Mac Amazon eBay Yahoo! News ▾

www.fahrrad-hannover.de

Herzlich willkommen bei fahrrad-hannover.de

Wir sind 13 engagierte, kooperierende Fahrrad-Fachhändler, die Sie ständig über das informieren wollen, was rund um das Fahrrad fahren in Hannover los ist und möchten Ihre Ansprechpartner für Mobilität mit dem Fahrrad in Hannover sein!

Zu den Themen gibt es hier immer die neuesten Infos!

- wann und wo gibt es Veranstaltungen zum Thema Fahrrad in Hannover
- was gibt es für Radsportvereine in Hannover
- wo sind Ihre Ansprechpartner, wenn es um kompetenten Fahrrad-Service geht
- ... und vieles mehr ...

c

Sie verreisen?
Und Ihre Zeitung?

Sie machen Urlaub und möchten sich Ihre Zeitung nicht nachsenden lassen?

Stellen Sie sie doch anderen zur Verfügung, die sich keine Zeitung leisten können, z.B. Altenpflegeheimen, Schulen etc.! Oder schicken Sie sie zu Ihren Freunden oder Bekannten. Ohne zusätzliche Kosten!

Die Umstellung können Sie selbst leicht veranlassen, schnell und bequem rund um die Uhr unter

www.woistmeinezeitung.de
oder unter **Telefon: 0180 / 24 63**
bzw. **Telefax 0180 / 24 73**
Deutschlandweit zum Ortstarif

b

Tagesanzeiger Moosburg

Schneller geht's nicht

1 Online unter: www.hal.de und www.neues.de

1 Telefonische Anzeigenaufnahme:
0180 / 12 34 56 78 für Privates
0180 / 12 34 56 65 gewerbliche Kleinanzeigen

d

FAHRRAD • MOTORRAD • PKW

Ihr Expressprofi

• Stadtfahrten • Direktfahrten - Bundesweit
• Lizenzierter Postfach-Service

10 Jahre

DER SCHNELLE FAHRRADBOTE

3 88 65 2

GROSSE PFAHLSTRASSE 12 • 30161 HANNOVER • FAX: 05 11/3 88 65 2

e

FIT WIE'N TURNSCHUH
4 WOCHEN NUR 29,90 €

Elan
Bröhnweg 17
30974 Wennigsen
05103/92929
Steinklippenstr. 3
30890 Barsinghausen
05105/77088
www.elan-fitness.de

f

Bett & Bike

Um nach einer erlebnisreichen Radtour problemlos die Unterkunft zu finden, die Ihren Ansprüchen entgegenkommt, haben wir für Sie ein Verzeichnis mit über 600 fahrradfreundlichen Betrieben - vom Sternehotel bis zur Jugendherberge - herausgegeben, die sich auf Ihre besonderen Bedürfnisse eingestellt haben. Weitere Informationen zum Radwanderland Niedersachsen finden Sie bei der Tourismus Marketing Niedersachsen und beim ADFC Niedersachsen.

g

Nachsendung an den Urlaubsort

Sie sind im Urlaub und möchten trotzdem Ihre Zeitung lesen? Kein Problem.

Unser Service ist innerhalb Europas bis zu 6 Wochen kostenlos.

Informieren Sie sich unter: www.zeitungimurlaub.de oder unter 089-9618434

h

Schuh Kauffmann

Mit unserem einmaligen Angebot an modischen Schuhen in Übergrößen, vom Sportschuh bis zum Abendschuh, haben Sie fast die gleichgroße Auswahl wie Kunden mit Füßen in Normalgröße.

Große Auswahl in großen Größen

i

Hier schafft der Meister mit der Hand – die Arbeit, die läuft nicht vom Band!

Meister
wissen wie's geht

Schuh- und Schlüsseldienst

Für uns zählt nur Qualität und wir wählen für jede Reparatur nur das beste Material für Ihren Schuh.

Max Zetschke
Schuster
Talstraße 3
93191 Rettenbach
Tel. 09462 / 8426

j

www.schuhland.at

Rendezvous Apple .Mac Amazon eBay Yahoo! News

Wunderland Schuhland Outlet Store

hier finden Sie Markenqualität zu besten Preisen!
Restposten, Einzelpaare, Sonderangebote und vieles mehr. Lassen Sie sich per Klick in die Leiste rechts alle Angebote anzeigen. Mit der Suche-Funktion können Sie gezielt nach Ihren individuellen Wünschen suchen.

Nutzen Sie das überzeugende Angebot:
www.schuhland.at

Zur Suche

Modelle

k

ZEITUNGS-ZUSTELLER

Sie sind über 18 und suchen einen Nebenverdienst?
Dann tragen Sie für uns die HANNOVERSCHE ALLGEMEINE und die NEUE PRESSE von Montag bis Sonnabend frühmorgens aus in

Benthe und Sieben Trappen

fest ab Oktober 2005

Sie erreichen uns zwischen 9 und 12 Uhr:
Telefon (05 11) 23 45 2
Telefax (05 11) 23 46 0
Wir freuen uns auf die Zusammenarbeit mit Ihnen.

l

Es ist nie zu spät

Sie hatten vielleicht als Kind nicht die Gelegenheit, Fahrrad fahren zu lernen? Sie würden es gerne lernen, trauen sich aber nicht?

! Kein Problem !

Kommen Sie doch zu uns: Es erwartet Sie:
→ Radfahrtraining in kleinen Gruppen
→ Lernen ohne Angst und vieles mehr ...

Mehr Information unter ...

4508231 4508231 4508231 4508231 4508231

Sprachbausteine Teil 1 und 2

In *beiden Teilen* erhalten Sie einen aus Ihrer Sicht / „von Ihnen" geschriebenen Text (Brief oder Ähnliches), der jeweils zehn Lücken enthält. Zu jedem Text gibt es zehn Zuordnungsaufgaben, aus denen Sie die richtige Lösung für jede Textlücke finden müssen.

Tipp

Vor dem Lösen

- Lesen Sie die Texte möglichst zügig durch und lösen Sie die Aufgaben, die Sie schnell lösen können. Wenn Sie sich an einer Aufgabe festbeißen, verlieren Sie wertvolle Zeit. In einem zweiten oder weiteren Durchgang können Sie die „schwierigeren" Aufgaben lösen.

Sprachbausteine – Teil 1

Bei diesen Sprachbausteinen haben die Aufgaben die Form von Mehrfachwahlaufgaben: Sie müssen jeweils aus drei Lösungen die an dieser Stelle grammatisch richtige herausfinden.

Tipp

Lösen

- Lesen Sie das Beispiel (Aufgabe 0). Welches Wort passt in die Lücke? Die richtige Lösung ist [b].

Lesen Sie den folgenden Text. Welches Wort [a], [b] oder [c] passt in die jeweilige Lücke 21 – 30? Kreuzen Sie an.

20. April 20..

Sehr geehrte Frau Baxmann, sehr geehrter Herr Baxmann,

es gab immer wieder Beschwerden [0] *Sie, seit Sie vor sechs* [21] *in dieses Haus eingezogen sind. Mindestens einmal in* [22] *Woche mussten wir oder andere Nachbarn spät in der Nacht bei Ihnen wegen des Lärms in Ihrer Wohnung anrufen.*

In den letzten Wochen läuft in dem Zimmer, das eine [23] *Wand mit unserem Schlafzimmer hat, regelmäßig bis lange nach Mitternacht ein Fernsehgerät. Der Fernseher ist immer in* [24] *Lautstärke, so dass man wirklich nicht schlafen kann. Ich fordere Sie hiermit auf, das Fernsehgerät zumindest in der Zeit* [25] *22:00 und 7:00 Uhr nur in Zimmerlautstärke* [26]*.*

Wir haben [27] *immer gesagt, wie sehr wir uns gestört fühlen, aber Sie haben nie etwas geändert. Deswegen wähle ich jetzt diesen Weg, um Sie* [28] *einmal und im Namen von* [29] *Hausbewohnern zu bitten, Rücksicht auf uns zu nehmen.*

Eine Kopie von [30] *Schreiben schicke ich an die Hausverwaltung.*

Mit freundlichen Grüßen

Beispiel

0	[a] auf	[x] über	[c] um
21	[a] Monaten	[b] Monat	[c] Monate
22	[a] dem	[b] der	[c] die
23	[a] gemeinsam	[b] gemeinsame	[c] gemeinsames
24	[a] voll	[b] volle	[c] voller
25	[a] zwischen	[b] von	[c] unter
26	[a] angemacht	[b] anmachen	[c] anzumachen
27	[a] euch	[b] Ihnen	[c] Sie
28	[a] aber	[b] erst	[c] noch
29	[a] allem	[b] alle	[c] allen
30	[a] dies	[b] diesem	[c] dieses

Sprachbausteine – Teil 2

Bei diesen Sprachbausteinen müssen Sie die in die Lücken passenden Wörter aus einem so genannten Schüttelkasten heraussuchen: Sie finden unter dem Text 15 Wörter, fünf davon passen in keine Lücke.

Tipp **Lösen**

- Lesen Sie das Beispiel (Aufgabe 0). Welches Wort passt in die Lücke? Die richtige Lösung ist [n].
- Sie können beim Lösen jedes Wort nur einmal verwenden. Streichen Sie deshalb alle Wörter, die Sie bereits verwendet haben, durch
- Denken Sie daran: Nicht alle Wörter passen in den Text.

Lesen Sie den folgenden Text. Welches Wort aus dem Kasten [a] – [o] passt in die jeweilige Lücke 31–40? Schreiben Sie den Buchstaben in das Raster.

08.07.20..

Ihre Anzeige in der Hannoverschen Allgemeinen Zeitung [0] 07.07.20.. – „Erfahrene Rezeptionistin"

Sehr geehrte Damen und Herren,

mein Name ist Eva Maria Neumann, ich bin 27 Jahre alt und ledig. Mit großem Interesse habe ich Ihre Anzeige gelesen und [31] mich darauf bewerben.

[32] gelernte Hotelkauffrau habe ich bereits mehrere Jahre Erfahrungen als Rezeptionistin gesammelt. Seit drei Jahren arbeite ich in Teilzeitarbeit [33] einer internationalen Hotelkette. Ich spreche fließend Englisch und Russisch. Der Umgang [34] dem PC ist mir vollständig vertraut und ich beherrsche [35] gängigen Textverarbeitungs- und Datenbankprogramme.
Auf Grund meiner Kenntnisse und meiner bisherigen Erfahrung denke ich, dass ich für diese Stelle besonders geeignet [36]. [37] die Zukunft suche ich eine Vollzeitstelle, die es mir auch stärker als bisher ermöglicht, meine guten Fremdsprachenkenntnisse anzuwenden.

Ich würde mich freuen, [38] meine Bewerbung Ihr Interesse fände.

Für ein Vorstellungsgespräch stehe ich gern zur Verfügung. Sollten Sie sich für mich entscheiden, [39] ich [40] einem Monat bei Ihnen anfangen.

Mit freundlichen Grüßen
Eva Maria Neumann

Anlagen:
Lebenslauf

Beispiel
0 Antwort [n] ist richtig.

[a] daher	[b] könnte	[c] für	[d] als	[e] bei
[f] weil	[g] an	[h] wenn	[i] in	[j] möchte
[k] durch	[l] mit	[m] alle	[n] vom	[o] wäre

0 n............
31 .... 35 .... 39 ....
32 .... 36 .... 40 ....
33 .... 37 ....
34 .... 38 ....

In der Originalprüfung gibt es an dieser Stelle eine Pause von 20 Minuten. Nach dieser Pause folgt der Prüfungsteil *Hörverstehen*.

Hörverstehen – Teil 1

Die Prüfung *Hörverstehen* hat drei Teile. In *Teil 1* hören Sie fünf kurze Stellungnahmen von fünf Personen zu einem Thema: Zu jeder Stellungnahme gehört eine Aufgabe. Sie hören jede Person nur einmal.
Arbeitszeit: etwa 6-7 Minuten

Tipp

Vor dem Hören

- Lesen Sie zuerst die Aufgaben. Dafür haben Sie vor dem Hören 30 Sekunden Zeit.
- Versuchen Sie, das Thema des Hörtextes anhand der Aufgaben zu erraten. Sie fühlen sich sicherer, wenn Sie bereits vor dem Hören eine Idee davon haben.

Tipp

Hören und Lösen

- Die Aufgaben 41 bis 45 fassen in einem Satz jeweils das zusammen, was die jeweilige Person gesagt hat oder gesagt haben soll. Sie entscheiden beim Hören, ob die Aussagen 41 bis 45 richtig oder falsch sind. Sie haben dazu nach jedem Gesprächsbeitrag ca. 15 Sekunden Zeit.
- Lesen Sie das Beispiel (Aufgabe 0). In dem folgenden Interview zu dem Thema „Welche Tageszeit mögen Sie besonders?“ heißt es im Hörtext: *„Der Morgen, ... der Abend, ... der Mittag ... Also, ich kann Ihnen das nicht sagen ...“*. Hier ist der Beispielsatz „S. Wagner kann sich nicht entscheiden.“ richtig.
- Sobald ein Gesprächsbeitrag durch ein akustisches Signal angekündigt wird, schauen Sie nochmal die zugehörige Aufgabe an und achten Sie beim Hören auf die zentrale Aussage des Beitrages.

CD 3 44-49

Sie hören fünf kurze Gesprächsbeiträge. Zu jedem Beitrag gibt es eine Aufgabe. Sind die Aussagen Richtig oder Falsch? Kreuzen Sie an. Sie hören jeden Text einmal.

Beispiel

0	S. Wagner kann sich nicht entscheiden.	Richtig ✗	Falsch
41	Für M. Matzak kann jede Tageszeit sehr schön sein.	Richtig	Falsch
42	Für M. Barth ist die beste Zeit, wenn die Alltagsgeschäfte erledigt sind.	Richtig	Falsch
43	P. Kleinert liebt den Abend.	Richtig	Falsch
44	H. Albrecht fühlt sich mittags am wohlsten.	Richtig	Falsch
45	S. Meier findet mal die eine, mal die andere Tageszeit am schönsten.	Richtig	Falsch

Hörverstehen – Teil 2

Sie hören in *Teil 2* ein längeres Gespräch oder ein Interview. Dazu sollen Sie zehn Aufgaben lösen. Sie hören das Gespräch zweimal.
Arbeitszeit: etwa 10 Minuten

Tipp

Vor dem Hören

- Lesen Sie vor dem Hören die Aufgaben. Sie haben dazu eine Minute Zeit.
- Mit Beginn des Hörtextes sollten Sie nicht mehr lesen, damit Sie keine wichtigen Informationen in dem Gespräch verpassen.

Tipp

Hören und Lösen

- Sie müssen bei diesem Teil ganz genau zuhören und entscheiden: Habe ich das im Text gehört oder nicht, ist die Antwort richtig oder falsch?
- In dem Gespräch zum Thema „Ehrenamt", das Sie gleich hören werden, fragt der Interviewer seine Gesprächspartnerin z.B.: „... *Sie sind als Referentin für Ehrenamt bei der Landeskirche ... tätig.*" Der Beispielsatz (Aufgabe 0) dazu heißt: „Die Gesprächspartnerin arbeitet bei einer Landeskirche". und ist richtig.
- Beachten Sie, dass die Aufgaben oft andere Wörter enthalten als Sie gehört haben (z.B. *tätig sein – arbeiten*).
- Lösen Sie die Aufgaben beim Hören. Nach dem **ersten Hören** haben Sie eine Minute Zeit Ihre Antworten zu überprüfen. Markieren Sie die Aufgaben, bei denen Sie sicher sind. Kontrollieren Sie beim **zweiten Hören**, ob Sie richtig gehört haben. Achten Sie dabei besonders auf die Aufgaben, bei denen Sie noch unsicher sind. Wenn Sie den Text an einer Stelle oder eine Aufgabe nicht richtig verstanden haben, antworten Sie trotzdem. Vielleicht ist Ihre Lösung ja richtig.

50

Sie hören ein Interview im Radio. Zu diesem Gespräch gibt es zehn Aufgaben. Kreuzen Sie bei jeder Aufgabe an: Richtig oder Falsch ? Sie hören den Text zweimal.

Beispiel

0	Die Gesprächspartnerin arbeitet bei einer Landeskirche.	Richtig ☒	Falsch
46	Die meisten Leute haben keine Zeit, freiwillige Aufgaben zu übernehmen.	Richtig	Falsch
47	In anderen Ländern arbeiten viel weniger Leute freiwillig als in Deutschland.	Richtig	Falsch
48	Es gibt unendlich viele Möglichkeiten, freiwillig tätig zu werden.	Richtig	Falsch
49	Der Kontakt zu der alten Dame hat der jungen Frau geholfen.	Richtig	Falsch
50	Es gibt in vielen Städten Stellen, die Auskunft darüber geben, was man machen kann.	Richtig	Falsch
51	Man muss/kann sich beim Bundesministerium für freiwillige Aufgaben bewerben.	Richtig	Falsch
52	Viele Leute übernehmen ein freiwilliges Amt, weil sie Kontakte zu anderen Menschen suchen.	Richtig	Falsch
53	Mit ungefähr 20 Stunden im Monat muss man für ein freiwilliges Amt rechnen.	Richtig	Falsch
54	Jugendliche sind heute für freiwillige Aufgaben kaum zu gewinnen.	Richtig	Falsch
55	Wenn Sie mehr zu dem Thema wissen möchten, können Sie auch im Internet nachlesen.	Richtig	Falsch

Hörverstehen – Teil 3

In *Teil 3* hören Sie fünf kurze Texte. Es geht dabei zum Beispiel um Hinweise zu Veranstaltungen, Werbung, Wettervorhersagen oder Mitteilungen auf einem Anrufbeantworter. Zu jedem Text gibt es eine Aufgabe. Sie hören jeden Text zweimal unmittelbar hintereinander.
Arbeitszeit: etwa 10 Minuten

Tipp

Vor dem Hören

- Lesen Sie vor dem Hören die Aufgaben.

Tipp

Hören und Lösen

- Vor jedem Text hören Sie auch eine Situationsbeschreibung, in der Sie die jeweiligen Texte hören. Das hilft Ihnen zu entscheiden, auf welche Information Sie aufpassen müssen.
- Beispiel (Aufgabe 0): Sie hören folgende Situation: *„Sie sitzen im Zug von Hamburg nach Hannover und müssen dort zur Weiterfahrt nach Dortmund umsteigen. Im Zug hören Sie folgende Durchsage: ... .“* In der Situationsbeschreibung heißt es also, dass Sie in Hannover nach Dortmund umsteigen müssen. In der darauffolgenden Durchsage hören Sie: *„Unser Zug hat zur Zeit 18 Minuten Verspätung. ... Es ist nicht sicher, dass in Hannover alle Anschlusszüge erreicht werden. Nicht warten konnte der ICE nach Dresden über Magdeburg-Halle–Leipzig ... .“*
  Der Beispielsatz ist also falsch. Es kann sein, dass Sie Ihren Zug in Hannover nicht erreichen, das ist aber noch nicht sicher.

CD 3 51-56

Sie hören fünf Mitteilungen. Zu jedem Text gibt es eine Aufgabe. Kreuzen Sie an: Richtig oder Falsch ? Sie hören jeden Text zweimal.

Beispiel

0	Sie werden Ihren Zug in Hannover nicht mehr erreichen.	Richtig	Falsch ☒
56	In der Fernsehsendung wird heute ein berühmter Sänger erwartet.	Richtig	Falsch
57	Sie können sich für Ihr Handy als Klingelton ein Kirchenlied besorgen.	Richtig	Falsch
58	Sie können am nächsten Montag bei der Firma Wäsch anfangen.	Richtig	Falsch
59	Der Sonnabend ist der beste Tag für die Radtour.	Richtig	Falsch
60	Sie können Ihren Rezeptwunsch mitteilen und das Rezept während der nächsten Sprechzeiten in der Praxis abholen.	Richtig	Falsch

Schriftlicher Ausdruck

In diesem Prüfungsteil sollen Sie auf einen Brief, ein Fax, eine Werbeanzeige oder Ähnliches reagieren und einen persönlichen oder halbformellen Brief schreiben. Es werden vier Punkte vorgegeben, die in Ihrer Antwort enthalten sein sollen.
Arbeitszeit: 30 Minuten.

Tipp

Vor dem Schreiben

- Lesen Sie zuerst ganz genau den Brief, auf den Sie antworten sollen, und die Punkte, die Ihre Antwort enthalten soll.
- Um die Situation richtig zu verstehen, beantworten Sie folgende Fragen für sich: Wer schreibt mir? – Warum schreibt sie/er mir? – Woher antworte ich? (Aus Deutschland? Aus meinem Heimatland? ...)
- Schreiben Sie zu jedem Punkt wenigstens 1–2 Sätze. Und schreiben Sie auf jeden Fall zu jedem Punkt etwas, auch wenn Sie nicht sicher sind, ob Sie alles richtig verstanden haben. Vielleicht ist das, was Sie schreiben, ja doch richtig.

- Schreiben Sie nicht nur kurze einfache Sätze, sondern benutzen Sie auch Nebensätze und verbinden Sie die Sätze miteinander. Beginnen Sie z.B. auch mal mit einem Nebensatz oder beginnen Sie die Hauptsätze mit Wörtern wie *außerdem, danach, gern, hoffentlich, leider, manchmal, natürlich, vielleicht* ... . Für eine gute sprachliche Verbindung Ihrer Sätze bekommen Sie nämlich auch Punkte.
- In der Originalprüfung haben Sie ein Formular (Vor- und Rückseite) für diesen Brief. Schreiben Sie den Brief nicht vor, sondern schreiben Sie direkt auf dieses Blatt. Die Zeit reicht nicht, um später ein Konzept auf das Formular zu übertragen. Korrigiert wird nur das, was auf diesem Blatt (Formular) steht.

Ihr deutscher Freund Jakob erzählt Ihnen in einem Brief, dass er zur Zeit Spanisch lernt und dass ihm das gut gefällt.

Barsinghausen, den 4.9.20..

Hallo liebe/r ....,

entschuldige, dass ich dir so lange nicht geschrieben habe, aber ich war in der letzten Zeit sehr beschäftigt und ich erzähle dir jetzt auch gleich, warum.

Du weißt doch, dass ich schon immer gern Spanisch lernen wollte. Vor drei Monaten bin ich beim Surfen im Internet auf einen online-Kurs gestoßen. Da habe ich mich sofort dazu angemeldet und lerne jetzt Spanisch zu Hause am PC. Das kann ich machen, wann ich Zeit und Lust habe. Man sieht und hört kurze Videofilme mit alltäglichen Situationen in Spanien, anschließend kommen viele Übungen, meist als kleine Comics. Also es macht riesigen Spaß. Hoffentlich kannst du mich bald besuchen, damit ich dir das mal zeigen kann.

Viele Grüße
dein Jakob

Schreiben Sie Ihrem Freund einen Antwortbrief, der die folgenden Punkte enthält:

- Vorschlag für ein Treffen
- Was Ihnen beim Deutschlernen geholfen hat (Radio, Fernsehen, Zeitung, PC ...)
- Was Sie über den online-Kurs gern noch wissen möchten
- Welche Sprache Sie gern noch (weiter) lernen möchten

Überlegen Sie sich vor dem Schreiben eine passende **Reihenfolge der Punkte**, eine passende **Einleitung** und einen passenden **Schluss**. Vergessen Sie nicht Datum und Anrede.

Tipp

Nach dem Schreiben

Lesen Sie Ihr Schreiben noch einmal durch, vielleicht finden Sie ja noch Rechtschreibfehler, die Sie korrigieren können (Rechtschreibfehler spielen aber bei der Bewertung keine sehr große Rolle). Haben Sie an das Datum und die Unterschrift gedacht? Haben Sie die richtige Anrede – du – genommen, denn Jakob ist ein Freund von Ihnen und hat Sie auch mit *du* angesprochen? Haben Sie nicht aus Versehen einmal „Sie" benutzt? Steht das Verb immer an der richtigen Stelle im Satz? Daran, nicht nur kurze Hauptsätze zu machen, haben Sie bestimmt gedacht. Dann ist alles in Ordnung.

Zertifikat Deutsch – Die mündliche Prüfung

Die mündliche Prüfung besteht aus drei Teilen: *Kontaktaufnahme* (Teil 1), einem *Gespräch über ein Thema* (Teil 2) und *Gemeinsam eine Aufgabe lösen* (Teil 3). Die Prüfung kann als Paar- oder Einzelprüfung durchgeführt werden. Sie bekommen jeweils die Aufgaben für alle drei Teile und haben 20 Minuten Vorbereitungszeit.

Einzelprüfung:

- Die Prüferin / Der Prüfer ist Ihre Gesprächspartnerin / Ihr Gesprächspartner.

Paarprüfung:

- Eine andere Prüfungskandidatin / Ein anderer Prüfungskandidat ist Ihre Gesprächspartnerin / Ihr Gesprächspartner.

In der gesamten Prüfung wird nicht „abgefragt", sondern Sie sollen mit Ihrer Partnerin / Ihrem Partner ein lebendiges, lockeres Gespräch führen. Gehen Sie also auf ihre / seine Beiträge ein. Beide Partner sollen zu Wort kommen. Wenn Ihre Partnerin / Ihr Partner einmal nicht weiter kommen sollte, helfen Sie ihr/ihm, das wird positiv bewertet.
Das Prüfungsgespräch dauert ungefähr 15 Minuten.

Mündliche Prüfung – Teil 1

In *Teil 1* sollen Sie mit Ihrer Partnerin / Ihrem Partner ein kurzes Gespräch führen, um sich etwas näher kennen zu lernen oder mehr voneinander zu erfahren. Dabei soll man sich nicht gegenseitig ausfragen, sondern anhand der auf dem Aufgabenblatt aufgeführten Fragen miteinander ins Gespräch kommen. Wenn Sie Ihre Partnerin / Ihren Partner kennen, brauchen Sie sie/ihn also z.B. nicht nach ihrem/seinem Namen zu fragen. Am Ende dieses kurzen Gesprächs stellt vielleicht eine/r der Prüfenden noch eine zusätzliche Frage, die nicht auf dem Aufgabenblatt steht, z.B. was Sie in Ihrer Freizeit am liebsten machen.
Dauer: etwa 3 Minuten

Tipp

Vor der Prüfung

- Auf diesen Prüfungsteil können Sie sich ganz leicht vorbereiten, indem Sie sich z.B. mit Freunden oder Bekannten in kurzen Gesprächen über Ihre Person, Ihre Herkunft, Ihre Familie, Ihre Beschäftigung und Ihre Hobbies etc. austauschen. Stellen Sie sich dabei vor, dass Sie Ihre Partnerin / Ihren Partner noch nicht kennen: Sie/Er ist neu im Kurs, an Ihrer Arbeitsstelle, im Verein oder Sie lernen sich auf einer Geburtstagsfeier kennen. Antworten Sie dann dabei nicht nur mit knappen Worten, sondern sagen Sie ein bis zwei Sätze und versuchen Sie, miteinander ins Gespräch zu kommen.

Sie bekommen in der Vorbereitungszeit folgendes Aufgabenblatt:

Unterhalten Sie sich mit Ihrer Partnerin / Ihrem Partner. Folgende Themen sind möglich:

Arbeitsblatt 1
Teilnehmender A/B

- Name
- wo sie/er herkommt
- wo und wie sie/er wohnt (Wohnung, Haus ...)
- was sie/er macht (Schule, Studium, Beruf ...)
- ob sie/er schon in anderen Ländern war
- Sprachen (welche?, wie lange?, warum?)
- ...

Eine/r der Prüfenden kann noch ein weiteres Thema ansprechen.
In der **Einzelprüfung** stellt Ihnen Ihre Prüferin / Ihr Prüfer Fragen zu diesen oder ähnlichen Themen.

Mündliche Prüfung – Teil 2

In diesem Teil haben beide Partner unterschiedliche Aufgabenblätter (*Aufgabenblatt 2*) zu **einem** Thema. Sie sollen gegenseitig ganz kurz über die Informationen in Ihrem Text (das können Abbildungen mit einem kurzen Text oder auch Grafiken sein) berichten und sich anschließend über dieses Thema austauschen. Sagen Sie Ihre Meinung zu diesem Thema, begründen Sie sie und reagieren Sie auf die entsprechenden Äußerungen Ihrer Partnerin / Ihres Partners.
Dauer: etwa 6 Minuten

Tipp

Übungen vor der Prüfung

- Auf diesen Prüfungsteil können Sie sich auch zu Hause vorbereiten. In fast jeder Zeitung oder Illustrierten finden Sie Grafiken oder Schaubilder zu allen möglichen Themen. Suchen Sie eine Abbildung zu einem Thema, das Sie interessant finden und sprechen Sie darüber mit einem Freund oder jemandem aus Ihrer Familie. Sammeln Sie zuerst wichtigen Wortschatz zu diesem Thema. Üben Sie dann das freie Sprechen mit den Ihnen bekannten Redemitteln, z.B. aus *Schritte 5, Lektion 6.*

Aufgabenblatt 2
Teilnehmende/r A

Nutzung von Zeitung und Fernsehen

Was liest du in der Zeitung?

(blau: Schülerinnen/Schüler – oliv: Lehrkräfte)

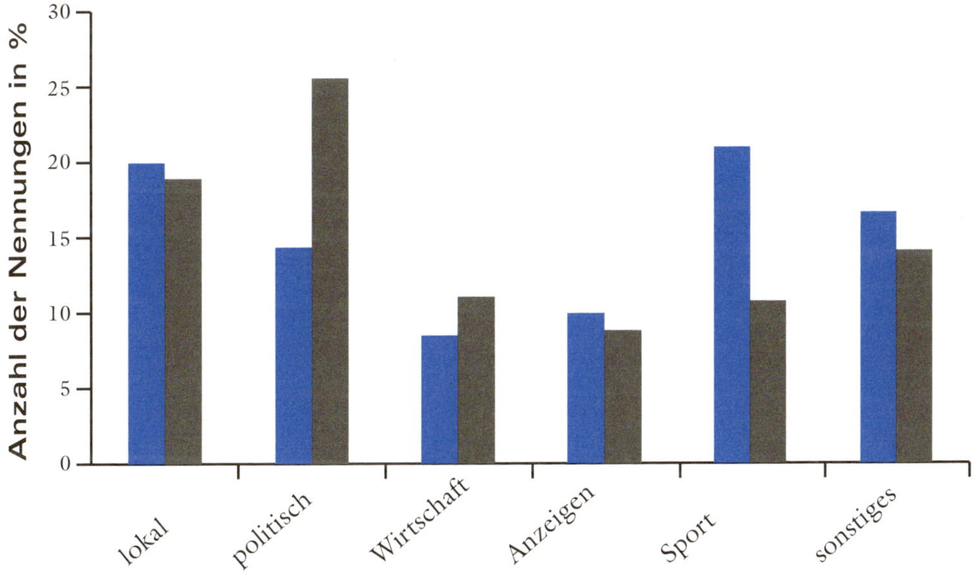

Aufgabe:

Zuerst berichten Sie Ihrer Partnerin / Ihrem Partner kurz, welche Informationen Sie zu dem Thema haben. Danach berichtet Ihre Partnerin / Ihr Partner kurz über ihre/seine Informationen.

Danach erzählen Sie, welchen Teil der Zeitung Sie lesen und welche Fernsehsendung Sie am häufigsten sehen. Ihre Gesprächspartnerin / Ihr Gesprächspartner wird Ihnen von ihren/seinen Gewohnheiten erzählen. Reagieren Sie darauf, so dass sich ein Gespräch zwischen Ihnen beiden ergibt.

Aufgabenblatt 2
Teilnehmende/r B

Nutzung von Zeitung und Fernsehen

Häufigst gesehene Sendung

(blau: Schülerinnen/Schüler – oliv: Lehrkräfte)

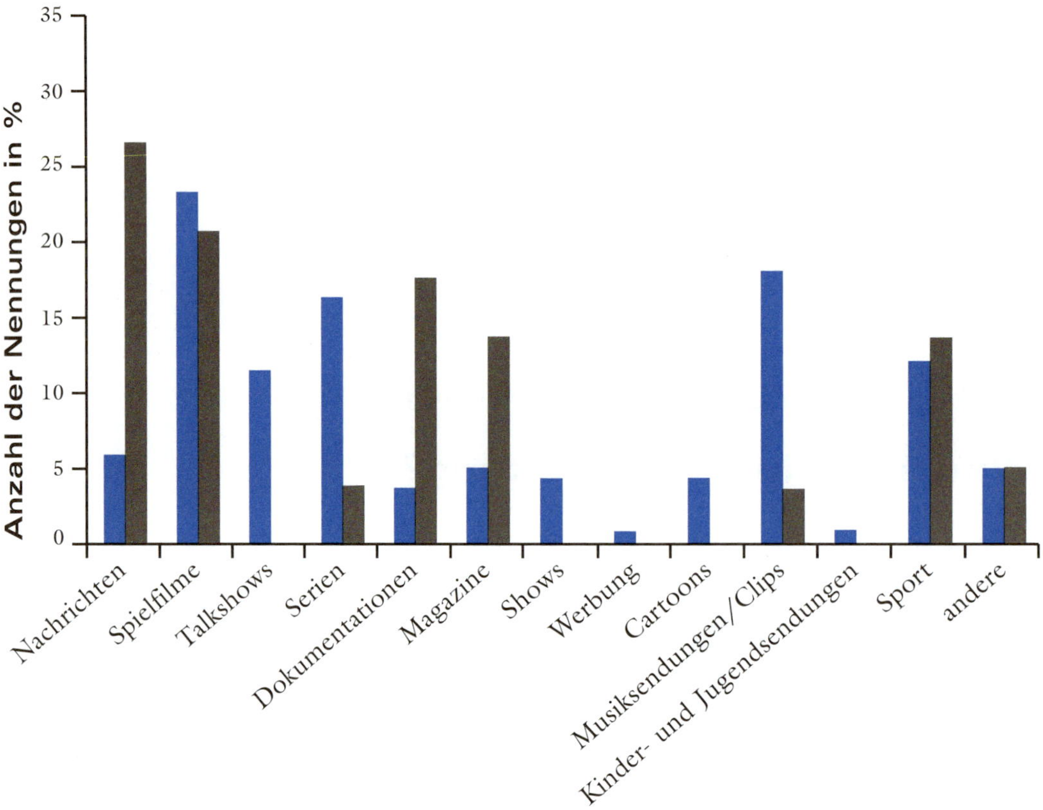

Aufgabe:

Zuerst berichten Sie Ihrer Partnerin / Ihrem Partner kurz, welche Informationen Sie zu dem Thema haben. Danach berichtet Ihre Partnerin / Ihr Partner kurz über ihre/seine Informationen.

Danach erzählen Sie, welchen Teil der Zeitung Sie lesen und welche Fernsehsendung Sie am häufigsten sehen. Ihre Gesprächspartnerin / Ihr Gesprächspartner wird Ihnen von ihren/seinen Gewohnheiten erzählen. Reagieren Sie darauf, so dass sich ein Gespräch zwischen Ihnen beiden ergibt.

Mündliche Prüfung – Teil 3

In diesem Prüfungsteil erhalten Sie eine Aufgabe, die Sie gemeinsam mit Ihrer Partnerin / Ihrem Partner im Gespräch lösen sollen. Sie erhalten dafür beide das gleiche Aufgabenblatt (*Aufgabenblatt 3*).
Dauer: etwa 6 Minuten

Tipp

Übungen vor der Prüfung

- Sehen Sie sich noch einmal das Beispiel in *Schritte 5, Lektion 2 D* an.
- Auf diesen Teil können Sie sich im Kurs und auch zu Hause sehr gut vorbereiten, indem Sie sich Aufgaben suchen und dann mit jemandem in einem Rollenspiel versuchen, die Aufgabe gemeinsam zu lösen. Solche Aufgaben könnten sein: die Vorbereitung der Geburtstagsfeier eines Freundes oder der Verabschiedung eines Kollegen, die Planung eines Wochenendausflugs für Ihre Gruppe oder die Planung einer gemeinsamen Geschäftsreise mit einer Kollegin / einem Kollegen o.Ä. Sie müssten sich dann dafür selbst einen Notizzettel machen mit 5 – 6 Punkten, die für die Lösung Ihrer Aufgabe wichtig sind.

Tipp

Während der Prüfung

- Wenn Sie während der Prüfung feststellen, dass Ihrer Meinung nach der Notizzettel nicht alle Fragen, die zu klären sind, enthält, ergänzen Sie ihn und sprechen Sie diese Frage im Prüfungsgespräch an. Manchmal ist es in der Prüfung auch vorgesehen, dass Sie den Notizzettel noch ergänzen.
- Ganz wichtig ist in diesem Teil, dass Sie von Ihrer Seite aus Vorschläge machen, aber gleichzeitig auch auf die Vorschläge der Gesprächspartnerin / des Gesprächspartners eingehen. Zum Schluss sollen Sie zu einer gemeinsamen Lösung kommen.
- Wenn Sie an einer Stelle Ihre Partnerin / Ihren Partner nicht verstehen, ist das überhaupt nicht schlimm. Fragen Sie einfach nach, das ist in jedem Gespräch ganz normal.

Aufgabenblatt 3
Teilnehmende/r A/B

Sie und einige Bekannte wollen sich gemeinsam auf die nächste Deutschprüfung vorbereiten. Planen Sie zusammen mit Ihrer Gesprächspartnerin / Ihrem Gesprächspartner diese Vorbereitungszeit auf die Deutschprüfung.

Überlegen Sie sich gemeinsam, wie Sie diese Vorbereitungszeit vor der Deutschprüfung gestalten wollen und wer sich um welche Punkte kümmert.

Sie haben sich schon einen Zettel mit Notizen gemacht.

Gemeinsam auf die Prüfung vorbereiten
- *Vorbereitungszeit insgesamt bis zur Prüfung?*
- *Treffen wann und wie oft?*
- *Wo bzw. bei wem?*
- *Material?*
- *PC als Hilfsmittel?*
- ...
- ...

Tipp

Nach der Prüfung

- Sie sollten wissen, dass Sie nach der mündlichen Prüfung **kein** Ergebnis mitgeteilt bekommen. Das ist so üblich. Die Prüfungsteile werden zentral ausgewertet, alle erreichten Punkte werden zusammengezählt. Das Gesamtergebnis und Ihr Zertifikat erhalten Sie zwischen vier bis sechs Wochen nach der Prüfung.

Wir wünschen Ihnen viel Erfolg!

Wortliste

Die alphabetische Wortliste enthält die neuen Wörter dieses Buches mit Angabe der Seiten, auf denen sie zuerst vorkommen. Wörter, die für die Prüfung *Zertifikat Deutsch* nicht verlangt werden, sind kursiv gedruckt.
Bei allen Wörtern sind die Wortakzente gekennzeichnet. Ein Punkt (a) heißt kurzer Vokal, ein Unterstrich (o) heißt langer Vokal.
Steht der Artikel in Klammern, gebraucht man die Nomen meistens ohne Artikel.
Nomen mit der Angabe „nur Singular" verwendet man nicht oder nur selten im Plural.
Nomen mit der Angabe „nur Plural" verwendet man nicht oder nur selten im Singular.
Trennbare Verben sind durch einen Punkt nach der Vorsilbe gekennzeichnet (*ab·brechen*).

die Sicherheitspolitik (nur Singular) 73
die Sicht (nur Singular) 45
sichtbar 73
die Siegermacht, ¨-e 64
siezen 12, 12
das Signal, -e 62
der Signalton, ¨-e AB 101
der Single-Haushalt, -e AB 93
die Sitte, -n 44, 46
die Sitzung, -en AB 121
skeptisch 60
das Schigebiet, -e 40
der Schikurs, -e AB 150
die Slowakei AB 159
(das) Slowenien AB 159
der Slum, -s AB 141
der Smalltalk (nur Singular) 42
der Snack, -s AB 102
der Snackbar-Automat, -en AB 102
sobald 30
sofern 23
die Software (nur Singular) 18
somit 31, 66
der Sommerabend, -e AB 94
sommersprossig 34
sonderbar AB 114
der Sonnenschirm, -e AB 92
sonstige AB 125
die Sorge, -n 51
das SOS-Kinderdorf, ¨-er 54
sowjetisch 64
sowohl … als auch … 32
der Sozialdemokrat, -en 62
die Sozialdemokratische Partei Deutschlands 62
der Sozialismus (nur Singular) AB 154
sozialistisch AB 154
sozusagen 24
-spaltig AB 137
die SPD = Sozialdemokratische Partei Deutschlands 66
die Speise, -n AB 100
spenden 55
der Spender, - 55
sperren 51
spezialisieren AB 140
das Spezial-Zischel-Horoskop, -e AB 122
das Spielbrett, -er AB 82
der Spielehersteller, - AB 82
der Spieleladen, ¨ AB 82
die Spielelandschaft, -en AB 82
der Spielemarkt, ¨-e AB 82
der Spielepreis, -e AB 83
die Spielmöglichkeit, -en 59
der Spielprofi, -s AB 82
die Spielregel, -n 11
die Spielstraße, -n AB 125
das Spielwarengeschäft, -e 29
sportbegeistert AB 141
die Sportlichkeit (nur Singular) AB 91
der Sportplatz, ¨-e AB 150
der Sprachcomputer, - 24
die Sprachenschule, -n 73
sprachlos AB 105
die Sprechblase, -n 7
die Sprechzeiten (Plural) AB 124
der Spritverbrauch (nur Singular) AB 147
der Sprung, ¨-e AB 148
der Staat, -en 64, 73
das Staatsorgan, -e AB 156
die Stadtbücherei, -en AB 151
die Städtereise, -n AB 113
die Stadtkasse, -n AB 151
der Stadtrat, ¨-e 59, 66
der Stadtstaat, -en 70
die Stadtteilzeitung, -en 53
die Stadtväter (Plural) AB 151
stammen 76
der Standpunkt, -e 43, 56
der Stapel, - 11
starren 35
starten 23
der Startknopf, ¨-e 23
der Startpreis, -e 24
stecken bleiben 21
steif 12
das Sternbild, -er AB 110
der Sternführer, - AB 110
die Sternurkunde, -n AB 110
stets 30, 44
die Stiftung, -en AB 117
die Stiftung Warentest AB 117
der Stil, -e AB 126
die Stille (nur Singular) AB 111
stillos AB 126
die Stimmung, -en 14, 19
der Stimmzettel, - 63
das Stoffzebra, -s AB 110
stöhnen AB 82
stoppen AB 83
die Strafsekunde, -n 74
der Strafzettel, - AB 120
das Straßeninterview, -s 46
die Straßenseite, -n AB 125
der Straßentunnel, -s AB 146
streben 65
streicheln AB 132
das Streichholz, ¨-er AB 148, 161
der Streifenwagen, - 51
die Streitigkeiten (Plural) 52
das Streitschlichterprogramm, -e AB 150
der Strumpf, ¨-e AB 161
(das) Süddeutschland AB 147
(das) Süd-Korea AB 129
der Sumo-Ringer, - AB 141
das Supermarktregal, -e 54
symbolisieren 75, 73
das Synonym, -e 62
das System, -e 64
die Szene, -n 8
der Tabakpreis, -e AB 148
das Tabu, -s 10, 11
die Tabu-Karte, -n 11
das Tabu-Thema, -en 42
das Tabu-Wort, ¨-er 11
tagaus 24
tagein 24
tagelang AB 150
der Tagesplan, ¨-e AB 99
der Talkgast, ¨-e 43
der Tango, -s 68
die Tanzfläche, -n AB 129
der Tanzpartner-Service (nur Singular) AB 137
der Tanzschuh, -e AB 137
tapezieren 32
der Tauchanzug, ¨-e AB 118
die Tauchausrüstung, -en AB 118
tauchen AB 118
die Tauchschule, -n AB 118
das Technikmuseum, -museen AB 85
der Teddybär, -en 31
das Teehaus, ¨-er 26
die Telefonrechnung, -en AB 87
die Telefonverbindung, -en 26
die Temperaturschwankung, -en 54
das Tempo (nur Singular) 42
das Testergebnis, -se AB 117
die Testzeitschrift, -en AB 117
der Teufel, - 35
der Textanfang, ¨-e 42
der Theaterbesuch, -e 14
der Theologe, -n 54, 55
(das) Tibet AB 155
die Tierhandlung, -en AB 111
die Tierklinik, -en 53
der Tierschutzverein, -e 53
die Tigerkatze, -n 51
die Tinte, -n 20
die Tischdecke, -n AB 100, 116
das Tomatenfestival, -s 74
die Tomatensoße, -n 74
der Ton, ¨-e 11
die Topfblume, -n AB 94
touren AB 152
die Trafik, -en AB 161
die Tram, -s 60
das Transparent, -e 61
das Transportmittel, - 22
trauen AB 138
der Traumpartner, - AB 92
der Treffpunkt, -e 42
der Trend, -s AB 147, 148
treu 13, 56, 62
der Trottel, - 24
das Trottoir, -s AB 161
der Tscheche, -n AB 90
tun: so tun als ob … 20
der Tunnel, -s AB 146
der Turban, -e 69
der Türke, -n AB 90
die Turnhalle, -n AB 149, 150
der Turnverein, -e 61
die Türschwelle, -n AB 117
u. a. = unter anderem 52
überfahren 7
überlassen 54
die Überlegung, -en 56
überparteilich 61
überreden 41
überreichen 61
die Überzeugung, -en 54
der Übungspartner, - AB 104
die Umfrage, -n 60, 73
die Umgangsformen (Plural) AB 126
umschreiben 30
um·tauschen 33
der Umtrunk, -s 26
die Umwelt (nur Singular) 53
umweltfreundlich 76
die Umweltpartei, -en 62
unabhängig 61
die Unabhängigkeit (nur Singular) AB 93
unauffällig AB 153
unbeeindruckt 44
unendlich AB 112
unentschieden 63
unerfahren AB 106
unerwartet 54
unerwünscht AB 106
der Ungar, -n 76
ungerecht 52
ungern AB 87, 109
unheimlich 7, 15
die Unmenge, -n 44
unmittelbar AB 151
unmusikalisch AB 96
unrein AB 130
unscheinbar 44
unschön AB 115
der Unsinn (nur Singular) 25
unterbrechen 23
unterhaltsam AB 113
die Unterhaltungselektronik (nur Singular) AB 117
die Unternehmung, -en 14
das Unterpfand (nur Singular) 65
das Unterrichtsfach, ¨-er 74
unterscheiden 15
unterste AB 156
das Unterwasserkabel, - 26
der Ureinwohner, - 74
der Urlaubsgruß, ¨-e AB 106
die Urlaubskarte, -n AB 106
der Ursprung, ¨-e 62
ursprünglich 76
usw. = und so weiter 33, 59
das Vaterland, ¨-er 65
das Velo, -s AB 161
verabreden AB 130
veraltet AB 115
verantwortlich AB 97
verbindlich 12

Unregelmäßige Verben

anfangen, fängt an, fing an, hat angefangen
beginnen, beginnt, begann, hat begonnen
behalten, behält, behielt, hat behalten
beißen, beißt, biss, hat gebissen
beschließen, beschließt, beschloss, hat beschlossen
besitzen, besitzt, besaß, hat besessen
bestehen, besteht, bestand, hat bestanden
betragen, beträgt, betrug, hat betragen
betreten, betritt, betrat, hat betreten
betrügen, betrügt, betrog, hat betrogen
beweisen, beweist, bewies, hat bewiesen
sich bewerben, bewirbt, bewarb, hat beworben
biegen, biegt, bog, hat gebogen
bieten, bietet, bot, hat geboten
bitten, bittet, bat, hat gebeten
bleiben, bleibt, blieb, ist geblieben
braten, brät, briet, hat gebraten
(sich etwas) brechen, bricht, brach, hat gebrochen
brennen, brennt, brannte, hat gebrannt
bringen, bringt, brachte, hat gebracht
denken, denkt, dachte, hat gedacht
einladen, lädt ein, lud ein, hat eingeladen
empfangen, empfängt, empfing, hat empfangen
empfehlen, empfiehlt, empfahl, hat empfohlen
empfinden, empfindet, empfand, hat empfunden
enthalten, enthält, enthielt, hat enthalten
entlassen, entlässt, entließ, hat entlassen
entscheiden, entscheidet, entschied, hat entschieden
(sich) entschließen, entschließt, entschloss, hat entschlossen
entstehen, entsteht, entstand, ist entstanden
erfahren, erfährt, erfuhr, hat erfahren
erfinden, erfindet, erfand, hat erfunden
erhalten, erhält, erhielt, hat erhalten
erkennen, erkennt, erkannte, hat erkannt
erscheinen, erscheint, erschien, ist erschienen
erschrecken, erschrickt, erschrak, ist erschrocken
erziehen, erzieht, erzog, hat erzogen
essen, isst, aß, hat gegessen
fahren, fährt, fuhr, hat/ist gefahren
fallen, fällt, fiel, ist gefallen
finden, findet, fand, hat gefunden
fliegen, fliegt, flog, ist geflogen
fließen, fließt, floss, ist geflossen
fressen, frisst, fraß, hat gefressen
frieren, friert, fror, hat gefroren
geben, gibt, gab, hat gegeben
gefallen, gefällt, gefiel, hat gefallen
gehen, geht, ging, ist gegangen
gelingen, gelingt, gelang, ist gelungen
gelten, gilt, galt, hat gegolten
geschehen, geschieht, geschah, ist geschehen
gewinnen, gewinnt, gewann, hat gewonnen
gießen, gießt, goss, hat gegossen
hängen, hängt, hing, hat/ist gehangen
(sich) halten, hält, hielt, hat gehalten
heben, hebt, hob, hat gehoben
heißen, heißt, hieß, hat geheißen
helfen, hilft, half, hat geholfen
kennen, kennt, kannte, hat gekannt
klingen, klingt, klang, hat geklungen
kommen, kommt, kam, ist gekommen
lassen, lässt, ließ, hat gelassen
laufen, läuft, lief, ist gelaufen
leihen, leiht, lieh, hat geliehen
lesen, liest, las, hat gelesen
liegen, liegt, lag, hat/ist gelegen
lügen, lügt, log, hat gelogen
messen, misst, maß, hat gemessen
nehmen, nimmt, nahm, hat genommen
nennen, nennt, nannte, hat genannt
raten, rät, riet, hat geraten
reißen, reißt, riss, ist gerissen
rennen, rennt, rannte, ist gerannt
riechen, riecht, roch, hat gerochen
rufen, ruft, rief, hat gerufen
scheinen, scheint, schien, hat geschienen
schieben, schiebt, schob, hat geschoben
schlafen, schläft, schlief, hat geschlafen
schlagen, schlägt, schlug, hat geschlagen
schließen, schließt, schloss, hat geschlossen
schneiden, schneidet, schnitt, hat geschnitten
schreiben, schreibt, schrieb, hat geschrieben
schreien, schreit, schrie, hat geschrien
schweigen, schweigt, schwieg, hat geschwiegen
schwimmen, schwimmt, schwamm, ist geschwommen
sehen, sieht, sah, hat gesehen
senden, sendet, sandte, hat gesandt
singen, singt, sang, hat gesungen
sinken, sinkt, sank, ist gesunken
sitzen, sitzt, saß, hat/ist gesessen

sprechen, spricht, sprach, hat gesprochen
springen, springt, sprang, ist gesprungen
stehen, steht, stand, hat/ist gestanden
stehlen, stiehlt, stahl, hat gestohlen
steigen, steigt, stieg, ist gestiegen
sterben, stirbt, starb, ist gestorben
(sich) streiten, streitet, stritt, hat gestritten
tragen, trägt, trug, hat getragen
treffen, trifft, traf, hat getroffen
treiben, treibt, trieb, hat getrieben
treten, tritt, trat, hat/ist getreten
trinken, trinkt, trank, hat getrunken
tun, tut, tat, hat getan
überweisen, überweist, überwies, hat überwiesen
unterscheiden, unterscheidet, unterschied, hat unterschieden
verbieten, verbietet, verbot, hat verboten
verbinden, verbindet, verband, hat verbunden
vergessen, vergisst, vergaß, hat vergessen
vergleichen, vergleicht, verglich, hat verglichen
sich verhalten, verhält, verhielt, hat verhalten
verlassen, verlässt, verließ, hat verlassen
verlieren, verliert, verlor, hat verloren
verraten, verrät, verriet, hat verraten
verstehen, versteht, verstand, hat verstanden
vertreten, vertritt, vertrat, hat vertreten
verzeihen, verzeiht, verzieh, hat verziehen
wachsen, wächst, wuchs, ist gewachsen
(sich) waschen, wäscht, wusch, hat gewaschen
werden, wird, wurde, ist geworden
werfen, wirft, warf, hat geworfen
wiegen, wiegt, wog, hat gewogen
wissen, weiß, wusste, hat gewusst
ziehen, zieht, zog, hat/ist gezogen
zwingen, zwingt, zwang, hat gezwungen

Verben, die für die Prüfung Zertifikat Deutsch nicht verlangt werden, sind kursiv gedruckt.

Quellenverzeichnis

Umschlag: U1 unten und U4: Image Bank/Rob Van Petten; U1 oben (Fotos der Collage): Alexander Keller

Seite 10: Fotos: B-D: Thomas Spiessl, München; Mitte und unten: © Hueber Verlag

Seite 14: Fotos: A: © Mauritius/Workbookstock.com; B: © Photodisc

Seite 16: Fotos: oben: Thomas Spiessl, München

Seite 23: Illustrationen Waschsalon: Ralf Meyer-Ohlenhof, München

Seite 30: Fotos oben: A: © argus/Frischmuth; unten: A: © Canon Deutschland GmbH; B, D, E: © Hueber Verlag

Seite 31: Fotos oben: B: © irisblende; C + D: © Märklin; unten A-C: Werner Bönzli, Reichertshausen

Seite 34/35: Text: Axel Hacke, „Das Beste aus meinem Leben“, SZ-Magazin No. 14/2003

Seite 36: Fotos: A, B: © MEV; C: © Superjuli; D: © AOK-Bundesverband

Seite 40: Fotos oben: A: © Polizei München; B: Fotomontage: Autofahrer: © ullstein/Vision Photo, Straße: © ullstein/ddp; C-E: Thomas Spiessl, München; unten: A: © Polizei München; B, D: Thomas Spiessl, München; C: © Hueber Verlag

Seite 41: Foto unten links: © Polizei München

Seite 42: Text: mit freundlicher Genehmigung von www2.onunterhaltung.t-online.de

Seite 43: Foto oben links und rechts: © MEV; Foto unten links: © BananaStock; unten rechts: © irisblende

Seite 44: Text aus: „Gesammelte Olivenkerne. Aus dem Tagebuch der Fremde“ von Rafik Schami mit Zeichnungen von Root Leeb © 1997 Carl Hanser Verlag, München – Wien

Seite 46: Karte: © www.cartomedia-karlsruhe.de; Fotos: 2, 4 © Hueber Verlag; 3, 5 © MEV

Seite 50: Fotos unten: 1, 2: Thomas Spiessl, München

Seite 52: Texte: Mieterverein zu Hamburg

Seite 53: Fotos: © Stiller/Berlin-Motive

Seite 54: Interview: mit freundlicher Genehmigung von Erich Stekovics

Seite 55: Cartoon: © Thees

Seite 56: Text E1: „Schönreden“ aus SZ Magazin 21/2005

Seite 60: Fotos: Mitte d © Hueber Verlag; unten: 1+3 © MEV; 2 © irisblende

Seite 61: Fotos + Texte: A/3: www. Fluglaerm-Eppstein.de; B/1: © www.bildarchiv-hamburg.de; C/2: mit freundlicher Genehmigung © Cellesche Zeitung/Angelika Jansen

Seite 62: Text aus: „Der Dativ ist dem Genitiv sein Tod“ von Bastian Sick © 2004 by Verlag Kiepenheuer & Witsch Köln (mit freundlicher Genehmigung des Autors durfte der Text im Kursbuch gekürzt und geändert abgedruckt werden. Hier der Originalauszug: „Farben schaffen Klarheit. Sie sind Erkennungszeichen, Signal und Synonym. Die Kommunisten haben den Anfang gemacht, sie wählten die Farbe Rot, weil sie so schön kämpferisch und leidenschaftlich wirkt, die Konservativen wurden schwarz, weil dies die Farbe der Kirche war, die Ökos tarnten sich mit dem Grün des Waldes, und wer von den Liberalen spricht, hat meistens die Farbe Gelb im Kopf. Diese ist schön grell und knallig, historisch betrachtet aber nicht eben positiv besetzt: Gelb galt lange Zeit als „Schandfarbe" und wurde Juden, Dirnen und Ketzern aufgezwungen. Vielleicht haben die Liberalen das Gelb aber auch von den Kirgisen, denn bei denen ist es die Farbe der Trauer und der Gedankenversunkenheit. Und traurig war in den letzten Jahren schließlich so manches Wahlergebnis der Liberalen, was genügend Grund zu Grübeleien gab. Doch außerhalb Deutschlands sind Liberale oft alles andere als gelb – nämlich blau. So zum Beispiel in den Niederlanden und in Belgien. Darum trägt die FDP zusätzlich zur Farbe Gelb auch noch Blau, gewissermaßen als Untertitel, damit sie im Ausland verstanden wird.")

Seite 64: Fotos: A, B: © MEV; C: © picture-alliance/AKG; D: Presse- und Informationsamt des Landes Berlin/© Umbruch Bildarchiv; E: © picture-alliance/akg-images/Gert Schuetz; F: © picture-alliance/dpa; G: © picture-alliance/akg-images; H: Ralf Meyer-Ohlenhof, München

Seite 65: Fotos: 2: © picture-alliance/dpa; 3: © Volkswagen AG; 4: © ullstein – Archiv/Gerstenberg

Seite 66: Karten: A-D: www.cartomedia-karlsruhe.de

Seite 68: Karte: www.cartomedia-karlsruhe.de; Fotos: B-D: © MEV

Seite 70: Karte: Ralf Meyer-Ohlenhof, München; Fotos: s. Seite 71

Seite 71: Karte und Illustrationen: Ralf Meyer-Ohlenhof; Fotos: 1, 3, 4 und 6: © Superjuli; 2: © Mauritius/Schultze + Schultze; 5: © irisblende

Seite 73: Fotos: 1–6: © Gerd Pfeiffer, München

Seite 74: Fotos: 1: © Pourcailhade La Fête du Cochon, Trie sur Baise; 2: © Mauritius/Sims; 3: © picture-alliance/dpa/dpaweb; 4: © picture-alliance/HB Verlag; 5: © picture-alliance/dpa; Texte 1, 3, 4, 5 von: www.EntdeckeEuropa.de mit freundlicher Genehmigung des EIZ Niedersachsen; Text 2 von: Radio Melodie, www.radio-melodie.de

Seite 75: Fotos: 2: © picture-alliance/dpa/dpaweb; 3: © picture-alliance/dpa/dpaweb; Texte: „Was ist Heimat" aus Welt am Sonntag, 11. März 2001

Seite 76: Text: Monika Dondojewska, Workshop „EU-Land Polen", Österreich Institut Kraków 2004; beide Fotos: © MEV

Seite 82: Fotos: A, B, D, E: © Hueber Verlag; C: © MEV; Logo: © Spiel des Jahres e. V.

Seite 87: A: © irisblende

Seite 92: beide Fotos: © MEV

Seite 93: Statistik: © Globus Infografik GmbH

Seite 101: Fotos: A: © JVC Deutschland GmbH; B: © ullstein/Moenkebild; C: © AEG-Electrolux

Seite 103: Fotos: A-D © Hueber Verlag; Foto E: © Gerd Pfeiffer, München

Seite 108: Fotos: a: © MEV; b: © Karstadt Warenhaus AG; c: © Kurdirektion Bad Wörishofen

Seite 110: Urkunde: mit freundlicher Genehmigung der Volkssternwarte München; Foto: E: Doris Kienle

Seite 117: Text nach: Eintauchen in Staub und Erde von Marcus Jauer, SZ vom 18.12.2004

Seite 118: Foto d: © MEV

Seite 120: Fotos: oben links © irisblende; oben rechts: Thomas Spiessl, München; unten links: Philipp Huber; unten rechts: © IFA-Images/IT Free

Seite 125: Schild: mit freundlicher Genehmigung von SETON Deutschland

Seite 126: Text: s. Seite 42

Seite 140: beide Fotos © irisblende

Seite 141: Foto: © picture-alliance/dpa-Fotoreport

Seite 148: Text „Diesmal ist wirklich Schluss!": Werner Bönzli, Reichertshausen

Seite 150: Fotos: A: Barbara Gottstein-Schramm; B: © Gerd Pfeiffer, München; C: © MEV

Seite 152: Text und Foto: Sonja Ernst, Köln

Seite 154: Text: nach Ulrike Schädlich, „Was machen die Zonenkinder von damals", erschienen in freundin 24/2004 vom 27.10.2004, S. 104-105; Buchcover: © Rowohlt Verlag GmbH; Autorinnenfoto: © by Heinrich Völkel

Seite 155: A: © picture-alliance/dpa-Fotoreport; B: © picture-alliance/dpa-Bildarchiv; C + D: © picture-alliance/akg-images

Seite 160: Text aus: „Gebrauchsanweisung für die Schweiz" von Thomas Küng, © Piper Verlag GmbH, München 2002

Seite 175: Texte: 3: www.st-peter-ording.de/Tourismus-Zentrale St. Peter-Ording; 4: www.chrismon.de „Ins Netz gegangen" April 2003 © Chrismon

Seite 176: Text: „Helfen am Tisch" 03/05 © Chrismon

Seite 177: Text „Wo das Glück wohnt": „Die Dänen sind die Mexikaner Europas" 31.12.2004 © Hannoversche Allgemeine Zeitung

Seite 187/188: Statistiken: www.thg-goettingen.de „Nutzung der Medien, Zeitung, Fernsehen, Internet am THG Vergleich Schüler-Lehrer Projekt des Politikunterrichts Klasse 10K2 (1999/2000)

Alle anderen Fotos: Alexander Keller, München